pharmakon

叢書パルマコン
01

大衆の強奪

全体主義政治宣伝の心理学

セルゲイ・チャコティン
佐藤卓己［訳］

創元社

未来の思想家であるH・G・ウェルズに捧げる

「学問と労働者との同盟、この社会の両対極の同盟、この両者が相抱くならば、あらゆる文化の障碍物をその鉄腕によって粉砕するに違いない――この同盟こそ、私が生命あるかぎり、私の全生涯を捧げようと決心せる目標である！」

――フェルディナント・ラサール『学問と労働者』（一八六三年）

「そして、それはまず第一に宗教的に献身的な、男女による攻撃的な集団の成果でなければならない。彼らは新しい生活様式を打ち立て、その採用をわれわれ人類に促すだろう。」

――H・G・ウェルズ『世界はこうなる―最後の革命』（一九三三年）

大衆の強奪

全体主義政治宣伝の心理学

日本語版凡例

一、本書は Serge Chakotin, *The Rape of the Masses; The Psychology of Totalitarian Political Propaganda*, George Routledge & Sons, Ltd, 1940. の全訳である。本書の原著は、パリのガリマールより一九三九年に刊行された、*Le Viol des foules par la propagande politique.* であり、本書クレジット上はこの原著を翻訳した形になっているが、実際には、ガリマール及び著作権継承者の許諾を得たうえで、英語版を全訳し、仏語改訂版の図版を一部収録した。仏語版と英語版の関係および、今回新たに収録した著作権継承者ピエール・チャコティンの序文や一九四〇年英語版以外の序の詳細については、巻末の解題を参照されたい。

一、文中、ブラケット［ ］内の記述は、活字の大小問わず訳注である。

一、文中、キッコー〔 〕内の数字は英語版原書のもので、巻末の英語版・引用参考文献に対応している。

一、英語版で小見出しは目次と各章冒頭にまとめて列挙されていたが、本文中にその記載はない。本書では読み易さを考え、適当と考える箇所に原著の小見出しを挿入した。

一、二八頁の写真図版は、日本語版オリジナルのものである。

一、その他、本書成立にかかわる書誌的・歴史的な情報の詳細については、巻末の解題に記した。

著者と作品についての一考察
――イタリア語二〇一八年版における著作権継承者の解説

ハイデルベルク大学卒業後。(1907年)

オデッサの学生時代。(1893-95年)

条件反射研究の分野で著名な生物理学者でありロシアの公人であるセルゲイ・チャコティンは、一八八三年九月二十六日、その父ステパン・チャコティンが帝国大使の秘書兼通訳であったコンスタンティノープルで生まれた。オデッサのギムナジウムを一九〇一年に金賞で卒業した後、セルゲイはモスクワ大学の医学部に入学するが、一九〇二年一月、学生の革命的運動に参加し逮捕され、モスクワのブチュルカ刑務所に収容された。当時セルビア王国のロシア領事であった父親が皇帝ニコライ二世に懇願した末、チャコティンは恩赦を受けるが国外追放となる。そしてドイツ国内のミュンヘン大学やベルリン大学で学んだ末、一九〇七年ハイデルベルク大学の生理学科を優秀な成績で卒業する。

その後、友人のアルベリーコ・ベネディチェンティ教授率いるメッシーナ大学の海洋生物学研究所で働くためにイタリ

ベルリン。第一次大戦勃発直前。(1913-14 年)

内戦中、ドン川沿いで。(1918-19 年)

アに移ったチャコティンは、一九〇八年十二月二十八日の悲劇的なメッシーナ地震の折に倒壊した自宅の下に生き埋めになるものの、十二時間ぶっ通しで素手で土を掻き続け生き残る。その後、一九一〇年ロシアに帰国することが許される。一九一二年、ドイツにおいて「紫外線微小穿刺法」を発展させるための器具を設計・製作するが、それは全ての過程を顕微鏡で観察しながら、紫外線の微細な束の焦点を当てて単細胞生物を解剖することを可能にするものであった。この発明によって、チャコティンは同年ロシア科学アカデミーのカルル・ベル賞を受賞する。そしてロシアの偉大な生理学者イワン・パブロフによってサンクトペテルブルクの研究所に助手として招聘されたチャコティンは、そこで一九一七年十二月まで働くことになるのだった。

第一次世界大戦中、一九一五年から一九一六年にかけて、チャコティンは前線を技術的・軍事的に支援するための団体をサンクトペテルブルクに設立し、二月革命勃発の際には「知的労働者代表ソビエト」の結成に参加した。ボリシェビキによる権力掌握後、チャコティンは家族とともに南部に逃げ、ドン川沿いのロストフで白軍に合流する。その後、ノヴォチェルカッスクに移るが、そこでは（白軍有志による）「ドブロヴォチェスカヤ・アルミア」がボリシェビキと戦っていた。そこで彼は白軍の軍事会議議長であったデニーキン将軍直属のOSVAG、即ち政治・軍事的情報およびプロパガンダ機関（事実上のプロパガンダ省）の責任者となった。

一九一九年秋、ノヴォロシースクから出港しロシアを出国した彼は、コンスタンティノープルに到着した後、ナポリを経由してフランスに移り、パリのパスツール研究所、そしてモナコの海洋学博物館に勤務することとなる。一九二一年にザガブリアで生物学の教授に就任したチャコティンは、同年、パリにおいて他の五人のロシア人知識人（ユーリ・クリューチュニコフ、ニコラス・ウストリアーロフ、アレクサンドル・ボブリスチェフ＝プーシュキン、セルゲイ・ルキアーノフおよびユーリ・ポテーキン）とともに「方向転換《スメナ・イエフ》」運動を起こす。プラハで出版された彼らの論文集がその運動のマニフェストであった。そのうち、「カノッサへ！」と題されたチャコティンの論文は、海外へ移住したロシア人知識人に対し、祖国のために新しいロシアに協力することを促すものであった。一九二二年から一九二四年まで、チャコティンはベルリンで発行された『前夜《ナカヌニエ》』という新聞の編集局の一員となり、一九二二年春には特派員としてジェノヴァ近くのラパッロで開催された国際会議に派遣された。その時期、彼は労働の科学的組織方法を考案し、それに関する数冊の本をドイツやソ連で発行した。一九二四年、レニングラードで編集された本の題名は『組織―工業・商業・行政・政治におけるその原則と方法』であった。

一九二七年にはジェノヴァ大学薬理学研究所においてA・ベネディ

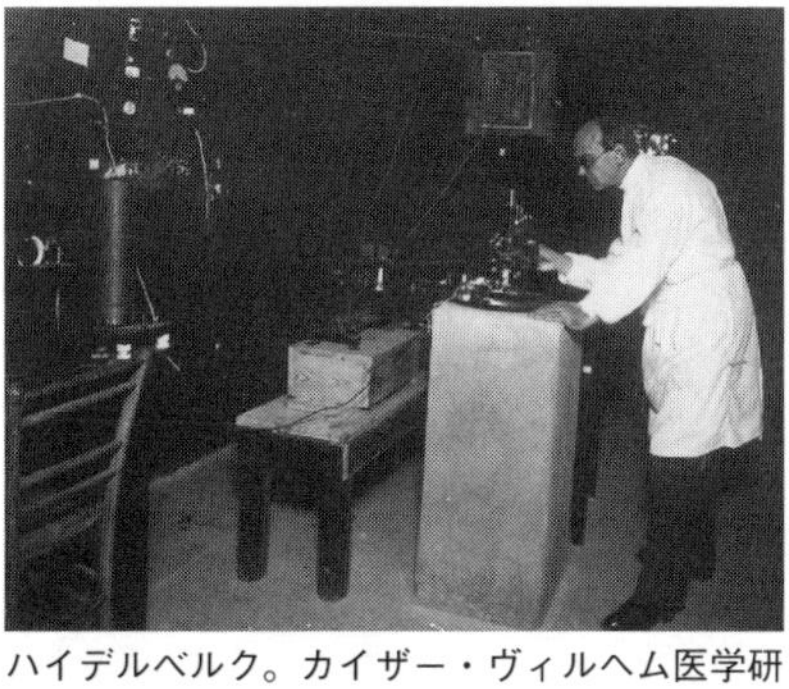

ハイデルベルク。カイザー・ヴィルヘム医学研究所の実験室で紫外線微小穿刺機と。(1930 年)

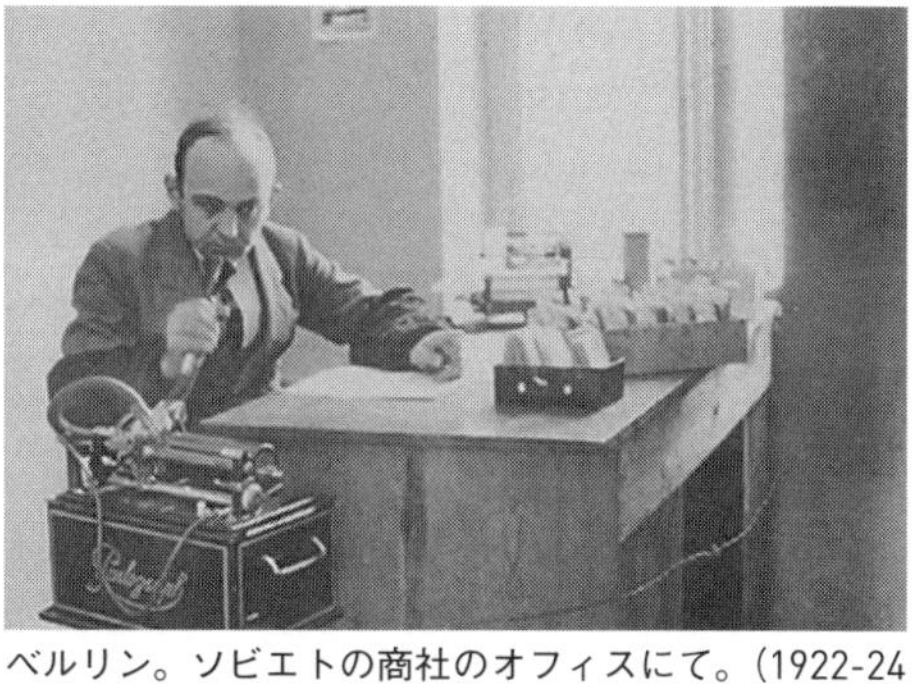

ベルリン。ソビエトの商社のオフィスにて。(1922-24 年)

コペンハーゲンに亡命中のセルゲイ・チャコティン。(1934 年)

チェンティ教授のもとで科学研究に復帰し、イタリア実験生物学学会の機関紙に数多くの論文を発表した。一九二九年にアメリカのＲＣＳＡ（科学発展のための研究団体）が、賞を授与したことで、チャコティンはハイデルベルクのカイザー・ヴィルヘルム協会［戦後はマックス・プランク協会］の研究所で研究を継続することができるようになった。そこで彼は一九三〇年五月から一九三三年半ばまで勤務した。

一九三一年から一九三三年までの間、チャコティンは社会民主党の左派［と著者は書いているが、一般的理解では党内の右派。解題を参照のこと］による「鉄戦線《アイゼルネ・フロント》」という反ヒトラー運動に加わり、長年の研究とロシアでの政治活動を通じて作り上げたプロパガンダの科学的方法論を適用して、ナチ党に対する激しい政治活動を繰り広げた。しかし、ヒトラーが権力を掌握すると、彼はドイツを後にしてコペンハーゲンに移り、そこで一九三三年『鉤十字に対する三本矢』という著作をドイツ語とデンマーク語で発表し、ナチズムに対する自らの闘争の歴史について語った。一九三五年、その著作はドイツの禁書一覧の上位に名を連ねた。ナチはその本を早急に抹消しなければならない、危険なものとみなしていた。

一九三四年、チャコティンはフランスに移住し、仏社会党パリ支部の内部で反ファシズム活動を続けた。しかしドイツでもデンマークでもフランスでも、左翼政党の指導者たちは彼が提言する積極的なプロパガンダ活動の方法を理解せず、それを使おうともしなかったため、彼は若者たちとの活動を始めた。若者たちは彼の方法を熱狂的に受け入れ、それを反ヒトラー闘争に応用した。

セルゲイ・チャコティンの政治活動の成果は、一九三九年フランスのガリマール社から出版された彼の代表作『政治プロパガンダによる大衆の強奪』に詳しく述べられている。発行の二ヵ月後、パリの警察はその本を市場から回収した。一九四〇年、パリがドイツ軍に占領されると、ゲシュタポは印刷されたすべての本を破棄した。この本のなかで、著者はイタリアのファシストおよびドイツのナチが権力を掌握する過程で大衆に加えた精神的な暴行を、パブロフの条件反射の理論に基づいて科学的に分析している。

一九三二年初頭にドイツで行われた選挙の際に、チャコティンは長期的かつ効率的な積極的プロパガンダ活動に晒された選挙民のうち、その催眠効果に抗することのできるものは、わずか一〇%から一五%に過ぎないことを実験を通じて見出した。それ以外（選挙民の九〇%）、特に若者は何らかの形で必ずその影響を受けていたから、彼らにどんな間違った行動でも、彼らに無抵抗に受け入れさせることは簡単だった。第二次世界大戦中にナチとその共犯者が犯した恐ろしい犯罪行為や、戦後も今日まで世界各地で見られた精神的・肉体的暴力の数々の例も、そのことを証明している。

一九三四年から一九三九年の間、チャコティンはネズミの腫瘍について精力的に研究を行い、それに関する論文を欧州の科学誌に数多く出版して、フランス科学アカデミーとパリの医学アカデミーから賞を受けている。

一九四一年六月二十二日、ナチのソ連侵攻の第一日目、チャコティンは十九歳になっていた息子エフゲニーとともにドイツ軍に捕らえられ、パリ北方コンピエーニュの強制収容所に送られた。しかし、ドイツやフランスの著名な科学者たちの尽力により、七ヵ月の勾留の後、解放された。

一九四四年、チャコティンはフランスの友人たちとSAL（科学・行動・解放）という名の社会運動を起こした。一九四六年、それはCOFORCES（文化・経済・社会勢力連合）という国際的運動に発展するが、チャコティンは最初の三年間、その事務総長を務めた。米国による広島・長崎

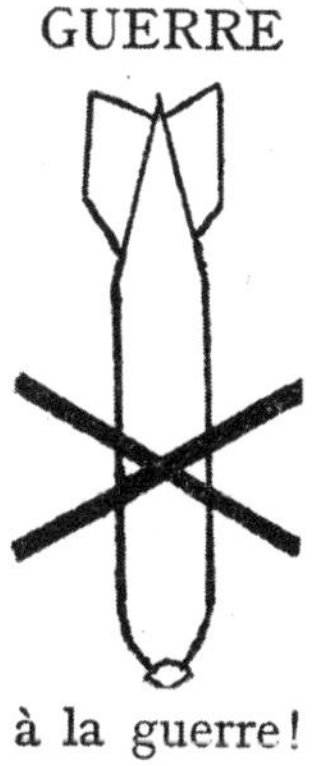

「戦争に対する戦争！」COFORCESのシンボル。

ローマ大学薬理学研究所でイワン・パブロフの写真を背に。（1954年）

への恐ろしい原爆投下の後、運動の目標は、今度は核戦争となるであろう第三次世界大戦の勃発を回避するために人的・社会的資源のすべてを結集することとなった。この行動のために彼は「戦争に対する戦争！」というスローガンを考案し、「X」の印で原爆の形を打ち消すシンボルを考案した。一九四九年五月一日、COFORCESは他の平和運動勢力とともに、パリにおいて第一回世界平和会議を開催した。その後設置された世界平和協議会の会長には、フランスの核物理学者フレデリック・ジョリオ・キュリーが選出された。この時点で平和運動に関する役目を果たし終えたと考えたチャコティンは、自ら創出した運動を離脱し、増補・訂正を加えた『政治プロパガンダによる大衆の強奪』第二版の執筆に集中する。一九五二年、ガリマール社より出版された第二版は、平和と社会主義のために人類に宛てた政治的遺言と著者自身がみなしたものだった。

終戦直後から祖国ロシアに戻る試みを繰り返していたチャコティンは、一九五八年、ソ連科学アカデミーの招聘を受けレニングラードに戻り、そこで科学アカデミー付属細胞学研究所に着任する。一九六〇年にはモスクワに移り、始めに科学アカデミー付属生物理学研究所、ついで同発達生物学研究所で、自ら考案した紫外線微小穿刺の実験室を持ち、科学的研究を続けた。一九七三年十二月二十四日、セルゲイ・チャコティンはモスクワで九十年の生涯を閉じた。遺志により、その遺灰は彼が若い時から愛してやまなかったコルシカ島の西海岸カルジェーズ村の、海を見下ろす絶壁にある「フマイオーロ」〔「船の煙突」の意〕と呼ばれる岩の上から撒かれた。

チャコティンは社会主義の理想を信じ続けた。それを現実のものとするために努力した彼は「空想的社会主義者」と呼ぶこともできるだろう。民族間の平和を実現するために、そして西洋と東洋の間の戦争の危険性を阻むために、彼は全ての力と意志を注いで一貫して戦った。科学者、文化人、各分野の専門家、エンジニア、教育学者、創造的インテリゲンチア、フェミニストや青年の国際的組織、よき意図を持つすべての人間が、社会の発展や国家と国民の調和のとれた創造と共存のために貢献することが可能であると彼は考えていた。人類のすべての活動範囲における労働の科学的組織論の信奉者であり、一貫してエスペラント主義者であった彼は、国際社会がザーメンホフ博士によって開発された普遍的補助言語エスペラント語を採用するべきであると確信していた。彼によると、エスペラント語は各国の国語に置き換わることなく、国籍の違う人間が直接会話することを可能にするものだった。チャコティンは諸民族の運命を左右する権利を政治家の独占に委ねることの危険性に対して警鐘を鳴らしていた。無慈悲で非道徳的な政治家たちはしばしば国家レベルで、あるいは超国家レベルで金融資本家のクラブと二重の糸で結ばれており、個人的でエゴイスティックな利益のために人類を大惨事に導くこともありうるからである。一九四四年、パリが依然ドイツ軍占領下にあったとき、チャコティンは『小冊子《ブロシュー》44』と題するパンフレット（未公刊）を書いたが、その中では再度の世界戦争による完全破壊から人類を守るべき未来社会の実現可能な建設についての考察を披露している。

我々が生きる、この困難な時代においては、政治においてもマーケティングにおいても、国内的・国際的レベルで世論を操作し精神的に強奪する方法が、あらゆる場所で日常的に用いられている。そのために使われるのが大衆に「偽情報」を与えるための強大な道具なのだが、それらは今日では新聞やテレビ、インターネット、ツイッターやブログなどのソーシャルメディアなどの形をとり、「マスメディア」という仮面の後ろに隠れている。それらの道具を掌握する者たちは、大衆の精神に無差別かつ無制限に働きかけ、改ざんされた情報や偽情報による戦争を本当に引き起こす。それらの戦争の目的は、まず心理的に、それから物理的に幾つもの主権国家を徹底破壊することにある。それらはクーデターや外部からの軍事介入により、決して数えられることのない何百万人もの犠牲者を生み出し、諸民族を破壊、飢え、絶望に陥れるものなのだ。ここ三十年の間に起きた旧ユーゴスラビアの崩壊、イラクの抹消、そしていわゆる「アラブの春」などがその証拠だ。それに続いた混乱は世界の操り人形師たちが机上で計画したもので、いつも成功したわけではないが、エジプト、リビア、イエメン、ウクライナのドンバス、シリアや他の各地で内戦を引き起こしている。しかし、その激しさと使用された手段において他に類を見ない「メディア戦争」といえば、二〇一六年の米国大統領選挙に見られたものだろう。世界的レベルで加えられた心理的なレイプの最新例は、新しい効果的で破廉恥な心理的武器、いわゆる「フェイクニュース」を戦いに持ち込んだ米国の指導者層の行為だ。共犯者である全てのメディアを通じて、何人にもコントロールされることなく瞬時に地球全体に拡散されるそれらを、人類の大部分（チャコティンのいう九〇％）は無批判に嚥下《えんか》する。この一件は、大衆の精神が強奪され得るということをこの上なく明白に証明している。しかも、この不正行為の首謀者であるアンチヒーローは、世界で最も豊かで最強の軍事力を持つ尊大な国家の元首であり、「嘘はもうたくさんだ！　戦争を止めろ！」と諫言《かんげん》する勇気も責任も持ち合わせていない「家臣」たちを後ろに従えている。古代から続く文化を持った民族および国家であるシリアの悲劇的状況はそれを哀れに物語り、諸国を第三次世界大戦、即ち全人類の最終消滅の可能性に容赦なく導きつつある。これらの出来事やそれ以外の言及されていない出来事に照らし合わせると、八十年近く前に出版されたチャコティンの著作『政治プロパガンダによる大衆の強奪』はまさに今日的な意味を持ち、諸民族に彼ら全員が直面している危機を警告するものであるといえよう。

この本をドゴール将軍はロンドン亡命中に座右の書としていた。戦後はフランスその他の陸軍士官学校で教材として使われ、英国、米国、日本、イタリア、ブラジル、そしてデンマークでも出版された。フランスにおいては定期的に再版され、二〇一五年には文庫本にもなるなど、依然として需要はある。英国では二〇一七年に、一九四〇年に英語版初版が出た『大衆の強奪―全体主義的政治プロパガンダの心理学』という題で、ルートリッジ社によって再版された（二〇一八年七月には同社から別に軽装本が出版の予定である）。それだけでなく、二〇一七年三月にはついにロシアで、一九三九年の仏語版のロシア語訳が初めて出版された。イタリアでは一九六四年、スガール社から『政治プロパガンダ術』〔正確には『大衆強奪の武器としての政治プロパガンダ』〕という題で出版されたものが、二〇一二年オルニトリンコ社から簡約化された形で再版された。それは一九五二年版のまん中の六つの章（第四章から第九章まで）を含むものだが、十分に読むに耐えるものであるし、大衆の心理操作術とその悪用への対処法だけでなく、著者の政治的・社会的理念のエッセンスをわかりやすく伝えるものだ。

常に自らを世界市民と称したロシア人科学者の大作が、ほぼ同時にヨーロッパとアジアの主要な五つの言語に翻訳されるという事実も、現代世界に次々と起きる悲劇的で衝撃的な出来事の前には、病の兆候にしか見えない。

ピエール・チャコティン

二〇一八年四月二十三日

初版の序

民主主義者の敗北

最近のいくつかの占領［ナチ第三帝国によるオーストリア合邦、ズデーテン地方併合など］を正当化すべく、独裁者たちはその占領が平和的に、あるいは少なくとも物理的暴力を用いることなく達成されたと主張した。これは見かけだけなら真実である。戦争がないからといって同じように明白なタイプの暴力、すなわち精神的暴力の行使が妨げられることはない。威嚇的な演説と動員準備——これこそ一九三八年九月にミュンヘンに集まったヨーロッパの老いたる民主主義者たちを屈服させるべく、ヒトラーが採用した方式だった。つまり、純然たる心理的暴力の方式である。

「我々は世界がこれまで目にしたことのない軍事力を生み出した。このことを私はいま公然と宣言することができる。この五年間で私はまさしく軍備を整えてきた。数十億マルクを費やし、我が国防軍に最新鋭の兵器を装備してきた。我々には最強の航空機と戦車がある。」

ヒトラーは耳をそばだてる全世界に向けて、一九三八年九月二十七日にベルリンのスポーツ宮殿で行った演説の中でこう言明した。

また、ヒトラーは「私は［フランスの］マジノ要塞線を凌駕する巨大要塞［ジークフリート線］の建設を命じた」とニュルンベルク党大会で群衆の大歓呼に応えて宣言した。「ドイツ軍」、「ドイツの剣」などは、ドイツの指導者が私たちに絶え間なく浴びせる決まり文句なのである。

ムソリーニも「短剣は私たちの親友です」と宣言し、イタリアの大学生にライフルの解説書をそのシンボルとして与えている。ゲーリングが「バターと銃、選ぶのはどちらだ?」と熱狂に酔う群衆に向かって獅子吼《ししく》すれば、「銃!」と忘我の歓声が応えた。

こうした独裁者たちの演説に対して、反対陣営に立つヨーロッパの民主主義者たちは「平和、平和、平和」の決まり文句を絶え間なく繰り返してきた。なるほど、平和を望んでいないものはいない。だがそれは伝染病に対する聖人のイコンを掲げた行列と同じくらい、効果はまったく見込めない。新たな大破局は私たちが戸惑いの言葉を発しているうちに必然的に到来したのである。人間はどこに向かうのか? なぜ破壊の道を驀進《ばくしん》するのか? 人間の知性——すなわち科学——の成果が技術的、文化的に眩暈のするほどの高みまで進化したことが明らかなのに、どうして人間は自らの運命をコントロールすることができないのか?

人間文化の目標

そもそも人間文化とは何なのか? それは人間の解放、つまり物質的危険から自由になる人類の進化ではないのか? 「主なる神に選ばれた器」である人間が崇高な起源において予定されていた発達の状態——芸術、科学、社会的理想、哲学的理念——への前進ではないのか? 自由の追求こそ、人間文化の真実の道程である。ネヴィル・チェンバレン[イギリス首相]は一九三八年九月二十七日[ミュンヘン協定調印の二日前]の劇的なラジオ放送の中で、これをみごとに定式化している。

「もし、どこかの国がその軍事的脅威により世界支配を企んでいると確信したら、我々はそれに抵抗しなければならないと感じるべきなのだ。そのような支配の下で、自由を信じる人々が生きる価値を見出せるはずはないのである。」

物質的な恩恵は人類の欲求を満たすことはない。その恩恵を確保したなら、純粋に精神的な満足と歓喜のために、より高次なものを熱望するのが人間である。そして、こうしたものは自由を欠いては想像もできない。さらに都合の良いことには、今日の人間はたとえまだ物質的恩恵を手にしていなくても、自由を欲している。自由がそれ以外の成果に至る唯一の道だと人々は感じている。自由と人間文化は全く同じものなのである。

文化破壊の危険

とはいえ、私たちが直面しているのは、世界中に散在する小さな自由を破壊する勢力の強大化であり、騒々しく宣言されるが明白に誤った思想の奔流である。曰く、人種間には根本的な差異が存在し、自然選択は最終的に純粋な人種を生み出す、と。さらに曰く、そのような純潔人種は実在し、彼らは他の人種から自由を奪う権利を持ち、他人を支配することも、同胞の命を奪うことさえもできる、と。それが誤っている理由は、進化の生物学的法則と矛盾するからである。

こうした人種理論は、すでに人類が通過してきた、より低い段階からよみがえったのもではなかろうか。それは少数の利己的な強奪者が自らの利益を隠蔽すべく蘇らせた段階への退歩ではないのか。だとすれば、歴史の流れを逆転させるという、予め失敗が運命づけられている試みだろう。この試みは科学、技術、社会理念などの、人類の進歩を生み出すあらゆる要因と著しい矛盾があるため、その破綻は運命づけられている。だが、もし状況の偶然の組み合わせで、この誤った方向への運動が正常かつ健全な進化より優位に立つことになったなら、そしてもしもそれを感染病のように制圧根絶することができなければ、全人類は破滅の脅威にさらされることだろう。

解決法

しかし、病気に襲われた有機体が抵抗し、闘い、そこから脱しようとするのと同じように、人々は不安になり、漠然と危険を感じて、回復への道筋を求めて全力で動き始める。その結果、革命的な命題が浮かび上がってくる。真の革命とは常に危険に対する防御反応である。クーデターは、たとえ成功したとしても、真の革命ではない。「頭領《ドゥーチェ》」や「総統《フューラー》」によって人為的に生み出された、いわゆるファシスト「革命」やヒトラー「革命」は、フランス大革命やロシア革命と何らの共通点も見出せない。ロベスピエールやレーニンのような人物はこうした革命で重要な役割を果たしたが、彼ら自身は人間的感情のほとばしりという自発的な力に押されて活動を始めたのであり、ファシスト党やナチ党による計算されたクーデターの動きとは無関係である。実際、反革命とは常に個人が組織する運動であり、それゆえにファシズムやヒトラー主義を反革命的運動と見なす方がはるかに論理的なのである。新しい真の革命はいま人々の心の奥深くで、不安として準備されている。それは自由と物質的繁栄に向かう自然の進化への逆行を人間に強いる企てに対する、集合的反射作用なのである。

しかし、この潜在的な革命はどうやって浮かび上がるだろうか。それが問題のすべてである。そのためには「原子爆弾で」元素の爆発を起こし、革命の途上にある障害物をすべて一掃する必要があるのだろうか。それが障害物とともに、今日まで人間の進歩によって急速に蓄積されてきた獲得物をも奪い去ってしまうとしても。その噴流を方向づけ、過激化せず成功裡に終わらせることは、私たちができること、しなくてはならないことではないのか？　人間の神経を破壊せず、尊い血を流すことなく、恐ろしいほど巧妙に仕組まれた「現代」戦争を回避できないものだろうか？

革命的命題

この「流血なき」革命の可能性はあるだろう。その手法は、現代科学の進歩、さらに部分的にはファシズムとヒトラー主義という今日の反社会的運動の実際的な調査から引き出される。我々は論理的な矛盾を含む「国民社会主義《ナショナル・ソーシャリズム》」という用語ではなく、「ヒトラー主義」という用語を使用する。いずれにせよ、ヒトラーはこの運動を自分一人の力で創り出したものといつも語っている。自分は「太鼓たたき《トゥロムラー》」であり、預言者であり、ゲルマン神に選ばれた一人である、と。この男がドイツの民衆に対して、そして戦争開始まではあるが、ドイツのみならず世界中の政治家に対して収めた成功の秘訣とは何なのか？　現代の政治錬金術師がもつ賢者の石とは何なのか？　彼の手法が勝利したのは、彼がその手法のただ一人の実践者だったからである。その手法がヒトラーの独占に帰したのは、敵対者がそれを見抜かず、あるいは見抜いたとしても、正直な知識人としてその手法を嫌悪感から意図的に拒絶したためである。なるほど、彼らは正直ではあるが、時代に取り残されていた。

本書の課題は、このように近年の悲劇的な経過の根底にあった支配的な心的傾向を切り捨てることである。ファシズムは、悪意のプロパガンダで大衆の心を強奪する。その進行を阻止するために何ができるのか。まず必要な条件は、その動きの本質的なメカニズムを理解することだ。そのために、私の偉大な恩師パブロフ教授が客観的心理学で見出した知見を利用することができる。それを理解した後に行動が続かねばならない。現代科学のデータに基づいた、社会主義、人類の運命への信頼、そして情熱が、行動への第二の条件である。H・G・ウェルズはこうした要素を見事に綜合してみせた。本書は厳密な科学に基づく政治行動原理に関する論考である。今日の思考の二つの本質的な枠組［客観的心理学と社会主義］の融合に、本書が貢献できることを願っている。

S・チャコチン

パリ、一九三九年五月

英語版への序

本書の目的は、政治活動を厳密な科学の現代的データに関連づけ、政治活動があらゆる人間行動と同じように、生物学的行動の一形態であるかどうかを確かめることである。本書は戦争が勃発する数週間前にフランス語で出版された。残念なことに、ここで明らかにした法則と新事実を、人類の運命を決める指導者たちに理解させるには遅すぎようだ。取り返しのつかないことが起こってしまった。いまは戦時中なのである。

とはいえ、科学それ自体が自信喪失に陥ることはありえない。人生は続くのであり、私たちは新しい状況に適応しなければならない。そのために、この具体的研究から引き出される結論は状況にどう適用されるべきなのか、さらにその結論はどうすれば次の目的に利用できるのかを理解することが必要である。それは、この戦争から人類をどう解放し、戦後に人類をどう組織し、そしてこの破壊的な狂気に人類が再び陥るのをどう防ぐべきかを学ぶためである。

一つ確かなことは、ヒトラーによって代表される現象は、いったん克服されれば違った形では再発しない不運な出来事などではないということだ。それは人類が犯した過ちの結果である以上、また同じ過ちが犯されるなら、同じ危険と同じ苦しみを伴ったヒトラー主義、またはファシズムの新版が出現するだろう。だからこそ、この問題の包括的研究には緊急性があるように思える。それゆえ、本書で提案した思想がイギリスとアメリカの公衆にもたらされることを、私はうれしく思っている。

アングロサクソン世界の常識は、ヨーロッパ大陸の諸国民よりもより早く、より完全にこの思想をつかみ取ることを可能にするだろう。また、ついには人類の進歩のために科学的思考と行動の統合が現れるような社会構造の中で、その思想を表現することを可能にするだろう。

本書の執筆以降も重要な出来事が継起した。それに応じてこの英語版のために、フランス語版テキストを改訂している。

S・チャコチン

一九三九年十二月

フランス語改訂版(一九五二年)の序文〔参考資料〕

いくぶん波乱の歴史を、本書はすでに歩んできた。一九三九年にフランスで本書の第一版が刊行された時から して、ひと悶着なしとはゆかなかった。それは大戦勃発の二ヵ月前のことである。校正刷りにすべて手を入れ終えた後、著者は最後に印刷された念校を受け取った——「校了」とサインをするだけのために——、ただその際、修正を書き込んだそれ以前の校正刷りは一緒に添付されていなかった。念校を目にして著者は呆然とした。なぜならこの間に内容が、検閲されていたことがわかったからだ（フランスで！　検閲は存在しないはずの国で）。ヒトラーとムソリーニに失敬な文章はすべて削除されていて（これはまだ戦争勃発より二ヵ月前なのにである！）、同様に、次のように記した献辞もまた削除されていた。「私は本書をフランスの精神《ジェニー》に捧げる、フランスの大革命一五〇周年の機に。」後でわかったのだが、検閲はジョルジュ・ボネ〔対独融和政策の推進者〕を大臣とする外務省によって実行されていた。献辞の文面については、第三共和国の外務省はこれを「時代遅れである」と見なしたのだ！　よりによって世界中がこの一五〇周年を祝していた年に！

著者である私は反発し、削除された文章および考えが再び元に戻されるよう、フランスの法律にのっとって催告をおこなった。そして、書物は元のオリジナルの形で出版された。しかし、出版の二ヵ月後、宣戦布告がなされたのち、パリ警察当局は出版社の書物を一斉摘発した。そして一九四〇年、パリを占領したドイツ人は、その在庫を押収し、処分した。

同じ頃、翻訳された各国語版が刊行され、英国版（各翻訳版のなかでも広く読まれたもので、労働党の出版会から出版された)、米国版、カナダ版によって、本書の思想は広まっていった。そして戦後、新しいフランス語版の再編集が不可欠となった。このフランス語第二版は、全面的な改訂増補版として刊行された。増補の理由として、次の二点がある。まず、本書のベースである客観的心理学がこの間に一次的な重要性を持つ大量の事実を蓄積したこと、さらに、諸々の政治的出来事が世界の表面を顕著に変えてしまったことである。この新版では、読者にとって有益であるとの考えから、浩瀚《こうかん》な文献表と、事実および本書が指摘する科学的法則の理解を助けるさまざまなイラスト、そして人名および事項をより容易にたどれるようにする豊富な索引を備えさせた〔本訳書ではイラストのみ必要に応じて再録した〕。

なぜ本書で、著者は「大衆の心理的強奪」という原理の基本的アイデアと科学的証明を提示するだけにとどめるのではなく、いまわれわれが現に生きており、そして態度を決定せざるをえない歴史的時点における政治的アクチュアリティをわざわざ引き合いに出すのか、と非難する読者がいるかもしれない(ある批評者は、他の点では好意的に評してくれていたのだが、著者は「体系的」であろうとし過ぎている、と批判していた)。著者として弁明するなら、本書で表明される着想の正しさを最も良く証明できるもの、「仮説」を「理論」へと変えるものとは、まさしく、過去の実例(たとえば、この場合はドイツでの一九三二年における闘争の歴史)を証拠として挙げられることであり、その着想を裏づけるような未来の青写真を描けることであると、著者自身は考えている。提示された諸法則の具体的適用を論理的にたどることで、推定される現実のただなかで、ひとは諸法則の意義をチェックしてゆくことができるのである。

他方で、実際に生きたアクチュアルな体験の分析は、当該の新しい状態を素材として、「現場でありのままにとらえた」という印象を提供するものでもある。なおかつ、純粋に抽象的で理論的な批判を提示するだけでは、読者は中途半端に、不満を抱えたまま、夢想と物思いにふける状態に置いてけぼりにされてしまうだろう。批判はつねに実践的な解決の提案を伴うものでなければならず、批判は建設的でなければならない。そして最後に、本書の立場からすれば、人間の一つひとつの行為すべては、ひとつの社会的要素であり、他人へとむけられた、行動をうながすひとつの誘因である――言いかえるなら、それはひとつの小さな精神教育なのであり、この精神教育が、進歩の源泉である、楽観主義的な躍動《エラン》を引き起こし、創出するのである。

何たることか、今日、世界は敵対する二つの陣営〔西側諸国と東側諸国〕へと分断され、両陣営は互いに不信を募らせ、互いを襲撃する準備を続け、このすばらしい地球をすっかり変えてしまおうとしている。人間の冒険を見守り、多くの思想の奇跡、芸術の奇跡、善なる奇跡がそこで成し遂げられてきたこの地球を、煙と廃墟しか残らぬまでに炎で焼き尽くそうとしている……。

何たることか、今日では、すべてが二極に離れ分断されてゆく。本書が不偏不党なものとして探求しているのは、二つの陣営双方に対して単刀直入に事実として述べたいもの、ただ二つの目的だけである。すなわち、科学的真理と、人類全体の幸福である。人間はそこに到達することができる、人間は到達しなければならない！

原稿のフランス語の観点からの再検討を助けてくれた友人、Ｃｈ・アブデュラ氏とＳｔ・ジャン・ヴィテュス氏に、著者は心からの感謝を記したい。

セルゲイ・チャコティン

理学博士、大学教授

パリ、一九五二年九月一日

目　次

1932年5月1日、ベルリナー・ガルテンのSPDメーデー集会での「鉤十字を貫く三本矢」。

第一章――科学的序論：厳密な科学としての心理学

人間科学

まずジャン・クトロが見事に定式化した議論から出発することが役立つだろう。それは『人文科学紀要』第一号で公開された、集団調査への招待状の一文である[1]。

現代社会の基底部で今日確認できる不均衡は、自然科学と比べたとき、人間科学の深刻な停滞に起因している。この三世紀にわたり人類に物質を制御する力を与えてきた自然科学に対して、人間科学は人類が自らを制御する力をもたらすはずだった。人間は自らの環境を変えた後、自律的な活動が可能になり、実際にそう活動している。我々が直面する課題は、どうすればこの活動を、いかに無害なものに、そして可能ならば実りあるものにできるかということだ。

さらに付け加えると、人間の活動は個々人に起こる生物学的過程、すなわち神経過程の結果にほかならないので、人間の諸活動、その形式および動機の問題は、心理学と呼ばれる科学の領域に属することは明らかである。

心理学の位置

この点について、はっきりさせておこう。心理学という言葉は、二つの側面から考えられる。まず、「自己」、「感情」、「意志」などを扱う内省的心理学がある。人間を考えるこの学問領域は、何世紀にもわたり、確かに膨大な観察と非常に価値がある見解を蓄積してきた。しかし、それは今日の厳密な科学、たとえば物理学、化学、さらには生理学などと同じ意味で「科学」と見なすことはできない。科学的な分析と演繹的推論は、論理的手順と因果関係の理解を欠いては有効でないからである。明らかなことだが、古典的な内省的心理学研究で使われる因果関係は、厳密な科学に不可欠な正確さで導き出されたものではないのである。

だからこそ、それとは別に「客観的心理学」と名付けられた心理学があるのだ。それは生理学、すなわち生命現象の現実的ダイナミズムを扱う科学と密接に関係している。こうした生命現象が、物理学や化学という厳密な科学の領域で対象となる自然の一般的現象とどのよう関連しているのかについて、生理学はますます多くのことを解明している。

したがって、ここで問題とするのは客観的心理学、あるいは生理学的心理学である。その課題の一つは、生物、すなわち動物または人間の反応を研究することだ。この反応は、意識的であれ反射的であれ、あらゆる種類の活動において現れる。それは生きている自然の一般的な活動、つまり、筋肉や神経のメカニズムが主要な役割を果たす活動である。生き物が反応する形式の研究、その促進や形成の分析は、この新しい科学が自ら定めた課題である。

行動主義

この科学はアメリカでは「行動主義」として知られている。アメリカ人研究者たちはエドワード・L・ソーンダイク、ハーバート・S・ジェニングス、ロバート・ヤーキーズやその共同研究者たちの研究を受け継いでおり、実験生物学の方法を「精神的」存在と見なされる動物の生態研究に適用している。アメリカ学派は人間で観察される事実に基づいて研究をすすめ、擬人論に陥らないよう十分配慮しつつ、動物と人間との行動の類似性を見出すことに関心を寄せてきた。

一方、ロシア学派、すなわちパブロフ学派の出発点は純粋に生理学的なものであった。例えば、ジェニングスは「試行錯誤」を生物行動の基本原理の一つとしているが、イワン・パブロフのアプローチはこれとは異なっていた。彼は食物摂取作用、特に味覚刺激の関数として唾液分泌の反射作用を研究したのである。

パブロフと条件反射理論

パブロフは一般に「精神的」と呼ばれている流涎（唾液分泌）作用の批判的検討から研究を始めた。食べ物が口に取り込まれなくても、食べ物を見ただけで口の中に唾液がたまることはよく知られている。彼はすぐにこの効果が単なる反射作用であり、所与の状況への生体の適応、刺激効果を伝達し調整する神経系が決定的な役割を果たしている反応であることを発見した。しかし、この現象を分析すると、自分が観察した反応が機械的で無条件な本能的反射とまったく異なることがすぐにわかった。流涎作用は、食物か酸性の液体が犬（パブロフが彼の古典的実験で使用した動物）の口の中に入ったときには常に起こる。しかし、食物を遠くで見ただけで起こる「精神的な」唾液作用は、条件付きのものである。それは生起するかもしれないが、そうならないかもしれない。この反応の発現の様相を研究することで、パブロフは彼の有名な「条件反射の理論」を打ち立てた。この理論は動物と人間の行動に関するあらゆる理論の科学的基礎を与えるものとなりつつある［パブロフは行動主義心理学の古典的条件づけに大きな影響を与え、一九〇四年にノーベル生理学・医学賞を受賞した。ロシア人のノーベル賞受賞第一号である］。

図1：イワン・パブロフ（1849 〜 1936 年）

この条件反射理論の主なデータを見ておこう。重要なのは以下の事実である。犬に食物を与えると、唾液は自動的に流

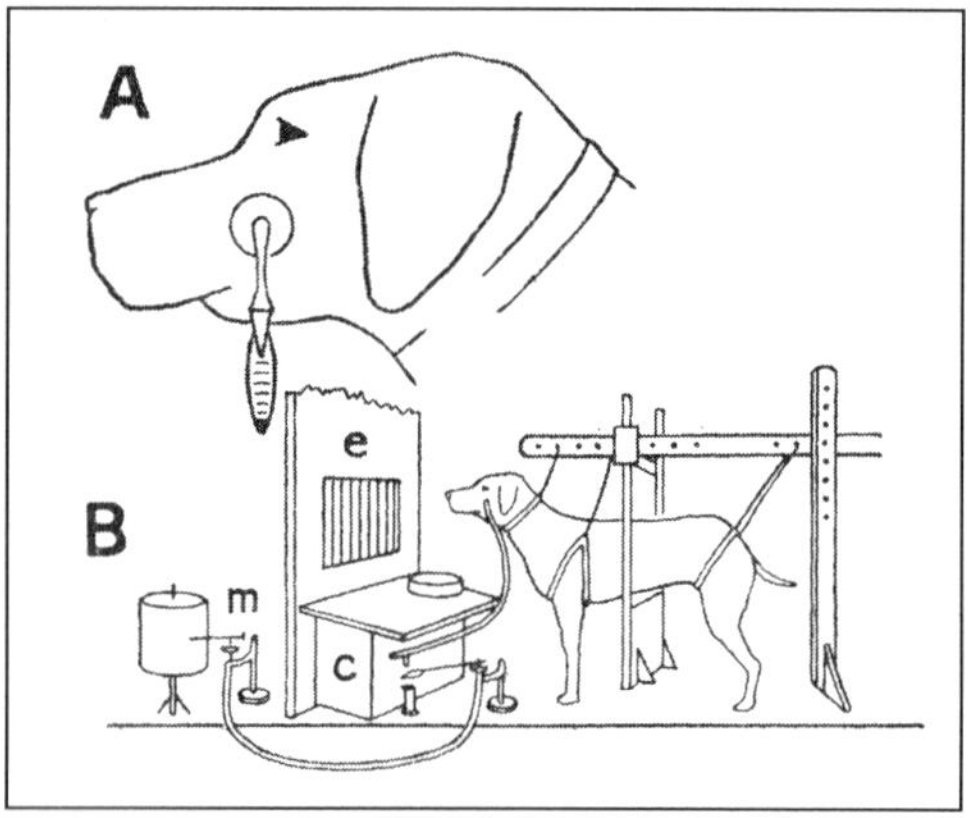

図２：パブロフによる犬の唾液作用実験。

れ出す。このプロセスは、どの個体でも生まれつき備わっている機械的な動作であり、パブロフの用語では本能反射あるいは絶対反射である[2]。

ベルを少し鳴らしても垂涎作用に影響はないが、もし食物の摂取をこの音響刺激と同期させ始め、その同期を四十回、五十回、六十回と繰り返せば、この「訓練期間」を経た犬の神経系は、食物を与えずベルを鳴らすだけで唾液分泌を始めるようになる。犬という生命体において二つの刺激の間の連合が確立されたのであり、「人工的な」または一時的な新しい反射が形成されたのである。パブロフの用語を使えば「条件反射」である。

このように条件反射の形成の規則を確立したのち、パブロフはあらゆる状態における条件反射の様相を研究した。その結果、食物摂取と同時に繰り返されるなら、どんな刺激であれ流涎作用を引き起こす条件要因となることが明らかになった。すなわち音声や人の姿、光学的信号を目にすること、味覚や嗅覚、皮膚の過熱や冷却、あるいは身体のどこかに機械的刺激を加えること、例えば押したり触れたり摩擦すること、などでもかまわない。

またパブロフは各刺激の区別を精密に研究した。例えば、毎秒八百回振動する音が条件要因になったとき、八百十二回振動する別の音では流涎作用は起こらないことがわかった。三つの音の組み合わせを条件要因にした場合、そのどれか一つだけでも同様にうまく作用した。内省的心理学の用語法を使えば、犬は刺激的な影響を「認識した」のである。

さらに極めて重要な法則も確立された。条件反射が形成された後、それを呼び起こす刺激と同時に食物を与えることなく数回繰り返した場合、やがて反応は弱くなり、最終的には消滅する。パブロフの言葉でいえば、反射作用は消失した。その後、再び刺激要因を食物摂取と結びつけると、条件反射は再び現れた。言うまでもなく、誰でも知っている忘却と想起という現象との類似性をここに見出すことができるだろう。

抑制

さて、これまで見てきた現象と密接に関連している別種の現象についても見ておこう。それは「精神的」行為一般の理解にとって非常に重要である。例えば犬の流涎作用が特定の音で引き起こされるように、条件反射は形成される。この場合、音が鳴った瞬間に、猫が犬の前に連れて来られると流涎は起こらず、もしそれが始まっていても、それはすぐに止まるだろう。猫の代わりに、何であれ十分な強度の新しい刺激であれば同じことが起きる。これが抑制の現象である。

パブロフは外部抑制と内部抑制を区別している。前者では、いま［猫の出現を例に］述べたように、刺激は全く予想外の要因として外部からおとずれる。この外部抑制は瞬時に作動する。一方、内部抑制は少しずつ進行する。その過程は以下の通りである。例えば、犬に食物摂取と光信号を組み合わせた条件反射を形成させた後、食物を与えることなく音のような別の刺激を加え続ける。音の刺激は犬の脳メカニズムに作用するが、流涎は始まらない。そこで音と光信号を結合された場合、光信号は刺激力を失い、流涎は生じなくなる。この事例をパブロフは「条件抑制」と名付けた。様々な形態の内部抑制は新たな刺激によって動物の環境から容易に取り除かれ（すなわち順りで抑制され）、ひとたび抑制された反射も再確立される。これをパブロフは「条件反射の脱抑制」[3]と呼んだ。そのプロセスは精神的現象の相互作用メカニズムにおいても非常に重要な役割を果たすものである。

こうした条件反射の実験が多く行われるにつれて、ますます多くの事実が明らかになった。たとえば、この内部抑制の過程が総じて条件興奮の過程よりもはるかに不安定であることである。換言すれば、内部抑制の発現は条件興奮の発現よりも偶発刺激の影響をはるかに受けやすい。こうした事実は常に観察できる。パブロフに言わせれば、もし犬で条件反射の実験が行われている部屋に誰かが入るなら、その瞬間に動物に存在する抑制は大きく影響を受ける。だが一方で、ひとたび確立された条件興奮はほとんど、または全く変化することはない。

抑制という事実は、生物の活動における諸現象を理解する上で極めて重要である。特に古典的心理学または主観的心理学において、従っていまも「意志的行為」と呼ばれる状態を決定するのは、この事実だからである。抑制の能力が逃れようのない科学的事実に依存しているのであれば、人間の活動を理解し説明すること、結果的にそれを統制することは可能である。それがどれほど重要なことかは言うまでもあるまい。

拡延

生物の器官の機能を制御するメカニズムに関するパブロフ理論にも言及しなければならない。パブロフによれば、このメカニズムは、彼が拡延と呼ぶ過程、つまり大脳半球における興奮と抑制の集中に起因している。古典的実験で明らかにされているように、大脳半球の任意のポイントに短い刺激を与えると特定の筋肉群が作動する。刺激が持続的に加えられると、反応はだんだん遠くの筋肉にまで広がり、ついには全身的な痙攣に至る。この興奮の拡延は、条件反射の生理学において常に観察できる〔4〕。

内部抑制も同様に拡延が起こりうる。パブロフは以下の実験を行っている〔5〕。まず皮膚に刺激を与える五つの小さな装置を犬の足先に装着し、五つのうち四つの肉球で流涎の条件反射を形成した。五番目の装置は条件反射の形成には使われなかったが、他の四つの装置と同様に作用することが発見された。刺激は拡延されていたのだ。

この刺激実験に続いて、この五番目の装置を使って食物を与えることなく何回か刺激を与えると、その条件反射は消えることがわかった。抑制のプロセスが始まったのである。しばらくすると、その他の四つの装置でも抑制の拡延のため反応は起こらなくなった。しかし、五番目の装置とその他の装置を作動させる間隔が長くなればなるほど、その他の装置への抑制は効かなくなる。両者の差異は、インターバルの長さとともに急速に拡大し、やがて五番目の装置に近接する装置であってももはや抑制は見られなくなる。つまり、抑止の波が衰えてその出発点に戻る様子を目で追うことができる、とパブロフは述べている。抑制は収束されるのである。このように神経プロセスの拡延と収束の法則、つまり二つの一般的法則が、こうした特定の行動の発現を支配している。こうした基本的メカニズムの解明と並んで、分析の仕組みを確立したことも大変に重要な業績と見なされるべきである。パブロフはこの分析器を「条件反射の発生メカニズムと密接に関連した、神経系の特別装置」と呼んでいる。

大脳機能局在―睡眠―暗示

パブロフは内部抑制の現象に目を向けて、抑制が大脳皮質（灰白質）の表面全体に拡延されると、傾眠状態が続くことを発見した。これは彼が催眠と暗示の現象を研究する契機となった。抑制過程が一定水準に満たない場合、睡眠と覚醒の中間的な状態が生じるが、これは催眠状態に酷似している。しかし、激しい刺激によってカタレプシー（強硬症）や催眠状態が引き起こされ、動物がその間まったく反抗できなくなる事例も知られている。これはアタナシウス・キルヒャーの「不思議な実験」であり、動物は数時間も動かないままでいる。それは抑制という形式で現れた防御的反射である。抵抗や脱出では逃げおおせない強大な力が存在する場合、動物が身を守る唯一の可能性は動かないことである。動かなければ見つからないで済むこともあるし、見つかったとしても、その動作が引き出しかねない暴力的な反応を避けることができるかもしれない。この事例について、パブロフはこう述べている[8]。

興奮の強度と持続時間に応じて、この抑制はもっぱら（脳半球の）運動帯にのみに留まるか、脳半球の別の領域、さらには脳中枢部まで広がる。前者の場合、動かないままでいる能力（カタレプシー）を動物に与えるが、後者の場合にはあらゆる反射反応が徐々に消え失せ、動物は完全に受動的になり、筋肉を弛緩させながら睡眠状態に入ってしまう。非常な恐怖に直面したとき、動けなくなったり表情が凍り付いたりしてしまうのは、この反射と同じ反応である。

こうした生理学的事実の重要性がわかりやすいのは、特に群衆の中で暗示という要因が重要な役割を果たす場合の人間行動を研究するときである。

目的反射

パブロフはその著作で「目的反射」と「自由反射」と名付けた二つの精神活動の現象に注目している。彼はこの二つを絶対的な生まれつきの反射と見なしている。前者の例として[9]、収集欲に囚われた人間を挙げている。コレクターの情熱は彼らが追い求める対象の価値とは全く不釣り合いである。パブロフはこれを生まれながらの性癖と考えている。コレクターは取るに足らぬ品物を追い求めて自らの人生を犠牲にすることさえいとわないだろう。その欲望を満たすためなら、嘲笑されても、犯罪に手を染めても、火急の要件を忘れても、気にも留めないかもしれない。パブロフの見解では、これは抑えきれない衝動、原始的な本能、あるいは反射作用を示す事例である。彼はそれを食欲本能と結びつけ、どちらにも執着性と周期性という特徴があることを特に指摘している。すべての進歩、すべての文化は、この目的反射の結果であり、特殊な目的に没入した人々の所産である。パブロフの見立てでは、自殺は目的反射が抑制された結果にすぎない。

自由反射

第二の生得的な反射は、自由反射である。パブロフは、野良犬から生まれた犬の事例[10]を引いている。実験室でその犬は条件反射を形成しようとするあらゆる試みに頑固な抵抗を示した。犬は実験台で暴れ回り、絶え間なく、そして無意識のうちに涎を流し、全身的な興奮の症状を示した。犬が従順になり、条件反射の形成に使えるようになるまでには数ヵ月を要した。この犬は自らの動きが制限されることに耐えられなかった。パブロフはこの特性を生得的な自由反射と見なし、従順さはこれとは逆の反射、すなわち生得的な服従の反射の現れに過ぎない、と付け加えた。

後に述べるように、私たちは行動における自由や服従を条件反射、つまり個体がもつ防御または闘争の本能に基づいて後天的に獲得されたものと見なすべきと考えている。

後天性の反射に関して繰り返された議論として、それが遺伝的に受け継がれる可能性の問題がある。進化が漸進的に展開する謎は、獲得形質が遺伝的に継承されるとすれば解明できるだろうと主張する者さえいた。神経系こそ、この進化プロセスを可能にする基体であろうと考えられていた。神経系が機能の順応力、および効果の受容と保持への適応力に優れているためである。パブロフ自身、実験室で条件反射を形成した（ベルの音で食べに来た）ネズミが、この反射の学習能力を高めた新しい世代を生み出している、と考えていた。のちにパブロフがこの考えを取り下げたのは、実験技術が徐々に改善された結果が観察されただけであると証明されたからである。

性格

パブロフの研究室ではっきり実証されたのは、それが性格形成に影響を与える可能性である。同腹の犬を出生時に二つのグループに分け、一つのグループは二年間自由のまま放置し、他のグループは檻の中で育てた。その後、二つのグループで条件反射の形成が開始されたとき、檻のグループの実験作業の方が容易であることがわかった。さらに、檻のグループの方が音の刺激に対して非常に敏感だった。つまり、このグループは臆病で、どんなに小さな雑音にもいつもおびえていた。別のグループは、さまざまな刺激に慣れていて、実験室で単調な刺激を受けてもすぐに眠くなり、反射形成へより長く抵抗を示した。これらの研究により、パブロフは古くから人間で認識されてきた性格の違いと正確に対応する類型を確立した。すなわち、陰気な犬、鈍感な犬、怒りっぽい犬、陽気な犬の分類である。前二者のタイプでは抑制のプロセスが優位を占め、後二者のタイプでは興奮性が優勢である。こうして人間の性格類型にも生物学的根拠が与えられたのである。

発話

パブロフは、人間の発話を刺激として非常に重視していた。話し言葉も書き言葉も、他のどんな刺激と同様に、条件刺激となって反射を形成することは明らかである。「発話は大脳半球に達するすべての外的、内的な刺激と結びつき、それらすべてを伝達したり、変換したりする。このために、刺激そのものが引き起こすのと同じ反応を引き起こすだろう」と、パブロフはいう[11]。

容易に理解できるのは、発話が多くの錯綜した条件反射を生むことで、さまざまな条件反射が融合されることである。ここから言葉の反応や人間の思考の複雑さのすべてがもたらされる。特に話し言葉やシンボルを使った暗示という問題が、ここで重要な役割を演じる。

大脳皮質（灰白質）のような高次の神経メカニズムの抵抗力を弱めることは可能である。このためには、睡眠と同じように内部抑制の一般化を生み出すこと、または疲労させることで十分である。抵抗は生まれつきの構造ゆえに弱くなることもあれば、深い情動または（アルコールなどの）中毒から生じる過度な興奮によって神経系が攪乱されて弱くなることもあるだろう。そうした状況下で被験者に指令が与えられると、その指令で引き起こされた抑止が灰白質で拡延するため、抵抗できなくなってしまうわけである。

こうした神経作用の事実にこだわっているのは、それが本書で詳述する影響を生み出す行動、つまり政治的プロパガンダと総称される行為の影響下にある大衆行動と密接に結びついているためである。パブロフが睡眠現象について示した解釈はすでに紹介したわけだが、それにより催眠術と「被暗示性」（暗示への感応性）は生理学的に理解できる。もし一つのフレーズまたは命令が生理学的衰弱状態にある心理的機構に加えられると、その暗示はこの状態が終わった後も持続する。暗示に対する抵抗の可能性——これが最も重要な問題であることは以下で見る通りだが——を分析すると、先天的障害や病気、または中毒などの病理的事例を除くなら、抵抗の可能性は主に文化水準によって左右されることは明らかである。文化水準とは、言い換えれば、各個人の心理的機制を構成する多様な条件反射の累積レベルである。それゆえに、無知はたやすく暗示にかかる大衆を形成する最良の媒体である。これは政治と社会秩序の領域における重要な事実である。それは以前から知られていたことだが、パブロフのおかげで今日ではその生理学的な根拠を理解することができるのである。

意識

暗示にかかりやすくなると逆に意識が衰える、とよく言われる。そもそも意識とは何か。いつの日か、それを正確に科学用語で定義し、厳密な再現と検証が可能なデータと結び付けることができるようになるだろうか。パブロフは最晩年の講演でその希望を表明していた。彼はすでに一九一三年にこの現象をある程度まで説明する可能性を次のように示唆していた〔4〕。

意識とは大脳半球の特定領域の神経活動である、と私は思います。その領域はある瞬間、ある条件の下で、最適な（おそらく、平均的である）興奮性を有している。その時点で、大脳半球の他の領域の興奮性は、いくぶん弱くなっている。最適な興奮性の領域では、新しい条件反射が容易に確立され、その分化は精確に行われる。……もし頭蓋中をのぞき込むことができ、最適な興奮性の領域が発光するとすれば、脳を働かせている人間の中で発光の領域が絶え間なく移動し、発光の形状と寸法が連続的に変化し、それを取り巻く大脳半球の残りにはいくぶん暗い影の領域が広がっていることを目にするだろう。

理論の生物学的基礎

以上、パブロフの古典的な実験とその条件反射理論から導かれた基本法則について述べた。

こうした反射メカニズムは、進化した大脳半球を備えた、高等生物の特権なのだろうか。それとも、最も単純な生物まで含めて、生きとし生けるものの反応を支配する一般原理なのだろうか。アメリカの行動学者であるジェニングスは、繊毛虫（ゾウリムシなどの滴虫）で実験を行った。これらの単細胞生物もその感応力に作用する一群の因子に対して反応を変化させ、一時的に適応できることを証明しようとした。私も自ら単細胞類について最新技術を駆使した厳密な実験をすることができた[12]。パブロフが神経系を備えた動物において確立した条件反射と全く酷似した反応が、〇・一ミリ以下の単細胞生物でも検出できることを明らかにした。以下は、その決定的実験である。

小さな水滴の中に一匹のゾウリムシを入れて石英の小片の上に置く。ゾウリムシは絶え間なく水滴の周りを泳いでいる。その通り道に私は紫外線による顕微鏡で見えない障壁を設けた。私が使った紫外線微小穿刺法または顕微鏡手術法[13]では、生体を傷つける紫外線の微視的ビームを細胞体の微小部に集中することができた。ゾウリムシは紫外線の障壁に達するとショックを受けて、後退し、逃げ去り、通常の通路から外れてしまう。同じ場所で何回かショックを受けた後、すなわち一連の刺激を受けた後には、それが発生する場所の知覚と組み合わさって「危険な場所」を避けるため、その通り道を修正する。そのうち紫外線の障壁を取り除いても、ゾウリムシはその新しい通路で動き続けていることがわかった。つまり危険箇所の「記憶」を保持しているのだ。この反応は約二十分間続き、その後は徐々に元の通路に戻っていく。その「記憶」は短く、この条件反応は消える。このようにして、一時的で後天的な条件反応を示す能力が決して神経系をもつ生物に限定されず、あらゆる生命体に一般的な能力であることが明らかになった。

それだけではない。上記の反応は数分間の実験後に形成されたが、メタルニコフ[14]は、ゾウリムシが食物を見分けるべく「学ぶ」こともできるという興味深い研究を行った。ゾウリムシをカルミン粒子が含まれた培地に入れると、ゾウリムシは消化できないカルミン粒子を微生物や他の食物のように吸収する。しかし、それは最初の二日間だけのことである。三日目にこの単細胞生物はカルミン粒子を拒絶し、いつもの食物だけを吸収する。条件反応はいわゆる「試食」の二日間の後にはじめて形成されたのである。

この二つの実験からは以下の結論が導き出される。食物摂取に関係した、つまり食欲本能に基づく条件反応は、差し迫った危険からの逃走に関連した条件反応と比べて、その形成にははるかに時間がかかるうえに困難も伴っている。後者の条件反応は、いわゆる防衛本能、より一般的には闘争本能と呼ばれる本能に基づいている。

この最も重要な事実を確認した上で、生物行動における反応システムの問題を考えたい。すでに見てきたように、反応とは生命体の機能である。たとえば、極めて単純な生き物、アメーバを例に取り上げて、即時反射または即時反応を分析しよう。それらはすべて以下の本質的な反応に帰することができよう。まず危険から逃げること、次に食物を摂取すること、さらに自身を増殖すること、被囊により子孫を保護すること（囊の中で小さなアメーバの群体に自己分裂すること）である。

生物学的見地から見ると、自然は生物個体が種の遺伝という使命を達成するまで、自己を維持させるための二つの特別なメカニズムを付与した。さらに、その種を維持するために他の二つのメカニズムが付与された。個体を保持するためのメカニズムあるいは本能とは、防衛あるいは闘争、そして食欲の二つである。また種の保全のため、個体に生まれつき備わった二つの本能は、性欲と母性の二つである。

生物のすべての反応はこの四つの本能によるものであるか、またはそれから派生したものである。高等生物や人間の反応は複雑に見えるけれども、厳密に言えば、その四つの本能以外の反応は存在しない。この本能を生物学的に重要な順に並べてみよう。一番目に、最も一般的であるため最も重要な闘争本能である。すべての生き物は死や生命の危険と戦わなければならない。それは食料の不足よりも差し迫った危険である。例えば、攻撃を受ける危険は直接的であり、死に至る可能性があるが、飢えですぐに死ぬことはない。しばらくなら飢えに受動的に耐えることは可能であり、その間は希望が残っている。したがって、二番目が食欲本能となる。これはすべての生物に共通だが、三番目の性欲本能はそうではない。さらに四番目の母性本能は、せいぜいそれを必要とする一定の個体に限られている。子孫の世話をすることは明らかに普遍的ではないのである。

本能は、パブロフが語るところの先天的あるいは絶対的な反射または反応にすぎない。これらは生物のすべての行動の基盤となるメカニズムである。しかし、パブロフの実験で確認したように、先天的反射から派生し、あるいはそれと結合して、条件反射や連想反射が形成される可能性はある。パブロフはこれを食欲本能を用いて示した。それは食物摂取と結びついた流涎現象の実験に裏付けられている。彼はまた他の本能も同じ目的を果たすだろうと示唆している。それ以来、どの動機付け反応で条件反応の基盤が形成されるかを調べる実験が行われてきた。条件反射は、闘争本能、性欲本能、母性本能に基づいても形成されるはずだが、まだパブロフの食欲本能を用いた実験ほど深く研究されてはいない。

ここでは闘争本能に基づく条件反射の形成の事例を取り上げる。一匹の犬を連れて来て、まず棒を見せながら、それで殴ってみよう。犬は逃げるだろう。これを二、三回繰り返すと、犬は棒を見るだけで逃げ出すようになる。この条件反射の形成は食欲本能に働きかける場合よりもはるかに早い。こうした食欲システムに対する闘争システムの優位性は、最上級から最下級まで生物全体の反射作用を支配している。それゆえに、これは生物が本質的に備える一般法則であるにちがいない。これは政治とプロパガンダに関する人間行動に重要な影響を及ぼすので、心によく刻んでおかねばならない。

以上で見たように、客観的心理学の本質的な基盤である条件反射理論は一般的な生物学的法則に基づいており、今日では動物や人間の複雑な行動のすべてを説明してくれる。つまり、行動のメカニズムを理解することは、それを意のままに操る可能性をもたらすことになる。人間の反応をあらかじめ決められた方向に確実に動かすことも可能になるわけだ。もちろん、人間に影響を与える可能性はいつの時代にも存在していた。人間は生活し会話し、仲間と関係を築くからである。だが、これまでのはやみくもに試された可能性であり、多くの経験や特別な才能を要求するもの、つまり一種の芸術であった。今やこの芸術は科学となったのである。科学では計算と予測が可能であり、検証可能なルールに従って行動できる。社会学の領域で、すばらしい進歩が起こっているのだ。

精神のスペクトラム分析

それでは、何が重要なルールとなるのか。それは次章以下、現実の実践活動、あるいは用意周到な実験によって説明することになる。さしあたり、これまで述べてきた一連の本能や先天的反応が、あらゆる応用心理学を構築する基盤になっていることを強調するに留めておきたい。ここから分かれた多くの派生概念があることを指摘するだけでよいだろうが、いくつか例を挙げれておこう。わかりやすくするために、ここでは日常生活の用語を使ってみたい。大半の場合、純粋に科学的な分析はまだ着手されていないが、そこで問題となる態度は日常用語で十分明快に定義できる。

たとえば、第一のシステム、すなわち闘争のシステムについて考えてみよう。このシステムに関連した心理状態には、恐怖、苦悩、抑鬱などがあり、その反対の相関語として攻撃性、激怒、勇気、熱意などがある。要するに、支配をめざし権力掌握にむけた闘いに関連する社会的または政治的領域のすべてである。ここでは威嚇と激励と称賛が刺激の形式として重要な役割を演じる。

第二の食欲システムでは、経済的利益と物質的満足に関わるすべてが関連している。ここでは一方において期待と魅力が、他方において困窮と欠乏のイメージが影響力をもっている。

第三の性欲システムでは、原始的な要素と昇華した要素に分けることができる。前者には、その積極的側面として性的興奮を直接引き起こすあらゆるものが含まれる。この原始的な要素は文明が進むにつれて徐々に使われなくなるが、いまも原始的部族の間では――古代にそうであったのと同じように――重要な役割を演じている。大衆に心理的影響を及ぼす手段として行列も利用したディオニソス競技や男根カルトを想起するだけでよいだろう。否定的な面では、嘲笑、軽蔑、揶揄のための材料をもたらすものすべてがある。風刺画、カーニバル行列、下品なユーモアなどがその類である。昇華した形で性的本能を利用する例としては、流行歌、ダンス、時事的諷喩《ふうゆ》、あるいは美しい女性が理念を体現する活人画のように、歓喜や愛情に訴えるものを挙げることができる。歴史的に有名な活人画の実例にはフランス革命の「理性の女神」がある。当時有名だった美人女優が半裸で乗った山車の行列がパリ中を練り歩いた。

第四の母性本能は、他人に対する同情や世話、哀悼、友情、配慮、さらには憤慨や立腹など、あらゆる現象が起こる基礎となる。

このように心の状態を一連の要素へ分別すること、いわば精神のスペクトル分析によって、この「スペクトル」の特定部分で振動を思い通りに発生させることができることが示される。もし一定の方向に人々を導きたいなら、また彼らに心理的影響を与え、その行動を左右したいのなら、これは絶対に必要な情報である。本質的なことは、心理的コンプレックスのあらゆる側面に訴えることであり、いかなる逃げ道も残さないことである。偶然に頼るだけでは不十分である。人間の魂の奥深くに横たわる本能的な基層のすべてに訴えることが定石となる。

訓練

人間の活動は、神経系のメカニズムで起こるプロセスの複雑なネットワークの結果に過ぎないことを示してきた。そのプロセスは、生命体がその一生において受けた多くの影響に基づいているが、こうした現象が特に顕著な分野がある。この分野では条件反射は意のままに容易に形成され、その進化を追跡することは難しくないだろう。例えば、動物訓練の分野である。サーカスは条件反射を極めて明確かつ確実な方法で形成する学校である。馬、牛、犬などの家畜の訓練も同様である。もちろん、パブロフの実験ですでに見たように、また動物を扱った経験者なら誰でも知っているように、異種の動物間でも同種の個体間でも差異は存在する。しかし、どんな動物であれ長期的には訓練可能であることは、ピエール・アシュ＝スプル[15]〔パリ動物心理学研究所所長〕が断言した通りである。彼は動物心理学の知識と幅広い個人的な訓練経験をあわせ持っている人物である。

訓練のテクニックでは、すでに述べてきた原則と再会することになる。動物の調教は完全に餌付けと苦痛の恐怖、すなわち第二（食欲）本能と第一（闘争）本能に基づいて行われる。訓練の一般法則は、条件的因子（動物にその行動を促すために与えられる信号）と、恐怖（闘争本能）か食欲（食欲本能）という先天的メカニズムからなる因子との結合である。この結合は条件的因子が先天的因子よりも数秒間先行するようにして生まれる。この結合がなければ、期待する効果は得られない。動物が満腹の状態か、神経ショックを受けている場合は、もはや信号のように微弱な生理的刺激には反応しないだろう。ここで、パブロフが述べた、エネルギーの一点集中原則が認識できる。

別の原則は、条件付けになる刺激は明確に定義されねばならないということである。刺激は変化してはならず、抑制をもたらしかねない新たな状況を示してはならない。結果として、アシュ＝スプル博士が指摘しているように[15]、ひとたび特定の形式や配置で装置が導入されたならば、そこに本質的な変更を加えてはならない。付属品の色さえも変えないほうがよい。彼は鳩の飼育家の話を紹介している。この飼育家は止まり木や出入り台を赤色から青色に塗り替えた後、不用意にも鳩を公共の場ですぐに使用した。彼の鳩は赤い止まり木を探し、青い止まり木を無視した。サーカス会場をぐるぐると飛び続け、ついに女性観客の一人が身に着けていた大きな帽子で羽を休めた。その帽子が赤いポピーで飾られていたからである。

模倣は、訓練でも役立っている。動物は他の動物が動いているのを見ると、その動作をより速く学習することができる。たとえば、若い馬を車につなぐなら、その車を引くのに慣れている馬と並べて付ける。若い馬と訓練された馬を車につなぐ際に注意すべきは、右側と左側をときどき入れ替えることである。これと同様に、模倣は学校の子供たちの間でも重要な役割を果たしている。

訓練のもう一つの特徴的な事実は、刺激のリズム、そして音楽やその他のリズミカルな音による伴奏も、習慣の形成とその自動化を助けることである。サーカスではこの事がよく利用されている。それは暗示の法則に一致する事実である。つまり、高等生物が睡眠に似た状態に入ると、全身の内部抑制が強まって、この状態下で与えられる刺激に自動的に反応する可能性が増大する。たとえば、太鼓を叩くことは、ドイツ軍国主義がかつてお気に入りだったグーツ・ステップをうまく実行することに役立つ。（当然ながら、グーツ・ステップはヒトラーによって復活している。後述するように、ヒトラーは究極において自動機械や生身のロボットを組織化しようと努める訓練者にほかならない。）

訓練された動物に並外れた「知性」があると考えることができるかどうか、よく尋ねられる。すなわち、改良された高等な条件反射を形成する能力の有無である。

たとえば、「教養ある動物」または「計算する動物」の事例が引かれる。有名なエルバーフェルトの馬は、平方根や立方根さらにそれ以上の根を求めることができるとされていた。またマンハイムのモッカー夫人の犬ロルフは、「ほとんど哲学的な文章を使いこなし、その女主人に対してどんな微妙な感情も表現できた。」しかし、こうしたすべての事例は多かれ少なかれ飼い主が無意識のうちに行った訓練の結果であり、ほとんど感知できない信号が飼い主から動物に伝えられていたことが後に判明している。

教育

学校と教育は、子供を活動的に生活させる訓練に他ならない。パブロフの弟子たちは子供の条件反射の形成を研究してきた。その最初の実験は、幼児の嚥下反射を研究したクラスノゴルスキー博士のものだった。その実験は、犬の唾液腺に関するパブロフの古典的実験で示されたすべてが子供にも完全に当てはまることを明らかにした。注目に値する事実は、明確に定義された条件反射が生後約八週間で得られるということだ。その後、ロシア、アメリカ、ルーマニアなど、各地で十～十四歳の学童を対象に実験が行われた。そこで観察されたのは、以下の結果である。学校で用いられる教育（つまり、複雑さを増す習慣の形成）の主要な手段である言語的刺激は、すべての条件刺激の中で最高のものである。なぜならさまざまな反射作用を互いに容易に結びつけることができるからである。動物の訓練に関連してすでに述べたもう一つの事実も確認された。教育において大規模に実践されている模倣は、子供の反射の形成において大きな価値があるということだ。そのメカニズムは明らかに動物の場合と同じである。他の学童がいる前で学童に条件反射が作り上げられた場合、他の学童が反射作用を習得することはより容易になる。この目的のために行われた実験は、パブロフが犬の実験で「遅延」と名付けた反射形成に基づいている。

こうした課題は、特にパブロフの二人の弟子、ポロシン博士とファディエェワ博士の研究によって解明された。遅延反射とは、条件刺激を与えて数秒間から数分間が経過した後に、生得反射（食欲）を引き起こす刺激が加えられることで作られる反射である。その結果、反応（例えば流涎）は、信号（条件刺激）の出現と食物（絶対刺激）の提示とのインターバルの終わりに現れる。遅延された条件反射が子供の教育においてどれほど重要かは一目瞭然である。教育に必要なのは、自制心、待機能力、内的抑制を可能にする能力を植え付けることである。内的抑制は、内省的心理学で「意志のプロセス」として知られているものの基礎をなすものである。

実験の手順は次のとおりである。子供たちに光の信号を見せ、少しのち、たとえば一分後に、装置を始動させる動作（ゴムボールの圧縮）を行うように命じた。その装置からは動作の報酬として、お菓子が得られた。約百回の反復の後、子供たちは期待された間隔（この場合は一分間）の終わりに命じられた動作をすることに督促の刺激なしで成功することが判明した。このようにして条件反射が形成され、子供たちの神経系メカニズムによってその時間は自動的に測定された。彼らは抑制のプロセスをちょうど必要な時間だけ持続させることを学んだのである。こうした研究はまた子供たちの性格の一定の分化に光を当てることになった。ある子供の反射形成は他の子供より早かった。しかし、最も遅い子供たちでもその形成をいくらかは早めることができたし、最も利口な子供は抑制によって反射形成を意のままに遅らせることができることがわかった。

教育や指導という実際的仕事と、現在知られている条件反射形成の現象の間にある関係はすぐに確認できる。前者は、実のところ、後者を支配する諸法則をただ応用したものにすぎない。パブロフは生前最後に出版された著作の一つで、条件反射の方法が人間の思考器官、すなわち大脳半球皮質部の訓練に非常に役立つとの確信を明らかにしていた。

精神医学

パブロフは晩年において、彼の原理を異常または病的な精神活動へ応用することについて熟考を続けた。内的抑制の全身化と睡眠との関係の事実から始めて、一方では暗示の状態、他方では性格形成を研究するに至った。彼は条件反射理論の視点から、パーソナリティの病的現象、あるいは痴呆、ノイローゼ、統合失調症の心理状態を研究した。動物、そしてもちろん人間の行動全体は、興奮と抑制のプロセスの均衡に依存する。均衡の達成が難しい場合、犬を例にとれば、犬は実験をしているテーブルの上で鼻を鳴らし、吠え、暴れ回るだろう。犬の脳の正常な活動が乱されているためである。これは生活で著しい興奮と抑制の過程にさらされたとき、しばしば観察される病気の発生理由を説明する。例えば、人間は激しい興奮プロセスに耐えられるかもしれないが、生命の危険を感じて強制的に興奮プロセスを抑制する。これがしばしば神経系の正常な活動を妨げる原因となることはわかっている。脳の正常な機能の病的変化は、抑制や刺激の過程に影響を与えるだろう。例えば、神経衰弱では一般的に抑制が十分ではないし、反対にヒステリーでは抑制がしばしば優勢であり、麻痺、無気力、被暗示性過大などの形をとる。パブロフの実験室では、条件反射の形成過程やその抑制過程を乱すことによって、神経症の様々な形態、神経衰弱やヒステリーなど、人間によく見られる病的状態に正確に対応する神経状態を犬において再現した。パブロフは、このようにして神経症になった犬にブロム剤による治療さえ試み、人間と同様の結果を得たのである。

また、犬を使った面白い実験が行われている。非常に強い電気刺激を音と結合させた。犬は大変激しく反応し、吠えたり、暴れまわった。もう一つの音は食物の摂取と組み合わせ、条件刺激とした。この二つの音を同時に鳴らしたとき、前者による反応が優勢であることが判った。犬はまったく唾液分泌せず、暴れて吠えた。この反応は二番目の音にさえ接続され、それが単独で鳴っても防御の反応を引き起こした。犬が電気ショックを免れて後しばらくして、二番目の音は流涎を引き起こした。だが犬が眠りかけているときに二番目の音を鳴らすと、防御反応が再び現れた。これは災害や戦闘など、後に神経障害に苦しむ患者の容態とまさに同じである。彼らは眠りに落ちる間に、夢遊病の状態を想起させる精神錯乱状態におちいる。彼らは不安になり、叫び出し、あたかも病気の原因となった出来事をもう一度やり直しているかのように振る舞うのである。

こうした事例を引いたのは、条件反射の理論が実際に人間における正常と異常の両面を含む、多くの精神状態を説明可能にすることをもう一度強調するためである。それは本書で扱う事実を理解する上で、極めて重要なことである。

ビジネスの心理学

広報（条件反射の効果として大衆に影響を及ぼし、特定の行動に導くことを目的とするパブリィシティ）やその組織者の他に、それと同じ方向で働く別の仕事がある。実業家、貿易業者、巡回販売員、セールスマン、保険勧誘員などは、いずれも条件反射、抑制などの同じ法則を利用するが、かなり違った手法を採用している。こうした職業では、その目的を遂げるために影響を与えたいと思う相手の細やかな心理状況を熟知する必要がある。彼らは顧客、時として彼らの犠牲者の心理に、特定の条件反射を植え付ける方法を知ることも必要である。彼らはどの琴線に触れるべきかに通じており、つまり抑制を生み出す方法、特定の瞬間にそれらを終わらせる方法などを熟知していなければならない。もちろんビジネスマンは、条件反射の法則について十分な知識を持って活動する専門の心理学者ではない。俗な言い方をすれば、彼らは常識を使って直感的に活動している。犬が用心深く獲物を嗅ぎ分けるように、彼らは取引相手の弱点に関して鋭い嗅覚をもっていることが多い。

その典型がアメリカのビジネスマンである。彼らは特別な訓練によってテンションを上げることができる一定の資質を備えていなければならない。その資質には、ある種の精神力と肉体的な持久力も含まれる。だからこそ、スポーツの訓練が実業界で奨励されているわけである。だが、一般教育と特別教育で陶冶できる純粋に知的な要素に加えて、ビジネスマンにとって本当の意味で最も重要な心理的資質がある。第一に、最小限の時間と労力で達成すべき目的に向けてあらゆる注意と意志を集中させるという原則（パブロフの言葉では「目的反射」）を順守する能力である。進取の精神、頭脳明晰、冷静沈着、整理整頓、体系性、そして仕事への愛情なども現代ビジネスマンを特徴づける資質である。だが究極的には、ビジネスで成功するための絶対条件は熱中する能力である。おそらく、熱意は第一本能である闘争本能に基づくエネルギーの最大の源泉であり、まさにその事実からして最も重要な要素である。このタイプの人間がその目標に到達せんとする成功の瞬間には、新たなエネルギーが彼の心理的構造の中で生まれ、新しい挑戦への着手を促すだろう。他方で意気消沈、不成功、疲労困憊の時にも、深遠な理想、すなわち最高レベルの条件刺激が、難破者に力を与えるビーコン（航路標識）のように輝いて、危険な状況からの脱出を可能にしてくれるだろう。

実際のビジネスマンの仕事では、販売、購入、商業通信文のやり取りなどの技術に特別な適性があると思われる。これらはすべて、パブロフ理論の解説で言及した法則に従って、刺激、抑制、脱抑制の現象によって制御され、あらゆる種類の分析装置の結果が示す複合的な条件反射に基づく行動システムに過ぎないのである。例えば、商業通信文において、その受取人が特定の態度を採用するように心理的な影響を与えるのは、手紙の文言だけでなく、その外的要素なのである。そこには手紙の外観と形式、紙質、さらに（一見したところではほとんど不可解だが）封筒と宛名の書き方さえも含まれる。こうした成功する商業通信文の最良の方法と形式を解説するマニュアルも出版されている。

広報と広告

実生活の中で意図的に適用された個人的・集団的な暗示の現象をふり返って見ると、例えば広報や広告のように、条件反射が非常に重要な役割を果たす分野があることは容易に理解できる。その法則とテクニックは動物訓練で見たものと同じだが、扱うべき対象が人間なので、利用する反射システムはより高次のものである。また当然ながら、本能とそこから派生するもの全体に対して働きかけがなされる。たとえば、宝くじを購入するように誘導するためには、強い訴求力をもつイラスト入りポスターを何度も使って、チケット入手にとことん執着するよう暗示に努めねばならない。ポスターでは幸福で安定した生活の恩恵、資産家に開かれたチャンスなどのイメージが描かれる。手短に言えば、第二の本能、つまり物質的幸福の本能に訴えているのだ。化粧用品を宣伝する際には、ポスターは多少とも肌を露出した若くて美しい女性の魅力を描くだろう。第三の性欲（エロティック）本能に訴えているわけだが、その目的はポスターを見ている女性が描かれた美女をまるで自分のように想像するように導き、そのイメージの魅力と競うべく当該商品を買うように誘導することである。生命保証会社の広告は、日常生活にある危険、被害者家族を襲う悲惨な結末、そして被保険者になることの利点——幸福、穏やかな老後など——を際立たせるだろう。この場合、訴えるのは主に第四の母性本能である。ウィンタースポーツ、休日リゾート、旅行などの広告であれば、第一の闘争本能を利用する。そこには権力と支配の源である健康と体力を保持する可能性が示される。こうした例は無限にあげ続けることができるが、すべての場合において、広告主は条件刺激の根底にある四つの本質的本能から一つ以上を選んで働きかけている。

広告の様式は千差万別であり、時にあまりに巧妙奇抜であるため、しばしば政治的宣伝家にひらめきを与える。

広告は北アメリカで最大級の発展を遂げたが、それは並外れた規模を誇っている。ヒトラーの宣伝を統括するヨーゼフ・ゲッベルスは、一九三二年春に世間の人々をあっと言わせ、公衆を刺激して服従させようとして、大統領選挙におけるヒトラーの選挙運動のプロパガンダに「アメリカ的規模のアメリカ的方法」を用いると宣言した。ゲッベルスの発言は首尾一貫していた。ヒトラーがこの選挙で敗れた後では、敵側の勝因は「ユダヤ人が提唱し費用を出した（アメリカの）商業的方法」の臆面のない採用だ、とゲッベルスが叫ぶのを妨げるものではなかったからである。

アメリカでは広告の生理学的基盤が時としてあまりに明白に示されているので、事例をうまく挙げることができる。ニューヨークの豚肉屋は、豚が食肉処理場で殺されたときの鳴き声を再現するスピーカーを店に設置する案を思いついた。その店はソーセージを求める客でいつもいっぱいになった。また、あるカフェ経営者はオーブンの煙を街路に送り出した。食欲をそそる匂いが店の周りに広がり、この条件刺激に誘われて客が集まってきた。

反復はすべての条件反射の形成と同様に、広報において重要な役割を果たす。したがって、商業宣伝では同じアイデア、特に同じ命令が何度も繰り返される。またポスターの場合も、同じものを一つの掲示板に何枚も貼ることもあれば、いたるところの掲示板に一枚ずつ貼って回ることもある。あるいは、いつも同じスタイルだとしても、いくぶん掲示期間を延長して繰り返されることもある。ヒトラーは、だからこそ自らの「商標」、シンボルである鉤十字をどんな機会であれ、壁という壁、公共建物の壁にさえ掲示するのである。

精神教育

商業広告は一種の実用的な科学となっている。その形状または物量の有効性、さらに媒体《ミィディウム》の影響力が実験室の方法によって詳細に研究されている。そこで得られた結果は記録、確認、分析されている。政治プロパガンダは条件反射の同じ法則に基づいているため、商業広告の方法からますます多くを剽窃《ひょうせつ》している。政治プロパガンダが大衆を支配し、意のままに指導しようと望むなら、その反応と効果の科学的研究に向き合うことが必要である。

これまで述べたことにより、他者の活動を方向づける実用科学、シャルル・ボーダンのいう「精神教育《サイカゴジー》」の一分野をすでに検討したことになる。そこでは「心理的」メカニズムを参照して設計された影響力が使われている。そのような行動の可能性は、人間と動物の心理的メカニズムの機能に関する知見の現状を吟味することで示されている。科学は私たちにそれが可能であること、そして何ゆえ可能であるかを教えてくれる。この理論的可能性が「政治的動物」たる人間のさまざまな行動にどのように適用されるのかは、以下の章で見ることにする。

私たちは人間が善悪を問わず互いに作用し合うのを絶えず目にしている。したがって、科学的データを検証し、それにより人間を破滅ではなく共栄に導けるルールを確立しようとする取り組みが実際上極めて重要である。そのとき「精神教育」の実用科学は、文化の崇高な目的へと人間を導く社会活動となるだろう。それこそ最優先すべき社会的義務である。しかし、今日あまりに多く目にするのは、人間の意欲や思考メカニズムに対する強奪《レイプ》なのである。

第二章――集団心理学

政治活動

人間集団の行為、もちろん政治活動を含む社会生活の現象は、明らかに心理的行為である。したがって、それは個人の神経系を支配する法則に従うものである。人間なくして政治はないし、政治的行動は人間の行為、すなわち筋肉、神経、感覚が結合して起こる現象に特徴づけられている。それゆえ、政治を語る場合、あらゆる行為の本当の基礎である生物学的現象を無視することはできない。

ここで条件反射は、独占的でないとしても支配的な役割を果たしている。演説家が群衆に向けて街頭や集会で、さらには国会壇上で語りかけること、ジャーナリストが政治記事を書くこと、政治家が宣言や法令に署名すること、市民が投票箱に一票を投じること、国会議員が可否の議決に加わること、そして最後に、政敵同士が路上で出会って乱闘になること、これらはすべて例外なく筋肉の行為である。この行為は刺激、抑制、脱抑制などの結果として個人の高次メカニズムにおいて起こり、また諸器官にひそむ多数の効果と結びついて作動する。そうした結合メカニズムは、さまざまな水準での条件反射メカニズムに他ならない。

また、政治行動がありえるのは、その活動に加わっている人間集団がいる場合のみであることも明らかである。こうした群集体は、集合している群衆、あるいは分散している大衆のいずれの形態をとっていても、能動的であれ受動的であれ行為の構成要素である。

群衆心理―ギュスターヴ・ル・ボン

群衆の心理学は、よく研究されてきた。ガブリエル・タルド、そして特にギュスターヴ・ル・ボン[17]が、フランスで四十年前から一連の研究を始めている。現在、私たちが「行動」とその促進について論じるところで、ル・ボンは群衆の「魂」について述べている。彼は「民衆」と「群衆」を区別し、次のように書いている。個々の民衆は環境と遺伝が祖先伝来の、ゆえに安定した公共的性格をもっている。しかし、こうした個人が群衆として集められると、その意識的活動は消えてしまい、極めて強力だが未熟な無意識的行動に取って代わられる、と。

ル・ボンのこうした考察は現代社会学にひとつの流行を生み出した。私たちが苦しんでいる害悪すべてを群衆のせいにし、彼が「群衆の時代」と呼ぶ現代の社会的および政治的な生活の失敗についても、群衆にすべての責任を負わせようとする傾向である。

この見解が十九世紀末に表明されたことは心に留めておきたい。二十世紀の激動と比較すれば、時勢が停滞しているように見られていた時代である。ル・ボンの見解は固定観念に影響され、群衆が国家生活に及ぼすリアルな影響を過大視していたと考えざるを得ない。また、さまざまな種類の人間の集合体に関する概念の混乱をル・ボンの議論は露呈している。今日なら、リンチの群衆、パレードする軍隊、下院に列する議員を同じ水準に置くことは馬鹿げているように思われる。ル・ボンの以下の予言は、こうした概念の混乱によって説明できる。

「あらゆる国で群衆の権勢の急速な強大化という例外なき徴候が見られる。群衆の台頭は、おそらく西洋文明の最終段階の一つを特徴づけるものであり、それは新社会の到来に先立つ混乱と無秩序の時代への回帰だろう。」

この予言とは反対に、我々が生きている時代の特徴は、集団が公的生活に及ぼす現実的な影響力の減少である。集団はますます権力簒奪者の手中にある従順なロボットになりつつある。こうした独裁者は多少とも直観的に理解した心理学的法則をためらうことなく行使し、さらに近代国家が備えている恐るべき技術装置を支配することで、我々が「心理的強奪」と呼ぶ方法により民衆を構成する個々人を操作する。群衆に内在する力を引き出すために、独裁者がときどき騒々しいデモに頼らざるを得ないのは当然である。例えば、壮大な軍事パレード、ヒトラーのニュルンベルク党大会のようなスペクタクル・ショー、あるいはムソリーニのバルコニーからの大演説などである。これを説明するのは非常に簡単である。これまで見てきたように、条件反射は時々「更新」されなければ、すなわち絶対的反射によって補強されなければ、その効力を失ってしまうからである。

精神的暴力が統治手段として使われるわけだが、恐怖や熱狂によって大衆の心を揺さぶる弦を定期的に引き締めなければ、大衆の九割に作用するシンボルの有効性、すなわち暗示を受けている「精神的奴隷」を従わせる推進力は次第に弱まっていくだろう。この理由から、独裁的支配の技術は、例外なく二つの本質的な形式、あるいは段階から構成されている。(一)大衆を集めて群衆となし、そこで激烈な大演説により彼らの精神に鞭を当て、特定のシンボルを掲げて、そのシンボルへの信仰を再覚醒させること。(二)この群衆を大衆に再び分散させ、彼らを取り巻くシンボルの再生された影響下でしばらく自由に行動させておくこと。

ル・ボンの考えをつきつめると、彼がいう現代生活における群衆の「支配」が独裁者の手口とは無関係であることがわかる。ル・ボンには民主主義的な理念への皮肉がある。騒々しい、思慮のない、「混沌たる」話し合いが明らかに非合理的な解決策や行動を生みだす事態を当てこすっているのだ。それが困難な政治状況を改善するより悪化させる場合も少なくないので、こうしたル・ボンの言葉には若干の真実は存在する。しかし、私たちの見るところ、それは耐え難いものになっている精神的抑圧に対して大衆が反乱を起こす場合にこそ当てはまるものだ。それは真の革命に先立つか、その端緒となる健全な反応である。受動的で従順な「分散せる大衆」は、より容易に振舞える「群衆」となる。群衆が護民官の統制下に置かれたり、導かれたりしていない限り、群衆の情熱は呼び起こされ、自由に解き放たれる。護民官とは群衆の熱望を自らの内に感じ取り、それが及ぼす力を利用し、それを健全な目的に向かわせることができる人物である。これこそ多少とも意識的な反乱、動乱の時代における、人類の真の指導者のなすべき仕事である。そのとき、解き放たれたエネルギーを利用して物質的、精神的な解放につながる状態が生み出される。本書の目的は、まず現代の権力簒奪者が行った精神的抑圧メカニズムの理解に貢献し、さらに人類の解放に献身する覚悟がある人々の手に有効な武器を渡すことである。

大衆と群衆

大衆と群衆の概念を区別しなくてはならない。群衆は常に大衆だが、大勢の個人が必ずしも群衆であるとは限らない。大衆は通常は分散しており、その個々人は互いに触れあうことはない。これは心理学的に重要な違いである。けれども、大衆の構成分子間には結束がある。それは興味、環境、教育、国籍、職業などの緊密な類似性から生じる、ある精神構造の均質性である。実際のところ、今日問題とすべきは群衆よりも大衆であることが多い。群衆をある特定の行動に誘導できるのは事実であり、群衆を一定期間利用することもできる。しかしながら、国家が群衆の行動によって支配されることはまずありえない。以下の章で扱うのは、もっぱら現代の政治プロパガンダなのだが、ここでは群衆の本質的反応をまず説明しておきたい。すでに述べたように、ル・ボンはその反応を興奮した感情と精神的な接触感染から生じるものと見なしていた。さらに彼は群衆の特徴として、「際限なき軽信性」、「見通しの欠如」、「理性に基づく行動ができないこと」などを挙げているが、それが現実に存在しているとは思えない。すべては理性が何を示すかにかかっている。

もちろん、群衆が怒り狂い、暴動の準備をしたり、あるいは錯乱的熱狂に駆り立てられたりするのは事実である。同様に、信じられないほど臆病になったり、あるいは崇高な英雄主義に踏み切ったりするのも事実である。しかし特徴的なことは、群衆を操る主唱者、つまり「魂の技術者」が存在し、その指導下にある場合にのみ、そうしたことが可能になる。ル・ボン自身、「指導者がいなければ、群衆は不定形な存在であり、行動不能である」と述べている。リンチ現象を例に挙げてもよいだろう。たいていは不用意な振る舞いをする一人がいれば十分なのである。それは残りの人々に伝染してゆき、彼らはどんな残虐行為もおかすだろう。

ロシア革命の事例

群衆に影響を与える心理学的手段の有効性を示す実例として、ロシア革命のエピソードを挙げてもよいだろう。一九一七年三月五日のペトログラードでは、早朝から群衆が街頭に押し寄せていた。すでに何日間も、戦争にうんざりし、腹を空かせた人々の間に反乱の感情が澱んでおり、多くのうわさが広まっていた。怒りが爆発するきっかけはパンの価格の高騰だった。今や自発的に、計画も指導者もないまま人々は街頭に飛びだした。運動全体が組織化され、計算され、指示されていたことを証明しようとする試みが多くなされてきた。しかし、そこに真実の言葉はない。都市全体、行政当局、全政党は一様に衝撃を受けていた。市内すべての主要道路は群衆で溢れていた。警察はパニックに陥り、群衆は沈黙したまま、不安で深刻な表情で、困惑してさまよい歩いていた。

軍隊は兵舎や中庭、いくつかの広場に配置されていたが、将校はあえて兵士を外に出そうとはしなかった。路面電車は早朝から運行を停止していた。正午前に電話局の従業員が仕事を放棄しはじめ、通信がしだいに不能となり、行政当局は大混乱に陥った。ますます悲観的なうわさが広まり、すべてが坩堝《るつぼ》の中にあり、カオスが近づいていると誰もが感じていた。もう一度繰り返すが、組織化はおろか、いかなる計画もいかなる指導力も、その徴候さえ見出せなかった。ドゥーマ（議会）でも、あらゆる政治集団が途方に暮れていたことが知られている。

私はこのとき、市の中心部にある科学と技術の諸団体が設立した軍事技術開発支援委員会の事務所にいた。私はその事務局長だった。事務所にいた数人の委員会メンバーは崩壊の過程を目撃していた。午後五時までには市街は真っ暗になるため、何が起こっても不思議でない、完全なカオスに陥る危険がせまっていることは明らかだった。午後二時頃、各グループが自らのイニシアチブで可能な限りの組織化に最善を尽くさなければならないことを悟った。彼らは現状を考慮した上で、委員会の管理下にあるペトログラードの二つの毒ガス教育機関に命令を発した。「軍事編成で、制服を着用し、ベルトの上に防毒マスクをつけて市中央に向けて行進せよ。」一時間後、銃を肩にかけた屈強な百人からなる中隊は、楽隊の演奏のもとに隊列を密集させ、目抜き通りの一つ、リチェイニ通りを群衆をかき分けつつ行進した。楽隊の先頭には大きな赤旗を掲げた旗手がいて、その横には赤い腕章をつけた委員会メンバーが並んでいた。中心街、ネフスキー大通りの三百ヤード以内に到着したところで、防毒マスクを装着せよと命令が発せられた。楽隊と赤旗で群衆の注意を引きつけて、この小さな中隊は戦闘モードで前進した。防毒マスクは不気味で威圧的なイメージを与えた。すぐに群衆は電気に打たれたようになり、一方向に吸い寄せられた。彼らの躊躇や憂慮はすべて消えてしまった。心理的な障壁は破壊され、脱抑制の作用が生じたのである。「革命軍がやってきた。彼らは中央兵舎を毒ガスで攻撃している」というニュースが燎原の火のように広まった。もちろん、毒ガスなどドラム缶一つとしてなく、防毒マスクだけが存在していた。それは純粋なハッタリであり、心理的策略だった！　しかし、それで十分だった。そのニュースは広まり、すぐに兵舎にもたらされた。間もなく、兵士たちは一人また一人と銃をもって兵舎を離れ始めた。彼らは群衆からの熱狂的な喝采を浴びて、防毒マスクの中隊に加わったのである。一五分もすると兵舎はもぬけの殻となり、兵士たちは群衆と交歓していた。首都のこの一画では、革命運動は流血なく、単純な心理学的一撃により勝利したのである。

ここで心理学的兵器によって群衆を意のままに操作する可能性を示すもう一つの事例を示しておこう。ボルシェビキが政権を握った後の一九一七年十一月、周知のごとく、乱暴狼藉はめずらしいことではなかった。興奮した群衆は、居合わせた誰かが抱いた疑惑だけを根拠に、街頭にいる人物に理由もなく頻繁に襲いかかった。襲われた人々はリンチを受ける危険があり、実際にリンチを受けることもあった。この危険を取り除くため、ソビエト政府を支持する知識人組織はそうした事件に対応する心理学的行動の処方を練り上げた。群衆に直接訴えても効果がないばかりでなく、その介入者の生命を危険にさらすこともあった。そのため、「友愛救援会」と名付けられた公共事業が創出された。

誰かが路上で襲われた場合、それを目撃したこの組織のメンバーは最寄りの電話に駆け寄り、いつでも誰かが待機している友愛救援会事務所に知らせる。この組織の指令に従うプロパガンダの専門家たちが、スタンバイ状態の自動車にすぐ乗り込み、最高速度で指定の場所に急行した。彼らは可能な限り現場に近づくと、危険にさらされている人に向けて別々の方向から群衆をかき分けて進み、各々が勝手なことを叫び始め、自分の方に群衆の注意を引きつけようと試みた。彼らは経験豊富な煽動家であり、すぐに群衆の新しい関心の的になった。それぞれが自分の周囲の聴衆を掌握し、群衆をいくつかのグループに分割しようと試みながら、徐々に群衆をそれぞれ反対方向に引き寄せた。群衆は窮地に陥った人間のことなどみな完全に忘れてしまうので、彼は姿をくらまし、命拾いをすることができた。この組織はまた「精神的救援事業会」とも呼ばれていた。

街頭の群衆に対する心理的な働きかけで、その効果が証明された別の形式についても、ここで示しておこう。ロシア南部では、内戦中の政治キャンペーンの一環として、ポスター、地図、写真などが店のショーウィンドーに掲示されていた。群衆はいつもこの前に集まった。宣伝家は二人一組で群衆の中に紛れ込み、互いに大声で話し始め、口論を起こした。群衆はすぐに耳を傾け、その論争に参加した。二人の熟練の宣伝家は、効果的なデータと議論を用意しており、大抵は思い通りに群衆の感情を方向付けることができた。

群衆、そして後述するように大衆でも顕著な特徴は、理知的に訴えるよりも感情的に訴えることの有効性である。たとえ多少の教養があり、教育され、理性ある個々人で構成された群衆であっても、その注意力を感覚――つまり視覚や聴覚など――に訴える他愛ない行動の方へ転じさせるのは容易なことだろう。極め付きの教養人かつ常識人である北欧人、すなわちデンマーク国民の政治生活から顕著な実例を引いておこう。その政治指導者たちは自分たちの主張が優れていて論理的であるがゆえに支持者を完全に掌握していると思い込んでいた。それゆえ、以下の例は特別に興味深いのである。彼らの主張するところ、ロシア、イタリア、ドイツでの大衆運動の経験は北欧の大衆とは無関係である。なぜなら、北欧の大衆は長年にわたり同業組合に組織され、あらゆる問題を理性的に考えるよう教育を受けてきたからである、と。

指導者たちがこの迷信から解放されたのは、ある単純で決定的な実験によってだった。コペンハーゲンの素敵な公園で、ある日、一万人規模の大きなデモが行われていた。即席の演壇では、鋭い弁論の才を誇る、若い人気代議士が演説をしていた。群衆は敬虔な静寂のうちに弁士の声に耳を傾けていた。彼らの頭脳は機能しており、弁士の主張の論理的な展開にしたがい、それに明白な同意を示していた。

しかし、群衆の背後で実験者たちが五十個の小さな赤い風船（小旗を付けた子供用のゴム風船）を空中に突然放った。その時まで演説に集中していた群衆のほぼ全員（少なくとも九〇％）が、すぐに振り返って風船を眺め、その行方を目で追い、喝采を送った。不運な弁士は群衆の注目を取り戻そうと虚しい努力を続けたが、すっかり忘れられてしまった。ついに彼は演説に風船を取り入れた。「同士諸君、見よ天空に昇っていくこの風船を。これと同じく、我等の希望も」と。この一瞬、群衆は彼の方に振り向き、中断された演説へ新たな注意を払った。これは群衆の心性に関して決定的な事例であり、それは感覚への訴求に最も抵抗できる人々の心性においてさえも同様なのである。

しかし、群衆が感覚への訴求に弱いとしても、群衆はいつも道徳的または理性的に否定すべき動機によって操られると考えるのは間違っている。パリの群衆の善良さと規律を目の当たりにできることは、いつも感動的である。フランス人の生来の感激性はラテン系諸民族と共通であるにもかかわらず、パリの群衆は自己制御力を示し、むざむざパニックに陥ることはない。過去のロシアの群衆とのコントラストは際立っている。一八九四年、モスクワでのニコライ二世の戴冠祝賀期間において、ホディンカ広場で恐るべき惨劇が起こった。パニックに襲われた大群衆が会場の狭い出口に殺到し、立ちはだかる者すべてがなぎ倒され、踏みつけられた。死者は何千人にも達した。

かつて私たちはパリで恐るべき状況を目撃したことがある。ヴェロドローム・ディヴェールの近隣は、競馬の大レースで賑わっていた。狭い入り口が二つあり、そこに警察の姿は見えなかった。群衆が入り口に殺到し、その圧力で窒息による多くの犠牲者が出る危険性があった。しかし突然、群衆の何人かが「押さないで！　押さないで！」とリズミカルに叫び始めた。この叫びは全群衆に伝わり、合唱された。その成り行きは素晴らしいものだった。秩序は回復され、圧力は減じていった。集団的な抑制が群衆全体の心に広がっていったのである。

本能の体系

大衆の一局面である群衆に関する心理学の、注目すべき特徴のいくつかについて述べてきた。私たちの見るところ、集団的行動、特に大衆の集団的行動は、現代の統治機構における政治的行為の結果である。この集団的行動を現代の科学的データに照らして理解するためには、群衆行動の原因が個人行動を支配する諸現象にあるという考え方から始めなければならない。すでに述べたように、あらゆる行動の基盤には四つの本能があり、それぞれに基づいて条件反射を形成すること、さらには条件反射システムさえも構築することが可能である。この本能とは、闘争、食欲、性欲、そして母性の本能である。人間が生まれながらに持つ先天的または絶対的な反射メカニズムは、この四本能に限られる。

感覚を通して本能にもたらされる外界からの影響は、無限に変化する作用であり、それが各人の生活への適応を方向づける。人間活動はこうした内部装置全体の所産である。言うまでもなく、二次的な反応が体内の中で起こる。というのも、体内で形成される条件反射には、レベルの異なる多様な反射が接合されているからである。こうしたシステム全体が人間のパーソナリティを構成している。また、言語がそれ自体、反射形成において競合する条件因子であることも既に述べた。このため、教育こそ人間形成において本質的に重要なものであり、教育が人間行動の大部分を決定すると確信している。条件反射の多様なシステムは異なる重要性を持っており、その形成の速度と強度もそれぞれ多様である。また、その重要性は個人よっても異なっている。つまり、各個人の性格を決定する遺伝的因子と生理学的特性もまた決定的に重要である。それにもかかわらず、類似の要素を持つ個人は群衆の中に見出されるだろうし、多かれ少なかれ均質なグループに分類できるだろう。彼らを同じ方向に動かそうとする試みは可能であり、それこそ政治が追求する目的でもある。政治において重要なのは、多数であるということだからだ。

表1

	第一本能	第二本能	第三本能	第四本能	
変　性	無秩序	神秘主義	超現実主義	機械主義	
文化遺産	社会主義	哲学	芸術	科学	
感　情	国民的	宗教的	恋愛的	親和的	昇華
本　能	**闘争**	**食欲**	**性欲**	**母性**	↕
悪　徳	専制	貪欲	放蕩	人間不信	堕落

悪徳―昇華―感情

ここで述べた四つの基本システムは、四つの条件反射システムを生み出し、そこから派生する多くの反射と関連付けることができる。こうした派生的反射は、量だけでなく質的にも変化する可能性がある。それは個人の反射の蓄積を特定レベルで増強することも、あるいは異なるレベルでの反射に役立つこともありうる。このことを説明するために、**表1**を示したい。四つの本能を重要性の高い順に左から右に並べ、その派生物も各欄に対応するレベルで示している。

この表を見れば、上向きまたは下向きの進化、すなわち昇華または堕落を予想することができる。より原始的な反射から見ていくなら、後者の場合、粗野な刺激を強めることによって、日常生活では「悪徳」と見なされる行動の複合体が形成されるだろう。こうした行動の複合体は、人間活動を非社会的な個人の目的に向ける、単一の本能ないし先天的メカニズムの過剰な発展を特徴としている。

第一本能（闘争）の領域では、レベルの低下が専制、すなわち人間を服従させようとする性向を生み出す。サディスティックな倒錯を伴う専制政治は、性欲とも結合することでこの複合行動をさらに悪化させたものである。

第二本能（食欲）の分野では、非社会的な悪化は大食、貪欲、強欲という悪徳、すなわち個人の物質的満足を最大限まで追求することに至る。

第三本能（性欲）の堕落は、放蕩、退廃、そしてあらゆる種類の過剰を生み出す。性的精神病理学は、豊富な事例を示してくれる。

そして、第四本能（母性）の否定的な肥大化は、家族以外の人間を厭《いと》わしく思う人間、特に自分の家族以外は誰も信用しない母親のように、人間不信を生み出すことになる。

次に、上向きの進化、つまり昇華について考えてみよう。第一本能に基づいて、社会的因子の影響下で人間が進化すると、同族《クラン》や共同体の意識の特徴をなす感情複合体、あるいは最終的に国民意識の形成につながる感覚を特徴づける条件反射システムを生み出す。国民を形成するのは人々を結合させる熱意と勇気であり、好戦的な脅威、また他国民への恐怖と敬意を呼び起こす性向もこの領域に含まれる。

第二本能（食欲）は宗教的礼拝の本質を生物学的に基礎づけるものと確認してもよいだろう。最も原始的な民族の祭祀習慣を研究し、古代史と先史時代を徹底して調べ、さらに異なる諸宗教における礼拝形式を分析するならば、礼拝と食欲機能に密接な関係があることに感銘を受けるだろう。例えば、多くの古代民族において、神は貪欲であり、特に食される生贄や供え物によってその怒りがしずめられる存在として表象されてきた。神を称えて動物は犠牲にされ、祭壇上に盛り皿が並べられた。今日も多くの民族で、死者の親族が葬儀後の食事会に集うことが宗教的慣習となっており、法事用の特別な料理が供せられることも少なくない。キリスト教の諸宗派も食欲行動と結びついた祭儀を保持している。特に聖体拝領の聖餐式では信者がキリストの肉と血を表す聖別されたパンとワインを拝受している。当然のことながら、こうした行為に教義は象徴的解釈を与えているが、栄養摂取本能との関係は残っている。

それ以外にも多くの例を引くことはできるだろう。性欲の領域での昇華は、恋愛と呼ばれるものを生み出す。それは先進文化の文明共同体における両性間に芽生えるものだが、親密な告白の前に一連の態度が示される。それは知性的または道徳的な共感を求める恋愛スタイルの形成につながる。その共感をわかりやすく示すのが、愛する人のための捧げ物、あるいは彼または彼女を惹き付けるための行為、例えば歌唱や演奏である。

昇華した母性本能は友愛の感情をもたらす。これは人間が自らの子孫に抱く愛着の放射現象であり、その感情は遺伝的つながりがなく、性的な魅力を感じない人へも拡大される。

人間文化の遺産―堕落

次に、より高いレベルの昇華に議論を進めよう。それは、より高尚で抽象的な興味、すなわち人間文化の遺産のレベルに至るものである。社会生活とその進歩の必然的帰結は、個人の性向や条件反射システムの複雑化である。その条件反射は高度に発展していても、なお明らかに生物学的基盤をもっている。分析的に示せば、社会生活の達成には四つの大きなグループ、すなわち社会理想、哲学思想、芸術、科学がある。これらは**表1**で示した四つの列の究極目標のステージであり、それぞれの基盤には四つの基本的本能があることがわかる。

社会思想、あるいは社会主義の教義は、相応しい行動、すなわち適切な条件反射メカニズムの形で人間精神において確立されたものである。すなわち、国民的思想が人間の科学的および技術的進歩の中で論理的に発展したものである。その発展は途中で急に止まることはありえず、全人類を包み込むまで拡大せざるを得ない。このように、社会主義は第一本能の根源に由来している。

哲学とは、人間が内省的な観点から自分自身に属する現象を考察するという、人間に特徴的な思考傾向である。それは歴史への希求、すなわち継続する現象を叙述しようとする願望に似ざるを得ない。哲学は明らかに独特の領域であって、厳密な科学とはいかなる必然的な関係も持ちようがないのである。フランス思想とフランス語が、哲学と科学を明確に区別していることは興味深い。後者は因果関係の原理によって支配されている厳密な科学のみを含むものと理解されている。哲学は思索する領域として宗教に近接している。哲学が食欲機能と生理学的に関連する心理的現象の生成物であると見なさねばならないのは奇妙に感じるかもしれないが、これは事実である。

第三の（性欲）本能に関して、芸術を恋愛感情の昇華とみなす解釈を否定する人はいないだろう。そして、「第四の」母性本能が友愛感情を媒介として科学へと必然的に展開することも何ら不思議なことはないと思われる。友愛はすべての人類への愛にまで広がり、外的な危険から人類を保護するという考え方も含んでいる。この段階において、自然の力を支配しようとする科学研究に特有の思考が生まれる。それが、物理学、化学、天文学、生物学など実証科学、さらにその成果である応用科学および応用工学なのである。

表1では「文化遺産」の上に二重屋根のような［「変性」の］一行がある。文化遺産として認められる複合体に病的現象が付着していると考えることができる。こうした異常発達は肥大性による変質であり、社会には否定すべき複合体をもたらす。例えば、哲学はさまざまな神秘主義を生む可能性がある。神秘主義は確固たる基盤がなく、来し方も行く先も知れない空想に没入している。同様に社会主義は無政府主義的放縦へと退化し、芸術はシュルレアリズム（超現実主義）やその他の不条理な作品を生み出すだろう。科学がその非営利性を放棄すれば、利潤目当ての産業界の道徳なき奴隷となり、一種の機械主義へと堕落するだろう。

表1を掲げたのは、人間活動の諸領域の発展や相関を簡潔に示すのに有効だと考えたからである。人間行動メカニズムは、一般的な人間進化の過程において条件反射や条件反応が互いに接合し合うことで作動する。こうしたメカニズムは活動の起点であり、群衆の行動としては社会心理学、集団心理学の対象、つまり政治の対象となる。あらゆる図式化に同じく、**表1**も完全かつ無謬を主張するものではない。特に、それが示す境界線は、各反応やその根拠がいつも明確に識別、区分できることを示唆するものではない。実際には多くの場合、複雑に混じり合っており、**表1**はいずれかの性質の優位性を示しているにすぎない。例えば、二列目の欄に置いた宗教では、崇拝の根拠には、第二本能（食欲）の要素だけでなく、思いやり、哀れみ、同胞愛のような第四本能（母性）の要素もある。最初の列の国家的・社会的な思想の中にも、第二本能の要素、すなわち経済学説の要素なども含まれている。しかし、さまざまな形態の人間活動の生物学的基盤を参照しつつ、思考の一定の明晰さを確保するためには、ここで検討したような図式化は役に立つだろう。

フロイト学派

　興味深いことだが、さまざまな形式を取る哲学的思考から生まれた人間行動の説明において、その教義の根拠となる要素を探し求めるなら、右で論じた四つの基本的概念に再び出会うことになる。キリスト教の教義は、その倫理の基礎をこの概念の一つ〔第四本能〕に置いている。そして近年に至り、一方でフロイトとアドラーが、そして他方でマルクスが、右に論じた他の三つの概念に基づいてその理論を構築してきた。キリスト教システムは我々が母性本能と呼んでいるものにすべて基礎付けられている。というのも、同情と隣人愛、すなわち同胞愛は、母性愛の一般化に他ならないためである。フロイトは、人間とその反応を特徴付けるものの大半が性生活の現象に基づくと考えている。彼は、各種の活動が乳児期にさえ明らかな性欲に端を発する「コンプレックス」から生まれると推論する。この概念の基礎には、我々がいう第三本能に関連するメカニズムが想定されている。カール・マルクス、あるいは改良派マルクス主義は、経済的要因をすべての人間活動の基礎とみなしている。つまり、それは第二本能の食欲に基づいている。最後に、個人心理学の創始者であるアルフレート・アドラーは、師のフロイトが考えたように人間行動の主な動機を性欲本能ではなく、本書で第一本能と呼ぶ闘争本能の基底にある支配欲に基づくと考えている。

　もう少し詳しく、これらの理論を生物学の基準に照らし合わせると、その理論の根本的な誤謬がシステム全体を人間活動の一局面に当てはめようとする傾向にあることがわかる。これは特にフロイトに当てはまる。フロイト理論には大変貴重な事実とアイデアが多く含まれているわけだが[18]、すべての人間行動をただ性欲の一点から捉えようとする彼の傾向がその理論を毀損《きそん》している。このため、フロイト主義はしばしば徹底的に拒絶され、その議論の余地のない重要性が見落とされている。その特徴は、神経症の起源を説明する試み、精神分析による治療の特殊なテクニック、そして夢、日常生活における無意味な行為、個人の芸術的・宗教的願望や偉大な諸民族の道徳的性格に関する、精神的―性的な相互作用からの解釈である。フロイトによれば、神経症はある種の性的願望が満たされていないために生じる。さらに、若者は性的願望を無意識のうちに抑圧しているが、大人になると抑圧したこの願望の再来に意識的に抵抗するため、「検閲」によって「自我《エゴ》」が許容できる願望を選ぶとフロイトは考えた。抑圧された願望はこの検閲を欺くために象徴的な形をとる。自我が勝てば、状態は正常だが、性的願望（リビドー）が勝てば、性的倒錯の状態に達する。その妥協的状態において、神経症が確認されるという。

以下のことは自明だろう。潜在意識状態あるいは自律運動状態と呼ばれる現象を他の用語で扱おうとする場合、フロイトは内省的心理学の用語を使用する。すでに示したように、これこそ事実の客観的分析を、たとえ不可能ではないにしても極めて困難にしている。さらに言えば、第三（性欲）本能がその他と比較して優位にあると見なす生物学的理由がないことは明白である。既述の通り、その他の根源的本能も同じ様に条件反射システムを構築するための起点として役立つものであり、切羽詰まったときに行動メカニズムを形成するのはこうした反射システムなのである。

アドラーの思想

それゆえ、なぜフロイトの弟子たちから師に対する反対論が起こったかは容易に理解できる。主要な反対論者はアルフレート・アドラー[19]である。精神分析学に対抗するものとしてアドラーは個人心理学を創り出した。その際、フロイトが選んだ専門領域であり、フロイト理論を有名にした神経症の実践面において精神分析学を批判している。しかし、このような場合によく起こることだが、アドラー自身もまた反対側からの閉鎖主義という同じ誤謬に陥っている。人間行動のほとんどすべての現象に性的な根拠を求めることをフロイトの行き過ぎと考えているにもかかわらず、アドラー自身もすべての根拠を支配する意志、すなわち権力欲《マハトトリーブ》に求めている。アドラーによれば、精力的、戦闘的、攻撃的な根源的性向によって、人間特性の目的、志向、理想は最もよく理解することができるのである。こうした戦闘的性向は、強欲、羨望および自尊感情の追求によって表現される。

しかし、男性も女性も、特に「神経質」タイプの人々（人間文明の現状下で生活するなら、だれであっても神経病的障害の要素やその痕跡をもつと言って過言ではないだろう）は、程度の差はあれ劣等感を抱いている。この感情は、生活、特に社会生活での危急に対して自己の強さを信じられないために引き起こされる。それは器質的欠損の自覚がある人々において特に深刻である。彼らはこの劣等感を虚偽の創作物「フィクション」によって埋め合わせようとする。アドラーは、天職(神の召命)という精神的傾向の発展もそうした均衡から始まると考えている。シャルル・ボーダン［スイスの精神分析医］がフロイト・アドラー論争の見事な説明で述べているように[20]、「神経症は劣等感の代償メカニズムを作動させる。たとえば、母親が溺愛する子供に対して無意識のうちに専制君主のごとく君臨するように、それは他人を支配する手段でもある。」現代ではごくありふれた神経症患者の行動分析において、アドラーは総じて患者に逃避傾向を看取できるという事実を強調している。自身が決断を迫られる状況で、それを避ける口実を彼らは探し求めるのである。敗北の危機に瀕した場合、神経系のあらゆる機構と徴候が作動して、行動は麻痺してしまう。また、神経症は「被暗示性」タイプの多くの人が、政治的態度を決定する際の決定的な原動力にもなる。例えばヒトラー主義者のシンボルによる威嚇は、その衝撃により多くの人々、特に現代的生活に困難を感じる人々を「情緒不安」に落とし入れた。

アドラー学説において社会的要素が重要な役割を果たしていることは興味深い。ボーダンは、それこそがアドラー学説の主な特徴とさえ考えている。神経症は社会的性格をもつ障害であるとするアドラーに対して、フロイトはそれを異常な衝動の形成と無意識的自我の不適切な抑圧がもたらす結果と解釈する。ボーダンにしたがって、フロイト心理学は主として生物学的であり、アドラー心理学は社会学的であると言ってもよいだろう。ここでいう「生物学的」は、個体における生理学の概念と関連している。

アドラーの社会的傾向はとりわけ彼の行動に現れている。彼は「権力への意志」に向かって極化する人間活動の動機を心理学的に評価する理論を定式化することにとどまらず、まずウィーン、その後はアメリカにおいて、神経質で「難しい」子供のための医学教育診療所を設立した。著書『神経質気質』（一九二六年・パリ）[19]で「第一次世界」大戦を、「権力への意志と威信の政策によって我々の神経障害的《ニューロパティック》な文明が陥った最悪の集団神経症」と表現したのもアドラーである。「明らかになったのは、いたるところで解き放たれた支配欲の悪魔的所業であり、それは人間的連帯という不滅の感情を抑圧し、倒錯的に逆用するものである。」

フロイトとアドラーの見解は、神経症の領域だけでなく夢の領域でも衝突する。アドラーは、夢は幼児の「欲望」の「実現」、つまり退行であるとするフロイトの所見に同意しない。夢はあらかじめ安全を確保しようとする単純な試みであり、偏向した方法で分けられた記憶を利用する試みであり、幼児のリビドー的、性的欲求とは無関係である、とアドラーは見なしている。

アドラーによると、夢は多かれ少なかれ合理的または空想的な探索から成っており、その目的は思い描く目標を達成するか、あるいは何らかの問題を解決するための方法を計画することにある。フロイトによれば、夢は過去に抑圧された欲望の痕跡を含んでいる。つまり、過去の復活である。それに対して、アドラーは夢を未来に向いたものと見ている[20]。

このように、夢と神経症の両方に関して、アドラー理論には目的論のダイナミズムがはっきりと示されている。彼の発想を特徴づけるのは最終目的である。これは、パブロフにおける目的反射で見られたものと同じである。いずれも、本書における第一システム（闘争）に由来する。パブロフが主張するように、それが探索の原型であるなら、反射が第二システム（食欲）から生じるとしても、そこにはなお闘争システムの要素も存在する。アドラー自身はこう述べている。「主体が自身のために追求する純粋に想像上の最終目的は、権力への意志によって特徴づけられ、安全への願望から生まれる」[19]。アドラーは、生活の困難を補償するフィクションを神経症患者だけでなく、子供や野蛮人、さらに原始人の間にも見出す。これらすべての状態が権力欲に関わる問題を提起しており、その解決策を要求するからである。

要するに、フロイトが快楽を強調するのに対して、アドラーは権力を強調するわけだが、その方向は異なるもののアドラーも師匠と同じ過ちを犯している。快楽の感情は権力の感情から生まれ、不快の感情は無力の感情から生まれるとアドラーは断じるが、もちろん誇張である。フロイトの有名な「エディプス・コンプレックス」、つまり「近親相姦コンプレックス」でさえ、アドラーは権力願望の象徴と見なしている。彼の見解では、それは神経症における「支配願望にほかならない。」「愛情を目に見える明白な満足を得る手段として利用する特徴において、他の登場人物と変わらない。」アドラーはこの考え方を支持する、かなり印象的な例を列挙している[20]。たとえば、エロティシズムよりもむしろ虚栄心を満たすために恋愛の「征服」がなされる場合はよく知られている。神経症患者の性的態度をしばしば規定するのは、虚弱性の自覚と「自分より強いパートナー」と出会うことへの恐怖である。過剰なエロティシズムからではなく、「ただ一人のパートナー」による支配を恐れて放蕩者や売春婦になる人もいるのである。別の例としては、男を支配したいという理由だけで弱い男を愛する女性の場合がある。彼女はそれを同情と思いこみ、自分の本当の動機について自己を欺いているのかもしれない。また女性が男性の役割を演じたいと望むなら、出産や恋愛さえ拒絶するかもしれない。アドラーはこうした見解をつきつめて、同性愛とは神経症者が危険を避けるために利用する所行であると見なすに至っている。

これらの事実が証明しているように、人間行動の形態が単一システムに限定されることはほとんどない。人間行動は複雑であり、多くの場合、あるシステムが他のシステムより優位に立つと認識できるにすぎない。ボーダンはこの見解をたいへん明確に表現している。

どの本能が高等動物の特定の活動に関連しているかと尋ねるのは、まずい問題の立て方である。というのも、本能および進化した活動というカテゴリー以外に、コンプレックス（複合体）というカテゴリーがあるからである。活動は一つの本能とではなくコンプレックスと関連しており、コンプレックスには重要な本能のすべてが具現されている[20]。

このように、性欲本能と闘争本能の間には明白に生物学的起源からくる疑う余地のない関連がある。神経症の場合、劣等感に基因があるのは明らかだが、アドラーが示すように、しばしば性的欠陥にも由来する。なぜなら、劣等感の根本的原因が特定器官の引け目であることは多いからである。感情と器官のどちらもそれぞれ独立しているわけではない。例えば、個人の性的世界が内分泌系によってどう影響されているのかがわかれば、やがて個人の性格と行動の進化もわかるだろう。例えば、消化器系に機能的問題を抱えている個人は、利益増大に偏執し金銭権力を熱望するという特徴をもっている、とアドラー自身が書いている。

マルクスの教義

ここで偉大な社会学者であり、科学的社会主義の父であるカール・マルクスに目を向けたい。彼は当時の社会経済的事象を徹底的に分析し、次のような結論を得た。人類の不幸は社会の少数者の手中に財産が蓄積されることによる経済的混乱に由来し、それは必然的に健全な反応、すなわち被搾取者の組織を生み出す。彼らは生存権を主張し、結局は必ず無秩序の克服を目指すことになる。彼らは生産と分配の計画化、そして人間による人間の搾取の防止を特徴とする新しい社会主義社会を創造するだろう。

こうした議論にマルクスが活用したのは、三つの知的源泉、すなわちドイツ哲学、イギリス政治経済学、フランス社会主義である。それにより史的唯物論というマルクス学説の三大支柱は形成された[21]。まず、ヘーゲルの哲学的な方法によって、社会関係の分析に弁証法が適用された。それとともに、進化という科学的思考が、社会学の分野に持ち込まれ、さらにそれまで混沌とした経験主義が支配していた歴史と政治の分野でも概念として採用された（ちょうどダーウィンの進化論が生物学を刷新し、一九世紀後半の人類思想全体に深大な影響を与えていた）。マルクスは生産力の成長によって、社会組織の特定の形態がより進化したものに発展する様子を極めて説得的に示した。たとえば、どのように封建主義が資本主義の時代を生み出したのかを説明したのである。

マルクス学説の第二の基本的要素は、資本現象への批判に基づく彼の経済理論である。この学説の要となるのは、商品価値に含まれる剰余価値の概念分析である。剰余価値とは、従属的地位にある労働者が、生産手段を支配する雇用主によって「補足的な」利益の創出を強制されているという事実に基づくものである。資本家が支払いをしない「補足的」利益は、蓄積された資金、すなわち資本力の増加の基礎をなしている。資本の集中は生産の無秩序、すなわち恐慌を招き、市場の争奪戦、一般大衆生活の不安定化をもたらす。

マルクス学説の第三の要素は、最初に人間を解放したフランス革命の思想、さらにフランス社会主義の教義から影響を受けている。それはマルクスの経済学説から論理的に導かれた階級闘争の思想であり、資本主義体制打倒と社会主義社会建設を不可避とする社会革命の思想である。資本主義体制は、大企業に労働者を集めることによって、プロレタリアート組織に統合された労働者の力を自ら生み出した。彼らがいつの日か搾取者への最終的攻撃に立ちあがるだろう。

マルクスが社会学に適用したような唯物論的見地については、ほとんど述べる必要はない。あらゆる分野における科学の絶え間ない進歩と共に、それは自明の理となっている。この可能性を予見し、それを賢明にも社会学的現象に適用したことは、マルクスから奪うことのできない功績であった。ダーウィンが生物学的現象へ進化論を適用したのと同じ壮大なビジョンを、マルクスは社会学に応用したものである。ダーウィンとマルクスの業績は不滅である。とはいえ周知のごとく、ダーウィンの仮説、すなわち自然淘汰による進化論の説明は現代科学の批判に今日耐えることができない。ダーウィン以後に確立された事実、特に突然変異による多様性と遺伝学の実証により、自然淘汰が生物進化に影響を与える一要因であるとしても、すべてを支配し説明するものではないことが判っている。進化論はダーウィンが想定していたほど普遍的な原理ではないのである。

同様に、マルクス経済学の学説（「マルクス主義」がふつう意味するもの）には、真実であり疑問の余地のない肯定命題と並んで、もはや現代の科学的データに照らしては維持しえない主張も含まれている。

マルクスは哲学や歴史学を経て社会学に到達した（経済的要因の調査は社会学の課題である）。今日、社会学が人間行動の科学にほかならないことは明らかである。人間行動はすでに述べたように神経プロセスの機能であり、一部の経済学者が信じているように、食欲本能という一つの活動領域に限定されるものでは決してない。この本能は、人間活動で最も重要な基盤でも優先的な決定要因でもない。

個人と集団の行動という現象を支配しているのは、本書で第一本能と呼ぶ闘争本能である。確かに、抑制の現象が闘争本能を抑え込み、その代わりに他の本能を作動させることはあるかもしれない。だが、それが起こるのは、明らかに病理学的な場合か、あるいは訓練や特殊教育の結果、すなわち人間社会の文化達成レベルの関数である場合か、そのいずれかである。

本書の後半で述べることだが、「理性的に考える」個人、つまり自動メカニズム、特に闘争システムの自動メカニズムから来る刺激を抑制できる個人は、高度文明人と自負する諸国民においてすら一〇分の一を超えることはまずないのである。これに対して、残り九割は暗示や感情的要因の影響を受けやすい人々である。したがって、社会学的現象における経済的要因、すなわち食欲本能の優位性に基づく理論（これこそ「マルクス主義」理論家の大多数が採用し展開してきたマルクス思想の論理的帰結）は、もはや現代の知識レベルに対応していないことは明らかである。

マルクス自身は彼の思想がたどった展開にはまったく関与していなかった。彼は経済学および社会学の思考において、弁証法の科学的方法を使う必要性を常に強調していた。つまり、実証的科学と歩調を合わせることの必要性である。そして実際、彼自身の人生において、官憲に追われる活動的革命家として、自ら闘争がすべてを支配すること、そして闘争なくして——言葉の最も具体的な意味における闘争なくして、人類のための改良を達成することは不可能であることを示した。階級闘争、すなわちマルクス自身が言うところの「究極的に政治闘争であるほかない」闘争の理論全体は、本書の主張の正しさを最も良く証明するものである。

これまで見てきたように、マルクスの理論体系には明白な矛盾がある。それはマルクス自身の人格、そして社会主義の達成方法や、階級闘争で労働者が従うべき戦術の構想において明らかになる。この矛盾は共産主義者と改良派社会主義者の、またロシアのボルシェビキとメンシェビキの白熱した論争の根底に横たわっている。双方ともマルクス主義を支持しており、どちらも間違っていない。しかし、改良主義者とメンシェビキは、闘争本能に対する食欲本能の優位性仮説に基づいたマルクス経済学の理論的体系の継承者に甘んじている。それゆえ彼らは衝突を回避し、交渉を選択し、何が何でも理性に訴える。したがって第一本能を利用に基づく運動、すなわち社会主義運動におけるボルシェビキや資本主義擁護側のファシスト運動に、いついかなる場所でも敗北してきた。「行動主義派」と呼んでもよい社会主義陣営のもう一方は、マルクス思想を全体として採用するが、盲目的には固執しない。レーニンの革命的な著作、あるいはスターリンの建設的な著作によってマルクス思想を修正している。それは第一本能の効率性を認め、生物学理論からではないが実生活から学び、ロシア革命のように実生活において二つの理論が対立するところでは常に勝利を収めてきた。それはまた資本主義の最後の悪あがきであるファシズム台頭に抵抗する唯一の希望となる。また、その野蛮の再来を撃破する唯一のチャンスなのである。このように、二つの社会主義派のプロパガンダ闘争方式は根本的に異なっており、改良主義者は不利である。レーニン自身は改良主義者を激しく攻撃した。彼は若い闘士たちに偉大なフランス百科全書派の勇敢な精神を再発見するように勧めている。

君臨する聖職者を公然と攻撃した十八世紀の古い無神論者の文章は、熱烈で溌剌としていて、独創的で機知に富んでいる。人々を宗教的な惰眠から引きずり出すには、マルクス主義の絶え間ない反復よりも何千倍も効果的なことが繰り返し証明されている。我々の標準的な文献は、詳細だが退屈で、厳選した事実の具体的説明がまったく欠けており――それは隠しようのない事実だが――マルクス主義をしばしば誤って伝えている[21]。

キリスト教

最後に、キリスト教という偉大な人間的運動については、第四の母性本能に起因すると考えられる諸要素が支配的なシステムの具体例となる。キリスト教義の基礎であるキリストの受難は、他者救済のために罪無き人が被る苦しみであり、献身と愛によって堪え忍ばれる苦しみである。これは母性愛と基盤を同じくしている。そしてこの信仰の伝播（その要素は他の宗教、特に仏教、そしてエジプトの宗教にも見られる）は、直弟子による主イエスの行為の模倣に出発点を持っている。殉教者の血は、この宗教の種となっている。これは迫害や新しい犠牲のたびに見られたことである。「拷問台や火刑柱の周りで、新たな篤信者がこれまで以上にますます多く現れる」という信念のために自らを生贄《いけにえ》に供したのである。

ここに出現し、海外にも広まった道徳は、生物学的機能の具現化に関連するすべての要素を持っている。神は人類共同体の父であり、その子供たる人間は人生の暮れ方に自らの行動の決算を神に行う義務がある。善人には永遠の祝福が、悪人へは果てしない懲らしめが約束されている。ここに教育と教育学の原理を見出すことができる。すべての人間の父なる神への愛は、隣人愛の、すなわち人類愛の律法の達成に読み換えられねばならない。宗教は実行すべき義務（十戒）と福音的な助言を信者に与える。キリスト教以外では、仏教もまた普遍的な愛と利他主義を教義としている。善と悪の区別、および悪因悪果が仏教の本質である[22]。

キリスト教では、福音の真理のこの明確な生物学的起源は、グノーシス、つまり東方の宗教からの借り入れで溢れた深遠な秘義によって、ますます曖昧にされてきた。キリスト教は他の生物学的基盤に由来するシンボルと祭祀でも満たされており、大衆に感銘を与えるのはたやすいことだった。すでに示した通り、第二（食欲）本能は他のもっと原始的な宗教にも同様の発展をもたらしている。後になって、この原始的構造に哲学的基礎が与えられ、今日ではあらゆる基本システムを要素として組み込んだ複雑なシステムが宗教全体として提示されている。

古代世界における新しい思想の興起は、世界を一変させるほどに強力だった、とシャトーブリアンも言っている。厳密に言えば、変化はその基盤が生物学的に特徴づけられる方向に起こった。マナーは緩和され、奴隷制度は廃止され、女性の地位は改善され、剣闘士による流血の闘いは中止され、戦争そのものも比較的人間らしいものになった。

キリスト教のプロパガンダ組織である教会は、これらの思想を広めるために非常に効果的な方法を用いた。礼拝に加えて、教会はシンボルによるプロパガンダを土台として感情に訴える民衆プロパガンダの形式を作り上げた。また書かれた教義である福音書に加えて、教会は様々な位階の修道者と修道女からなる宣伝家の大軍を擁していた。その大軍は何世紀にもわたって錬成され、危機の時代、また教会の存続が脅かされる時代に繰り返されたキャンペーンにおいて計り知れない貢献をしていた。例えば、さまざまな異端説の時代、一三世紀のことである。当時の知的かつ芸術的な文化の中心であったベネディクト派は富と権力を握ったが、やがて大衆から離れて行き、ある反動を引き起こした。これによりフランシスコ会、ドミニコ会などの「托鉢修道会」が出現する。彼らの会則は施し物だけで生活することであり、その使命は説教により大衆の心を動かすことであった。同様に、一六世紀にはイエズス会、ラザリスト会〔ヴィンセンシオの宣教会〕など修道会が、プロテスタントの台頭からカトリック信仰を守るために設立された。

すべての重要な宗教組織のメンバーに要求される三つの厳粛な誓いにおいて、人間行動の四つの生物学的基盤に関する本書の命題、およびキリスト教は第四（母性）本能に由来しているという見解が証明されるのは興味深いことである。その誓いとは清貧、純潔、従順であるが、それは言い換えれば、母性本能を優先すべく食欲、性欲、闘争の本能が抑制されている状態である。

偉大な民衆運動の歴史的系譜

これまで論じてきた諸システム［闘争・食欲・性欲・母性］の分析で、現代生物学の観点から見て各システムがいずれも真実を有していることを明らかにした。その理由は単純であり、各システムを基礎づける概念が「行動の四基本本能」と本書で呼ぶものの反映だからである。そこに誤謬があるとすれば、各システムが排他的であるためであり、それは生物学的に誤った考え方である。四つのシステムはすべて生物学的に価値があるが、その価値はそれぞれ異なっている。いずれかのシステムが優位を占める場合があることは確かだが、すべてのシステムは共存可能であり、ときに一様に機能し、ときに互いに拮抗することもある。この方向で人類史を考察するなら、ある性向やシステムが優勢になる時代と、別のものがこれに取って変わる時代があることに気づくだろう。

確かに、偉大な民衆運動は、いずれかのシステムの勢力や重要性に応じて論理的順序で、またおおよそ時系列順に並べることが可能である。これが約二千年間におよぶ私たち自身の［西洋］文明においてのみなし得ることは事実である。その他の文明において、同様の事実が検出できるかどうかの判断は保留したい。私たちの歴史においては、三つの主要な時代区分ができるだろう。

始めに来る最も長い時代は、キリスト教思想と教会の支配を特徴とする。二番目に来るのは、科学と技術の進歩が唯物論を広めた、現在の資本主義時代である。三番目には、まだ始まったばかりだが、社会主義の到来か、あるいは現代文明の崩壊か、どちらかにはっきり特徴づけられる時代である。崩壊であれば、これまでの人類文明の宿命に苦しむことになるだろう。

この三つの時代、キリスト教時代、資本主義時代、社会主義時代は、それぞれ母性、食欲、闘争の本能に基づく社会的教義を持っている。この継起で本能の重要性が順に高まっていることは一目瞭然であり、その順序の理由も理解できるだろう。人類の三つの大きな社会運動の継起は、次に来るものの勢力の増強によって支配関係が変わったことによる。

「母性」システムは「食欲」システムよりも強力でないため、経済的要因の優位性に基づく資本主義運動がキリスト教運動を圧倒したのである。どうして中世がルネッサンス、そして百科全書派の時代、つまり科学の時代、技術進歩の時代に取って代わられたかは明らかだろう。技術進歩は経済的利益が支配的な時代の基盤なのである。また、この二つのシステムが支配欲求、イデオロギー、プロパガンダにおいて衝突した場合、なぜキリスト教システムが常にその地位を保持できなかったのか、その理由も明らかだろう。

最新の例は、まだファシズムが出現する以前に、いまだに教会的思想が強く浸透しているブルジョア的イデオロギーと、労働組合思想に基づいた労働者組織のイデオロギーの間で行われた闘争によって示される。労働者組織イデオロギーはブルジョア世界への敵意から生まれたが、それは第二本能に由来する経済的傾向を主たる基盤としているので、当然ながら資本主義時代の産物である。そのため、キリスト教会とブルジョア階級の理想主義的プロパガンダは、「マルクス主義的」と一般に誤称されたプロパガンダに対抗することはできないのである。

私たちは今、新しい時代を迎えようとしている。そこでは、第二（食欲）本能に基づくイデオロギーとプロパガンダが、第一（闘争）本能に基づくものの猛攻に屈しようとしている。後者の方がより強いので、この抗争の結果は疑う余地もない。事実を見ても、経済原理の優位に基づく労働運動の改良主義的思想が、闘争本能に基づく活動的社会主義の思想やプロパガンダと衝突する際、負けるのはいつも前者である。それはソビエト・ロシアで起きたことである。経済的動機を優先する理論である「マルクス主義」の忠実な信者であるメンシェビキに勝利したのは、レーニンのおかげでマルクス本来の思想を実践的に修正できたボルシェビキであった。ソビエト連邦の社会主義イデオロギーが闘争本能をその戦術的根拠としていることは疑う余地がないのである。ソビエト政権成立後も繰り返されたテロリズムの行使まで含めて、あらゆる闘争方法とプロパガンダは、すべて断定的、権威的、戦闘的である。

これこそボルシェビキが自国内で成功した理由である。同じ現象は全体主義国家でも明確に見て取れる。そこには完全に歪曲されているとしても闘争システムを利用する「社会主義的」傾向があり、そのためファシストが社会民主主義の労働運動イデオロギーとプロパガンダ戦術に対して勝利をおさめているのである。社会民主主義者は、ファシストに対して、なんとも貧弱な理性的論法によって、国民の経済的利益に基づく感情に訴える闘争に固執している。

いま世界で始まっている最期の大闘争は、私たちの文明の運命を決する一大決戦である。それが互角の心理的勢力をもつ二つのシステム間で争われるのは、どちらも第一本能、すなわち闘争本能に基づくからである。一方は、ファシスト的、全体主義的、擬似社会主義的システムである。このハイブリッドな怪物は、瀕死の資本主義がたくらむ陰謀に加えて、労働運動の無気力を背景に誕生した。労働運動は教条主義的で無能な指導者のせいで袋小路に追い込まれてしまっている。

もう一つのシステムは、いま東方で成長している偉大な民主主義［ソビエト社会主義］と西方の古い民主主義［議会制民主主義］から構成される行動的社会主義のシステムである。もし、古い民主主義の心理的復活が間に合うなら、それは闘争本能に基づく闘争において、民主主義に不可欠な活動の土台となるだろう。

第三章――闘争本能

闘争

集団的な政治生活の領域における人間行動が、厳密な科学の対象となりうることを見てきた。人間行動は客観的な個人心理学のデータとその社会的領域への反映に基づいているからである。また、本書で検討した条件反射システムの中で、政治活動の領域で何よりもまず重視すべきは第一本能、すなわち闘争本能に関わるシステムであることもすでに確認した。条件反射の形成には、絶対反射か本能に加えて、刺激というもう一つの因子が同時に作動することが必要である。ここで問題としている反射を発動させる因子となる刺激は、その形式を自由に選択することができる。これまでの章で論じた反応を表にし、比較しやすいように順番に並べてみよう（**表2**参照）。

この表からわかるように、その類似は全面的である。本章では、ここで問題としている反射、すなわち闘争本能の構造の基礎をかなり詳細に扱うことになる。次章において条件刺激の形態、すなわち今日ではプロパガンダにおいて闘争本能と結びつくシンボルを分析することになろう。大衆を服従させる条件反射を大衆の中に形成することこそ、現代の政治闘争の究極目的である。

身体的暴力――苦痛

攻撃からの自己を守るための闘争は、守勢であれ攻勢であれ、人類、否、それどころか生命と同じくらい古いものである。生物学において闘争という用語は、存在を脅かすあらゆる種類の因子への抵抗、つまり自然の猛威、暴

表2

個人心理学における		絶対因子	条件因子	効果
基礎	反復回数			
第二本能	60回	食物摂取	シグナル（音）	流涎
第一本能	2回	殴打の痛み	鞭の目視	逃走
政治における		威嚇	シンボル	一致した投票
第一本能				

風、病気などに対する闘いを意味する。より狭義には、この用語は生命体からの多少とも突然の危険に対する反応を示している。闘争で観察される生物学的反応は、主に神経系の活動によって起こる、かなり激しい筋肉収縮から生まれる。生物学的現象として起こりうる闘争では、攻撃的な形態と防御的な形態に区別することが可能である。前者では、ある個体が他の個体を支配または破壊しようとし、いかなる場合でも他の個体を暴力の前に屈服させようとする。防御的な形態では、攻撃を受けた個体が暴力から逃れようと努める。

あらゆる暴力の原型は、もちろん、被害者が痛みの感覚を通して認識する身体的暴力である。したがって、痛みは各個体が備えている警告のメカニズムである。ゴルトシャイダーとフォン・フライの研究から、例えば痛みの中心である特別な受容体《レセプター》が皮膚に存在することが知られている。このため、痛みの感覚に対応する神経プロセスによって作動し、筋肉の収縮を起こす生得的反射が存在する可能性は非常に高い。この防御の生得的反射または原生的本能は、ここで検討している「第二」システムの生物学的基礎となるだろう。

威嚇

その他の興奮、聴覚や触覚に関連する興奮も含むが、特に視覚的な興奮と結合して、このシステムは「威嚇」と表現される日常語になる。もしも、こうした補助的な興奮が、実際の犠牲者の痛みと同等の感覚または神経プロセスをやすやすと引き出すことができるのであれば、威嚇は効果的になる。つまり、威嚇は現実の痛みの代わりとなり、消極的な防御的動機づけ反応（逃走、または昏迷や麻痺による運動停止状態）を引き起こすことができる。要するに、それが痛みの反射を生み出す刺激と、少なくとも部分的に類似した要素から構成されているならば、例えば攻撃者が現実の攻撃時と同じ身振り、同じ叫び声、または同じ態度をとるかぎり、威嚇は有効になる。それは攻撃者に対する必要な反応を作動させることになる。これは精神的暴力の最も単純で最も原始的な形である。

しかし、すでに条件反射について述べた第一章で示したように、既存の反射に別の高次な反射を接合することは可能である。したがって、感覚に作用するいかなる信号や刺激も条件因子となり、攻撃者が望むような反応を引き起こすことができる。それは語句や図形、鉤十字のような幾何学的シンボル、歌曲や一定の強度をもった音、ローマ式敬礼のような動作などである。ヒトラーとムソリーニのファシズムにおける宣伝戦術すべての基礎をなすのは、この単純なメカニズム、すなわちシンボルによる威嚇なのである。

恐怖の擬態

最も原始的な形式の威嚇について言及してきた。この原理はある種の動物の反応に極めて明瞭に表れている。これに関連する現象は生物学で「威嚇への幻惑と擬態」として知られている。前者の場合、攻撃側がある特徴を突然現出させたり、あるいはその大きさや印象的な色彩などによって犠牲側を脅えさせたりする形態または態度をとる。そのような攻撃を受けた動物は運動を休止する。動作が麻痺し、逃走や防衛の能力を失い、攻撃側にとっては格好の餌食となる。たとえば、これはある種のヘビで観察される。

直翅類の昆虫であるカマキリは、その前肢を広げると、モンスター的な外観を呈するが、その奇怪で強張った形態によって摂食する小動物を幻惑させる。こうした事実は生物学では攻撃的擬態と呼ばれ、その目的は獲物を驚かせて捕らえることだとされている。これに加えて、犠牲となる側が攻撃側から隠れようとする防衛的擬態や、攻撃側が恐怖を覚える動物の外観を装う擬態もまた重要である。これが恐怖の擬態である。この場合、攻撃側に対してある種の精神的暴力を行使するのは犠牲となる側である。本当の危険を想起させるサインを示すだけで、攻撃側は脅えてしまう。リュシアン・キュエノがこの実例を挙げている。

スズメガ科の一種《デレフィラ・エルペナー》（チョウ目）の幼虫は、二つの環節に黒い円で囲まれた眼球状の斑紋がある。危険を感じると、幼虫はその前方の環節を引っ込める。第四分節は大きく膨張するため、ヘビの頭に見える錯覚効果をもたらす。この突然の出現によってトカゲや小鳥をおびえさせることができる[24]。

もう一つの例はオオスカシバ（チョウ目）の場合である。

休息中には下の翅《はね》をすべてのスフィンクス蝶［スズメガ］と同じく隠しているが、危険が迫ると突然、赤字に青の大きな二つの「目」がついた翅を広げ、攻撃側をおびえさせる。この動作は一種のトランス状態を伴っている。この生き物はじっとしているときは細い枯葉に似ている。その安寧が乱されると、足場にしっかりつかまり、触角を広げ、胸部を反らせ、頭部を後ろに向け、下腹部のアーチを誇張し、同時に全身を振動させ震える。この発作が終わると、ゆっくり動かなくなる。スタントフスが行った実験は、この行動の有効性を示している。シジュウカラ、コマドリ、および普通のサヨナキドリのような小鳥はおびえてしまう。その翅を広げると、この蛾は巨大な猛禽類の頭部のように見えるからだ[24]。

ロジェ・カイヨワは、よりはっきりした同種の事例としてブラジルの森林にいるフクロウチョウに関するヴィニョンの叙述を引用している。

眼瞼《がんけん》のような円形の斑紋と、メンフクロウの羽に酷似した小羽毛の放射模様によって、蛾の体は鳥のくちばしのように見える。あまりにも類似しているため、ブラジルの原住民は［鳥害対策として］擬態されたメンフクロウの代わりにこのチョウを納屋の戸口に吊しておくほどである。いつもならフクロウチョウの眼状紋におびえている鳥たちも、もしファッスルがしたように、その翅から眼状紋を切り取ってしまえば、ためらうことなく蛾に喰いついてしまう〔25〕。

以上に引用した例は、固定的で絶対的な遺伝による反射を示している。こうした脅迫的な変化は自動的に起こるからである。これと同じタイプの皮膚の反射もある〔25〕。犬の前に来た猫は、犬を警戒しているので脅えて毛を逆立てる。ダンテは、人間が特に大きな恐怖に直面した際におこる、「鳥肌」の現象について同様の説明をしている。

恐怖

生物学から引用した実例によって、恐怖の問題に近づくことができた。恐怖は、人間の集団生活、特に、闘争を軸に展開する政治分野の行動と結びつけて検討すべきである。恐怖の感情は、生理学的観点から正確に定義でき、その特徴を客観的に記録でき、さらに自由に創り出すことができる。この感情は、闘争、特に威嚇に必要な要素である。脅迫に抵抗しようとするあらゆる傾向を抑制するために、威嚇は恐怖を生みだそうとする。恐怖はこのように第一本能、すなわち闘争本能の発現と密接に結びついている。恐怖は長らく、生理学者や心理学者によって研究されてきた。その主な特徴の一つは、それが顕著な生理学的障害をともなうという事実である。心拍数が高まり、筋肉の収縮で全身が震え、のどは乾いてこわばり、そして四肢、特に下肢が麻痺したようになる。血液循環系の乱れは、顔面を蒼白にし、内臓収縮および大小の失禁が併発することもある。

こうした生理学的徴候の激しさは、恐怖の反応が有機体に深く根ざし、極めて強力な本能から生まれることを示している。このことは恐怖の先天的な形態が動物でも観察されるという事実によってさらに裏付けられる。例えば、生まれたばかりのひな鳥も、鷹に直面すると恐怖の徴候を示す〔26〕。また、カナリア諸島で生まれた小さな雌犬が、一度も野生動物と出会うことなくヨーロッパ大陸に連れて行かれた。この雌犬は移動動物園のそばを通ったとき、動物の臭いを香いだだけで震え始め、恐怖の全徴候を示したのである。

恐怖は受動的でも能動的でもあり得る。前者のタイプを特徴づける現象は抑制であり、麻痺まで行くこともある。後者のタイプは恐怖と結びついた原動反射、すなわち逃走の反射である。その運動が相当な強度に達し、その興奮が長く続く場合、マクドゥーガル〔26〕が言うように、内臓がもはや耐えられなくなり、死に至るほどの極度の疲労も見られる。能動的な恐怖が激しいときには、受動的な恐怖と同じような、特定の生理学的現象が検出されることがある。それは鈍麻状態と感覚喪失であり、言語または動作においてパニック現象が起こる。この当事者は死にものぐるいで動き回るが、それはあまりに無分別なため死を招くことさえある。

恐怖の影響がより大きくなるのは、空腹、口渇、病気、疲労の状態にあるとき、あるいは以前のトラブルのせいですでに抑うつ状態にあるときである。このことは、恐怖に基づくプロパガンダがいつも容易に効果を発揮するのが、経済状況で不安定な人々、過労状態にある人々、その他の諸事情から不安になっている人々であるという事実を説明する〔27〕。

恐怖と闘うための最善の方法は（条件反射の理論によって確認されているように）、突然の新しい刺激（外部的抑制）または条件付け内部的抑制のいずれかによって、これを抑え込むことである。内部的抑制とは内省的心理学が「意志の努力」を呼ぶものである。例えば軍事教練〔27〕の目的は、戦闘に必要な所作が正確にできるようにする習慣化された無意識的動作を、防御的反射に置き換えることである。それは特に一斉射撃のような反射である。大抵の兵士は敵弾を浴びても平然として射撃を続けることはよく知られている。射撃行為が多くの身体活動と筋肉運動を要求するからである。そのため兵士の注意は吸収され、危険は忘れられることになる。恐怖が増すのは何も活動していないときである。よく知られている事実だが、脅えている兵士もやみくもに射撃を続けていれば徐々に落ち着きを取り戻すのである。

恐怖を引き起こす他の要因として、異常な現象、特に音による非常に激しい刺激がある。つまり未知なるもの全般であり、驚き、孤立、沈黙、暗闇も恐怖を増大させる要因である[27]。しかしジョルジュ・デュマ〔フランスの心理学者・パリ大学教授〕の見解では、特に緊張状態が、恐怖や異常な感覚や感動、あるいは身体的、道徳的、神経的なショックをもたらす。このタイプのよく知られた事実として、壇上に登る前の演説者の、またはステージに出る前の俳優の「舞台負け」がある。通常、この状態は行為の開始で終了する。危険が予想されるときには、人々は緊張感と恐怖にとらわれるが、実際に危険が到来した瞬間には回復しているのである。それは、抑制が機能しているのである。それは、脱抑制の場合である。さらには、危険が過ぎ去ったときに、人々が激しい恐怖にとらわれて震えだすこともあるだろう。それは、脱抑制の場合である。

この抑制と脱抑制の現象は、一九三八年九月の非劇的な事件〔ミュンヘン協定〕の際に、フランスで非常に顕著であった。ベルヒテスガーデンとゴーデスベルクでの首脳会談時には、ほぼすべての人に緊張感と恐怖が広がっていた。これは激しい刺激の局面だった。その後、〔開戦準備の〕部分的動員が布告された九月二十四日に、印象的な落ち着きがフランス全土に広がり、ヨーロッパで広範な称賛を博した。動員された人々も銃後に残された人々も冷静さを取り戻した。人々は交渉に見切りを付けて、雄々しく勇敢に最悪の事態に当たる覚悟を固めていた。これは恐怖を抑制する局面だった。ついに九月二十八日午後四時、ミュンヘン会談の発表があり、感動の波がフランス全土を揺さぶった。激烈な集団的心理危機が突如、野火のように広がった。その時はじめて、真の恐怖反応が確認されたのである。これが脱抑制の局面であった。

パニック

大勢が集まれば、恐怖はパニックとなるかもしれない。盲目的な集団的恐怖の反応は、羊、牛、ゾウなどに現れるが、それはパニック的逃走、つまり死に致る危険への抵抗力の喪失をもたらす。同様な事実が人間の群衆においても見られる。一八九四年のニコライ二世戴冠祝賀期間にモスクワのボディンカ広場で起こった大惨事についてはすでに述べた。この種のパニックは、地震、火災、難破などの天災において、また戦場では特に頻繁に起こる。一七九二年から一八一五年まで二十四年間の［フランス革命・ナポレオン］戦争で、三百件以上のパニックが記録されている[27]。このような場合、だれか一人が「負けだ！　勝手に逃げろ《ソーヴ・キ・プ》！」と叫んで身をひるがえせば十分なのだ。その叫び声と動作はすぐに模倣され、軍団は四分五散し、彼らを再結集させるのは不可能となる。パニックはそれに感染した人々の肉体的な力が使い尽くされてはじめて終わる。

フランス革命期に、一七八九年に農村地域で「大恐怖」と総称された時期があった。歴史家の解説では、ほとんどありそうにない流言が農村部で広まり、パニックが引き起こされた。「武装した略奪集団が家々を略奪し焼き払いつつ迫っているという一報が広まった。その移動する姿を途中で目撃したという知らせもあった。その話に信憑性を与えたのは、郵便馬車などが巻き上げる砂ぼこりの光景だった。警鐘が鳴るとすぐに、女子供は恐れて逃げだし、男たちは武器を手に取ったのである。」[37]

戦闘用マスク

野蛮人や原始部族は敵に恐怖を与えるために、頭飾りを利用して、恐るべき外見の戦士に変身する。これは、動物が生まれつき攻撃に陶酔し、その擬態をするのと同じ原理である。このような場合、戦士は自分の外見を大きく見せるよう工夫を凝らし、敵を威圧しようとする。そのため羽毛や羽根飾りなど、何であれ大きな物体を頭上にのせる。さらに自分の体に彩色し、入れ墨をし、時にはシマウマのような縞模様をほどこす。また、ぎらぎらと光り輝く物をちりばめた鮮烈な色彩の服を着て、恐ろしい戦闘用マスクで顔を覆う。印象的な事例は、中国、日本、メラネシアなど、東洋の諸民族で見られる。また、アメリカ先住民の羽根飾りも同じカテゴリーに属する。アメリカ先住民が動物の頭部を自らの頭上にのせたり、動物の毛皮で身をおおったりすることは珍しくない。

制服

今日の軍服は、ある意味ではこうした戦闘用マスクの末裔にすぎない。それは驚くべき人数を規律ある集団にまとめる手段でもあり、また人間労働における高い生産性の要因となった。この画一性は近代的軍隊の本質の一つである規律の創出と維持にも役立っている。いわゆる「きちんとした制服」が比較的近年のものであるのはそのためである。古代の戦士たちは通常、一様な服装をしていなかった。スパルタ人は戦闘に出かけるときに赤いクラミダ（短いマント）を身に着けたが、その目的は血を見たときの恐怖と戦うためであったようだ。ローマ人はその軍団に独特の外観を与えたが、正式の制服は持っていなかった。軍隊で画一的な制服が着用された最初の例として、一五五七年のサン＝カンタンの戦いに投入された七千人のイギリス人兵士を挙げることができる[28]。フランスでの最初の軍服は、ルイ十三世の時代（一六一〇〜四三年）にさかのぼる。連隊長がその部隊に与えた色を身にまとうのがふつうになったが、一六七〇年まで軍服は義務づけられていなかった。フランス革命まで雑多な軍服があったが、大革命はそれを単純化した。ナポレオンの第一帝国の下で軍服文化が本格的に開花し、互いに競い合って華美なものになっていった。ナポレオンは、軍隊の厳格な規律を維持する上で軍服が最も重要だと考えていた。

制服の主な目的は、もちろん、規律の維持や身体の組織化である。大量の人間、すなわち群衆の力を用いて強力な効果を生み出そうとする場合、指導者の最初の仕事はこの群衆の動きを画一化し、その筋肉運動を規律化することである。さらに、軍事パレードやチェコのソコルのような集団体操訓練のように、命令された群衆が号令の下に同一の運動を遂行することによって、魅惑的なシーンが生み出されることは容易に理解できるだろう。これは群衆からすべての意志を奪って多少なりとも催眠状態にしたまま彼らを導くためには、最良の方法でもある。だからこそ、軍隊では、密集隊列で行進することが非常に大きな役割を果たしている。

グーツ・ステップ

ドイツ人はこの種の訓練を精力的に実施してきた。彼らは合理化を技術的にすすめる達人だが、時には過剰な組織化を招き、組織化は自己目的となってしまう。すでにフリードリヒ二世の時代には、パレードで使われる有名な「グーツ・ステップ」［足を真っすぐ伸ばしたまま高くけり出す行進］を発明していた。その魅力に抗《あらが》える観客にとっては、それはまず威圧的とも滑稽とも見えるもので、完璧な自動人形や機械のごとき外観が示される。機械化と自動車化によって機械的兵士、すなわち「ロボット」を作ることが可能になる前に、ドイツの軍事思想は生身の人間を魂のない破壊マシンに変えることで、同じ目的をすでに達成していた。この軍隊技能は現代的というよりも中世的な発想である。もちろん、前線の軍隊にとってこれは今日ほとんど現実的な価値はないけれども、平時には心理学的価値があり、荒々しい力を誇示することで見物の群衆を魅了していることは確かである。これこそ独裁者が真に目的とする心理的レイプの全メカニズムの原理である。これにより独裁者は人間における自由と尊厳、知的および社会的進歩のすべての原理と闘うのである。

これと関連して、イタリアの独裁者［ムソリーニ］の喜劇的な通達がやり玉にあがった。ヒトラーの台頭に魅せられた彼は、イタリア軍に有名なグース・ステップを教えることによってヒトラーを摸倣し、あわよくば凌駕しようと試みた。だが、そのステップは思考する人間を望む人々に憤慨を呼び起こした。「ローマ式ステップ」と改名されたが、彼にとって不幸なことに、イタリア人はあまりにも陽気にして活発、ダンスと歌が大好きな国民なので、ドイツ式の重厚さをうまく真似ることができない。ローマで新式パレードを目にした人々はただ笑うだけだった。イタリア軍は決してグーツ・ステップを学ばないだろうし、自国のベリサリエーレ［軽歩兵］の軽快さに慣れているイタリア国民は、決してそれに魅了されることはないだろう。

規律

ヒトラー時代以前に、ドイツ人がこの方法で追求したのは、規律訓練《ディシプリン》だった。大衆を心理的に暴行するプロパガンダの要素として軍隊の機械的な外観を使用するアイデアこそ、ヒトラーとその一味の発明である。軍隊に規律が必要であることについては、何らの疑問もあり得ない。公的法規で定義されているように、「規律とは、もっぱら上下関係の規則に従うこと、上官に敬意を表す証《あか》しとして正規動作を入念に遂行することである」[27]。これがすべてなら、処罰の恐怖が唯一の絶対的因子である極めて単純な訓練を施すだけで、その目的は完全に達せられるだろう。それは「第一」本能に基づく原始的な条件反射のごく一般的な事例である。これこそ独裁者が人々に盲目的服従を要求するときに考えていることである。独裁者は、ときに前例のない残虐な方法によってそれを教え込んでいる。例えばイタリアでは、規律の原則として「ムソリーニは常に正しい！」というフレーズがきわめて広範囲に使われている。

だが、実際には問題はそれほど単純ではない。ルゲール大尉がその著書『精神力』の中で次のように述べていることは、まさしくその通りである。

> 寒さと雨で骨の髄まで凍るときでも、疲労と欠乏で困憊しているときでも、火と剣で死と傷が拡がっているときでも、なお服従は要求されねばならない。精神力と規律のみが勝利に通じている。この重要な状況を見すえた上で、兵士の教育は計画されなければならない。彼らが訓練されればされるほど、その精神が錬成されればされるほど、勝利のために軍隊が払わねばならない犠牲は少なくなるのだ[27]。

もちろん、規律は指導者の存在を前提としており、彼が構想した目的に向かってすべての意志が収束した結果でなければならない。兵士は、たとえ指導者がいなくても、彼が望む方針にそって行動しなければならない。しかし、盲目的な規律だけでは十分ではない。ルゲールが述べるように、「肉体的な力とともに、勝利への熱望、全精力の投入、知性の行使もなければならない。戦闘で危機に直面すれば震えるのが人間の常である。規律の目的は、恐怖の抑圧なのである。」[27]

規律について語るとき、規律を維持する手段である懲罰を考えるのがふつうである[27]。しかし現代の軍隊における懲罰は、罪の償いとしてではなく、有効な警告ないし規範とされねばならない。懲罰は恐怖を生み出すが、それが献身的な情熱の成長の助けとならないことを指導者は知らなければならない。指導者がなすべきことは、部隊全体が義務感、つまり高次な条件反射に服していること、そして彼自身も部下と同じ義務に服していること、そうした確信を彼の部下が抱くよう努めることである。

要するに、ルゲールのうまい表現を借りれば、規律の目的は「オウムを訓練することではなく人間を形成すること」である。まさにこの傾向こそが、フランスの規律概念とドイツのそれとを明白に区別している。兵士に服従の反射を自ら内面化させる兵役義務はもちろん容易なものではないが、これを務めた後に兵士は「合理的な規律は人格を破壊するのではなく、努力を制御したり調整したりすることを目的としている」と考えるようになる。兵士が内省する欲求がすべて抑え込まれてしまうようなら、戦争に不可欠な兵士の自発性の開発は止まってしまう。その反対であれば、「意識的な規律が強制に取って代わり、知的な自発性が受動的な服従に置き換わる。そのとき、兵士は命令遂行の機械ではなくなり、将校の協力者となる。」

軍楽

軍事組織の生活では、音楽とリズムが重要な役割を果たしている。明らかにリズミカルな仕事の方が行いやすい。

よく知られているのは、「ヴォルガの舟歌」の例である。一定の音の反復と、その結果生じる単調さは、パブロフの内的抑制の一般化、つまり夢遊や催眠術に似た状態を一般化するのに有効である。これこそ総じて全体主義国家の軍事組織が追求する目標である。とはいえ、音楽が勇気を涵養することもあるだろう。たいへん有名なのは、一九一二年のタイタニック号遭難の事例である。船が沈んでいく間も、道徳を維持しパニックを防ぐべくオーケストラは演奏を続けた。軍隊がドラムやトランペットの音で突撃することもめずらしくない。先史時代の洞窟人の遺跡の中には、出陣に際して踊りや歌の拍子をとるために打ち合わせた石も発見されている[29]。ギリシャの雄叫び（アラララ！）、ローマの喊声、チュートン族の弾唱はこれと同種である。アフリカのある部族が使用している、耳をつんざくような太鼓の印象的なリズムは強い感動を引き起こす。このリズムは戦闘に突入する多くの戦士に高揚感をもたらす。その吶喊《とっかん》を耳にした人は、張りつめた旋律を帯びた野生の叫びを決して忘れることはないだろう。

ゲッベルスのような人物がこれと類似した手法に訴えることは非常に興味深いが、完全に論理的でもある。一九三八年九月十五日にニュルンベルクでのヒトラーの放送演説を聞いた人なら誰でも、党大会の会場に「総統」が入場する前に何があったかを覚えているだろう。それは音楽というよりも騒音とでも呼ぶべき、とてつもなく並外れたデモンストレーションである。ワグナーの楽曲を基調として、怖気づかせるような、太鼓のゆっくりとした断固たる響き、大地を揺さぶる大きな足音が、武装行進する大衆の言葉に絶するざわめき、衣擦れ、息づかいとともに聞こえた。この騒音は、押し寄せたり後退したりしつつ、何百万人もの聴取者の心を摑み、大惨事を予想させ、恐怖におののかせたにちがいない。この幻惑と恐怖の感情は、このスペクタクルの演出者たちによって意図的に創り出されたものである。それは、右で述べた野蛮な部族の「音楽」効果に酷似していた。これは一〇〇％のヒトラー主義プロパガンダであり、世界中の何百万人ものラジオ聴取者をおびえさせ、精神的暴行を加えようとする試みである。それはすべてを蹂躙、破壊、威圧する、巨大なドイツの戦争機械が作動するがごとき強烈な印象を与えずにはおかなかった。誰でもこれを極めて具体的に、そして厳密に想い描くことは可能だった。それは何ともおぞましい、あらゆる人間的要素を奪い去り、邪悪に指揮された機械時代の恐怖のデモンストレーションである。そこには情熱を喚起することも、勇気や犠牲を促すことも一切存在しなかった。野獣のような咆哮を聞く大衆は、荒々しく甲高い歓声をあげたが、人間性は何も残っていなかった。解き放たれた野獣のような印象が生じたが、何も見えないラジオでこの騒動を聴くことによって、その印象は増幅された。闘争精神を刺激する別の味わいを持つ「ラ・マルセイエーズ」とは全く似たところがないのである。この革命歌は喜んで自己犠牲におもむく人間精神の尊厳を高らかに呼び起こすものであり、それは雄々しく博愛主義にあふれ、エクスタシーと燃える勇気でみなぎる、真の熱意の源なのである！

エクスタシー

すでに述べたように、闘争本能の発現は二つの異なる様式で示される。その一つは否定的あるいは受動的であり、恐怖、意気消沈と抑制の態度によって明らかになる。もう一つは積極的なもので、高揚感、興奮状態、攻撃性をもたらす。ここでは後者の形態を検討してみよう。過度な興奮はエクスタシーを生み出すが、これはときに精神病の病理学症状を連想させる精神状態である。それは凝視、硬直状態、感覚喪失を特徴とするもので、神秘的性向をもつヒステリーやパラノイアの患者で顕著な例が見られる。この状態はピエール・ジャネが『不安から恍惚へ』で非常にうまく説明している。同書を読めば、しばしば同一人物で連続的に見て取れる、二つの拮抗状態の間に存在する結合がよく理解できるだろう。しかし、決して病的ではない類似の状態は、人や物、あるいは思想についての満足や感嘆による大きな興奮から生み出されることがあり、それは強い幸福感をともなっている。

熱狂

しかし、政治的な出来事や行動の結果として、人生で最も頻繁に観察される状態は、熱狂である。それは同じ基本的本能から派生するが、その能動性においてエクスタシー状態と区別される。エクスタシーはいつも不活動、静止状態、凝視を意味するが、熱狂は何よりも健康、快活、そして若さに関連している。そのため、この精神状態を戦闘や政治闘争の中で生み出し維持しようと欲するなら、そうした要素を考慮し請け合うことが必要である。熱狂が軍隊や政治宣伝に従事する党派をとりこにするのは、最終的な成功と勝利の希望が実現する兆候で裏付けられるときか、プロパガンダ活動で鼓舞されたときである。そのために陽気な音楽が合理的な刺激となるかもしれない。「この熱狂は、敵軍の逡巡し動揺する姿、あるいはまさに退却せんとする様子を目にしたときにも生まれる。」[27]

勇気

最後に、勇気は闘争本能の発現であることを述べておこう。その闘争本能には恐怖反応の条件抑制が接合されている。勇気を生み出すのは、論理的思考による、高次の条件刺激と結びついた不断の努力、つまり真の訓練である。多くの場合、勇気が勝敗のゆくえを決定する。なぜなら、物質的資源が互角であれば、闘争は精神力の衝突だからである。ルゲールによれば、勝者とは、敵に戦う能力や意志がもはやなくなったときにも、それをなお有する者である[27]。そして、フォン・デア・ゴルツは、「なすべきことは、敵の兵士を壊滅するというよりも、敵の勇気を壊滅することだ」と断じている。

それゆえ、偉大な指導者は常にあらゆる方法で、特に適切なプロパガンダによって自軍の勇気を奮い立たせ、尻込みを防ぐことに気を配ってきた。決戦の前にナポレオンが部下の兵士に発した布告は、こうしたプロパガンダのお手本である。

勇気と規律は密接な関係にある。勇気は戦闘の決定的瞬間にも規律を維持するが、逆に規律が勇気を生むこともある[27]。兵士に勇気を注入するためには、つまり、恐怖の反射を阻止・抑制する能力を与えるためには、「戦場で経験するどんな危険も決して隠されてはならない。何よりも兵士の〝信頼〟を得るよう努めねばならない。自発的な服従はこの信頼からもたらされる。その時はじめて、兵士の心に敢闘精神をたたき込むことができる。」[27]

ナポレオンとプロイセンのフリードリヒ二世にしたがうなら、こうした攻撃の精神こそ、戦闘で勝利を確実にする最善の方法であり、闘争本能の明確な目標なのである。

心理学と戦争

現代戦における精神的要素の重要性を考えるために、第一次世界大戦における戦闘兵士の印象的な述懐の抜粋をルゲールの著作から引いておこう。

歩兵は、特に最悪の試練を受ける。いくつかの作戦区域では、戦闘は非常に激しかったため、死体は地面に積み上げられ、塹壕や侵攻路は、まったく人肉から掘り出されたように見えた。数千人が夜間に足を凍傷に冒され、退避しなければならなかった。彼らが足の切断手術を受けなければならないことも少なくなかった。場所によっては、泥土が非常に厚くなり、歩兵はそこに埋もれていた。塹壕を出たとき、歩兵は泥の塊に変わったように見えた。塹壕の中に閉じ込められ、まさしく生き埋めにされた多くの歩兵には、避難と睡眠のためのわずかな藁を敷いた穴のみが与えられた。彼らは仲間から切り離され、昼夜を問わず警戒を続け、最もおぞましい形で死に直面していた。この恐るべき戦争において、兵士は気づかないうちに自ら人間の耐久力の限界を拡大したと感じたかもしれない[27]。

以下の「ヴェルダンの地獄」に関する記述も、同じくルゲールから引いたものである。

その荒涼たる地平線に沿って見わたす限り、谷も丘も破壊され、ひき裂かれ、小片に砕かれた。地層は削られ巨大な痕跡となるまで掘り返され、あたりは血の海と化していた。……土のかけら、穴のかけら、人のかけらがある。命の有無に関わらず、あらゆるものがずたずたに引き裂かれて積み上げられ、泥の海からは雑然とした設備、錆びた武器、動物の屍が露出していた。森林と牧草地も同様に破壊され、木の枝は一本ずつ引きちぎられ、幹は裂かれ、曲げられ、引き倒された。残忍な砲撃がこの廃墟の上で荒れ狂った。すでに満身に銃弾を浴びた犠牲者をとめどなく乱射する狙撃手の熱狂のごとくである。ここで死は身近であり、その猛威を冒して進んだ生き物をその運命の餌食とした。砲撃は絶え間なく繰り返され、その餌食の頭上で甲高い喧騒がいつまでも響き続けた。あらゆる砲火の轟音が大気を満し、シュッという飛翔音、ゴウゴウと鳴る衝撃波に、弱々しい鳴き声、うめき声が加わり、そして突然、雷鳴のごとく、他のすべての音を圧する巨大な爆発音が耳をつんざいた。

何百もの砲門が、怒りの発作にかられて、その弾丸を執念深く一点に集中した。それは燃えさかる溶鉱炉であり、大噴火する火山だった。ハリケーンのごとく、すべてをなぎ倒し、破壊し、粉砕した。土嚢《どのう》、石垣、鉄筋コンクリートの城門、そしてそこに身をひそめる兵士たち、すべてをである。塹壕はまるで恐怖におののくように、衝撃のたびに揺れて震えた。砲郭のブロックは吹き飛ばされて空中に投げ出され、落下して守備兵を押しつぶした。要塞壁面の厚板が粉砕され、要塞溝に崩れ落ちた。

最悪の試練は、おそらく険しい渓谷の奥深くにあるヴェルダン要塞の前進基地で各部隊が味わった孤独感であった。部隊は置き去りにされ、自らの勇気で運命を切り拓くことになった。後方との連絡は途絶えており、電話も信号もなかった。世界の他の場所との唯一のコミュニケーション手段は、端から端までの廃墟と化した狭い通路、ほとんど役に立たない川床だった。それでも勇敢な伝令兵は、命令を伝えるべく炸裂弾と機関銃の砲火をくぐり、倒れた死体を飛び越えて、その道を進んだ。渓谷の底では、狭い溝に半ば埋もれ、あるいは砲弾跡の穴にしゃがんだまま、兵士が泥の中で生きていた。何時間も苦悩したため、彼らは心から恐怖を捨て去り、その顔に茫然自失の表情を浮かべていた。この場所を死守すべく配された彼らに、そこを放棄する権利はなかった。彼らは刃向かうすべもないまま、強力な殺戮機械に引き渡された。彼らは与えられた命令を守らねばならなかった。それが何を意味するのか知った上で、彼らはそれを遂行したのだ！[27]

このように、精神的要素は物質的闘争においても最大限の重要性をもっている。特に今日では、自走砲、弾幕、空爆、毒ガス戦などの技術によって、戦闘中の兵士が受ける刺激レベルも著しく高められた。そのため、以前よりもはるかに大きな自制心が戦闘員に求められている。「戦闘は何よりもまず精神的闘争である。兵力、技術力、そして軍事組織が同等であれば、最も高い精神力を保存した方が勝利を手にすることは間違いない。」[27]

軍隊心理学

したがって、現代の軍隊において心理学への関心が着実に高まっていくことも驚くことではない。第一次世界大戦の前でさえ、ギュスターヴ・ル・ボンの著作に触発されて、パリの高等陸軍学校に「群衆心理学」の講座が開設されたし、戦後にはフェルディナン・フォッシュ元帥自身が『軍事心理論』を刊行した。今日、ドイツ国防省には特別な「心理学研究所」が、心理学研究と実戦準備のために組織されている。

さらに興味深いのは、一九二二年にクルト・ヘッセによってドイツで出版された奇書『心理司令官《フェルトヘア・プスュヒョローゴス》』である。この本では「総統《フューラー》」の思想、つまり精神の指導者――我々は「精神の強姦者」と呼ばねばならないが――の思想が、預言者の熱情とともに表現されている。早くも一九二二年に、ドイツ「精神」が自らを支配し、導き、慮《おもんぱか》る人物をどれほど熱烈に求めていたかを知るのは驚きである。著者は軍人であり、プロイセンの偉大な戦略家フォン・クラウゼヴィッツの理論の崇拝者だが、一九一四年から一八年までの戦争の教訓を心理学的観点から分析している。特に一九一四年八月二十日、東プロイセンのグンビンネンにおけるドイツ軍の敗北を分析したヘッセは、これを戦争の最終的な帰趨を決めた局面［二正面作戦であるシュリーフェンプランの挫折］とみなしている。彼は戦術における精神的要素の包括的研究の必要性を主張した上で、「救世主」到来の希望を述べて筆を置いている。その希望は敗戦後のドイツで広く流布していたが、特にドイツが「総統」、つまり精神の指導者を見出した今日の現実に照らしてみると、ヘッセの思想はその特徴をよく示している。それゆえ、同書から役に立つ一節を引いておこう。

かくして、われら全員が希望を胸に待ち望んでいる人物、その人物が自ら名乗り出る日がやがて来るだろう。何十万もの人々の心は彼の雄姿で満たされ、何百万もの人々の声が絶えずその名を叫び、ドイツの全精神が彼を求めている。

どこから彼は来るのだろうか？　誰も知らない。あるいは王侯の宮殿から、あるいは労働者の掘っ立て小屋からかも知れない。しかし、誰もが知っているのは、彼が「指導者《フューラー》」であることだ。誰もが彼に喝采し、誰もが彼に従うだろう。なぜか？

特異な力が彼の人格から発せられるからである。彼は精神の指導者なのだ。これこそ、彼が「心理司令官」と呼ばれるであろう理由なのだ。

彼は国民に武器を取れと呼びかけるかもしれないし、あるいは銃器と軍艦の破壊を呼びかけるかもしれない。彼は「働け、働け」、常に「働け」と命じるかもしれず、あるいはゼネストを命じるかもしれない。彼は人生を楽しむようにいざなうかもしれず、あるいは全体への犠牲と欠乏を強いるかもしれない。彼は神の預言者となるかもしれず、あるいは教会を打ち倒すかもしれない。それは誰にもわからない。しかし、誰もが来るべきこの人物が断崖絶壁に挟まれた隘路を進むだろうと感じている。……残忍な人間だが同時に善良な人間である。……快楽を軽蔑する人間、しかし美しきものを喜ぶ人間だろう。……彼が持っている最高の資質はその演説（原文ママ）である。それは鈴のように完全で純粋な響きを持ち、すべての人の心に届くものだ。

……しばしば、彼は自らのカードをギャンブラーのように弄ぶだろう。すると人々は彼こそ完璧な政治家だと言うだろう。だが彼だけは、自分がピアノの弦のように人間の精神を演奏しているにすぎないことを知っているだろう。

いま私たちが目撃していることと照らし合わせるなら、この預言は注目に値するものである。

第四章――シンボリズムと政治プロパガンダ

現代の特徴的シンボリズム

シンボルは、人間が自分の考えや感情を互いに伝える手段を発見して以来、常に存在してきた。シンボルは私的かつ一時的に存在するだけでなく、より公的かつ持続的に存在してきた。実際、書くことは記号によるコミュニケーション手段に他ならない。この領域で、人類が目覚ましい進化を遂げたのは確かである。もともと書くことは原始民族の思考と感情の方法に応じて、それぞれ多少なりとも完成した観念連合を表す比較的簡単な文字で構成されていた。その後、文章の構成単位は分解され、個別化され、一定の文字が特定の発音と結びつき、観念を表現する言葉に結合されたのである。

このようにして可能になった無限の組み合わせは、人類の知的進化への最大の助力となった。しかし、技術的進歩のおかげで私たちの時代のテンポはますます加速し、現代人が長い文字列を使用する頻度はますます減少する傾向にある。電信、速記、その他の記号システムが好まれるからである。私たちが自分の考えや感情を表現するための方法は、より単純でより集約的なものに回帰しつつある。この傾向は、特に技術、生産、科学の分野で導入されており、国際的に受け入れられている略語や代数を想起させる記号や公式、およびその他の従来の省略形はますます一般的に使用されている。そのために各国で特別な調整委員会の選任が必要とされるようになった。

近年、さらに注目すべき展開が見られる。多くの人が自分の生活とその志向を示すためにバッジの必要を感じている。スポーツや政治への関与から、チェス倶楽部、切手収集協会、ダーツチームまで含め、そのメンバーであることを示すバッチである。ついには、特別な意味を持たず、ただ装飾として身に付けるバッジさえもある。これには奇想天外なものもあり、ミッキーマウス、あるいは何とも醜いバセットハウンド［胴長短足で耳が長い中型犬］を表す金属製の小徽章を付けている女性もいる。また、デンマークの男性の間で、たとえばファイフス［アイルランドの果物会社］・バナナのバッジを付けるのはめずらしいことではない。

この現象には深い生物学的理由がある。あらゆる生き物と同じく、人間も自らに近づくものすべてを調べる必要を感じる。例えば、見知らぬ人に対しては、彼の意図を探り、彼が友であるか敵であるか無害な中立者であるかを見極め、備えることが必要となる。人間が特に注目するのは、顔の表情、身振り、話し方である。これに基づいて判断を下すからである。そして今日、機械的コミュニケーション手段によって時代のテンポが非常に加速され、出来事がしばしば電光石火で進行するため、すぐに方向を決める必要性が実感されている。それこそ、今日の対外的なシンボルが人気を集める理由である。

政治において、これは大いに役に立つ傾向である。ここで大衆運動を取り上げねばならない。現在の政治運動は、その主張する思想を内面化してそのまま実践する相当数の人々が存在しない限り、成功する見込みがないことは明らかである。したがって、運動を速やかに広げる手段としては、その思想を表現する、いわば速記形式、すなわち独自のシンボルが必要となる。

これこそ、現代の政治運動が勧誘やその活動にシンボルを利用する理由である。歴史はシンボル使用の特筆すべき例を提供する。［キリスト教の］十字架であり、ローマの「S. P. Q. R.」［「元老院とローマ市民」の略語にしてローマ帝国の象徴］、［イスラム教の］三日月などである。十字架と三日月は、シンボルによる政治闘争の具体例を示している。

政治シンボル

現代の政党の中でも、社会主義政党、とりわけドイツ社会民主党は、その初期から［一九世紀の］世紀末にかけて、入党勧誘と積極的活動を促す手段としてシンボルを大々的に利用した。赤旗、ボタンホールのカーネーション、そして「同志《ゲノッセ》」という呼称は、社会主義運動史で重要な役割を果たしてきたシンボルである。時間が経つにつれて社会民主党、特にその指導者たちがますます「お上品に《リスペクタブル》」なったのは事実である。そのため、自らの初期の感情的爆発を恥ずかしく思うようになり、そのシンボリズムを子供のお遊びと見なした。指導者たちは、証拠や統計を積みあげたり、経済理論や経済史などに言及したりしなければ、もはや「気が進まない」のである。かつて巧妙に操った感性的プロパガンダに少しの間だけ立ち戻ることがあったとしても、それは単調で中途半端であったため、その訴求力は失われていた。彼らの新しい行動様式はその新しい理論と一致していた。その理論は世界の全機構を単純に経済活動の連続的プロセスであると考え、人間をただチェスの駒と見なしていた。この自動機械は消化器以外に重要なものを備えておらず、経済主体としてのみ反応するものとされた。すべてが当然で必至のコースをたどると言われていた。すなわち、全世界は工業化しつつあり、資本主義的無秩序の必然的結果である過剰生産と失業が恐慌を引き起こすはずだった。「自動機械」の「燃料」が不足すれば、自動機械は「反抗する。」そして四年ごとに、この自動機械を投票箱に運ぶボタンが押されれば、進歩的な政党はますます多数の票を獲得するはずだった。ついに辛抱強く待っていた、全体の五一％の得票が達成されれば、社会主義の時代が始まるだろう。続いて統計の手品師たちが必要な民主主義的形式を完成させ、自動機械に幸福な生活を与えてくれるだろう、と言うわけである。

こうした理論から導き出される実際的な結論は、「規律！　静粛に！　敵が私たちの顔を平手打ちした十日後に、私たちは投票で敵にお返しをしよう！」となる。これはドイツ社会民主党の指導者が一九三二年七月二十日のベルリンで示した古典的な返答だった。この日は同党がフォン・パーペン首相の脅しにおとなしく従うことで、自らの死刑宣告に署名した運命の日であった（この日、総選挙を直前に控えた「中央政府」のフォン・パーペン首相は、プロイセンの社会民主党［オットー・ブラウン］政府を強制的に解体した。［いわゆる「パーペン・クーデター」であり、「十日後」七月三十一日に行われた総選挙でナチ党は第一党に躍り出た］）。

社会民主党が手痛い代価を払わねばならなかった原因は、現代の生命科学と人間科学に関する生理学的データへの無知であり、人間を経済要因だけに反応する自動機械とみなす思考傾向であり、人間の性質と神経機構の実態への一貫した無理解であり、明らかに不適当な教義《ドグマ》に対する頑固な忠誠心であった。よく知られた得票率五一％を実現するという預言はあながち達成の見込みがないものでもなかったが、世界中の社会主義政党は敗北につぐ敗北を重ねた。彼らが重要な切り札を握っていたにもかかわらずである。彼らが敵対したファシストは、断末魔にあえぐ資本主義の末裔であり、人間的な理想も明確な経済プログラムも持ち合わせない連中だった。にもかかわらず、ファシストは大衆を動かし、偉大な民主主義に衝撃を与える手段を見出し、権力の奪取さえ次々と実現したのである。

ファスケス（束桿《そっかん》）—鉤十字

このようなことはどうして可能になったのか。その答えは明白である。民主主義政府への反対者が誤った教義《ドグマ》に縛られていなかったからである。彼らは人間の本質を直感的に理解し、それに基づいて政治活動をしていた。彼らの政治目的は不条理であり、実際に反人間的であることはまちがいない。それにもかかわらず、彼らが成功を収めたのは、社会主義者がその時点で使用できた唯一の武器、プロパガンダを行使しなかったためである。たとえ社会主義者がそれを用いたとしても、それは不本意ながの中途半端なものにとどまっていた。

ファシズムは今日、闘争の武器としてシンボル言語を駆使している。私たちは誰でも、ヒトラーが権力を握ったときに鉤十字が演じた重要な役割を知っている。イタリアでは、ムソリーニが同じく大規模にシンボルを活用した。近年におけるプロパガンダ方法の進化をたどるのは興味深いことである。

最初にこれを最大限に利用したのはドイツ社会民主党であった。ロシアの社会民主党、特にボルシェビキはその方法を採り入れ、大規模かつ巧妙に利用した。特に内戦と五ヵ年計画の時代はそうだった。その後、ドイツ共産党がこの方法を広範に模倣したが、お先棒を担ぐコピーでいつも満足していたので、その効果は乏しかった。ムソリーニの方がロシア人から多くを借用した。彼はロシアの方法を注意深く研究して、実質的に役立つさまざまな手法をイタリアに導入したのである。

ヒトラーにとって、そのシンボル言語を利用するとは造作もないことだった。ムソリーニと共産主義者から直接影響を受けていたからである。ヒトラーはそうした先例を合理的に活用したが、彼が手にした運用利益はいっそう大きかった。というのも、ヒトラーに敵対する側が、起こっている事態について何も知ろうとせず、ヒトラーのなすがままに任せていたからである。

ヒトラーがしたことは何であったか。彼はまったく抑制のない煽動演説によって注目を集めた。彼は罵詈雑言により共和国政府を激しく攻撃した。彼は「頭が落ちる」、「長いナイフの夜」など、常軌を逸した脅迫を口にした。後述するボックスハイム文書もその一例である。この種の脅迫はナチ党プロパガンダの特徴だった。その思惑通り、二つの理由から、ナチ党は大衆に多大な影響を及ぼしていた。

第一に、すでに困窮した大衆は興奮しやすい状態になっており、反体制派であればどんな弁士にも喜んで耳を傾けた。第二に、このプロパガンダが何らのお咎めもなく継続されたことで、当局は機能不全となっており、この耐え難い状況からの解放を当局には期待できないという確信を大衆に与えてしまった。ヒトラーと熟練の組織者たちは、太鼓の響きを伴う集会で、その騒がしいプロパガンダに加えて、シンボルを利用し、彼の演説の効果を非常に高めた。この極めて単純なシンボルが鉤十字である。このシンボルは全国いたるところで大量に目撃された。たやすく複製できるという、まさにこの理由で、鉤十字は数百万人によって模写され、一つの興奮剤となった。このシグナルはパブロフの実験とその結論から周知である、神経反応を大衆にもたらした。すなわち、条件反射の形成である。

グライヒシャルトゥング

有名なナチの表現である「グライヒシャルトゥング」は、「画一性の強制」、つまり「服従させること」を意味し、このシンボル現象を政治的・社会的側面から名付けたものに過ぎない。その仕組みは次のとおりである。ヒトラーが話したり書いたりした激越な言葉は、聴衆の心の中でシンボルと結合し、このシンボルはヒトラーの演説と脅迫を想起される記号となった。シンボルはいたるところで見られ、絶えず大衆に作用し、ヒトラーへの好意的な気持を呼び起こし、彼の熱狂的演説によってもたらされた「強制的画一化」の効果を維持したのである。それはちょうど「絶対的」刺激がときどき繰り返されることでパブロフの条件反射が強化されるのと同様である。

ドイツの共和国政府が鉤十字の連想反応を打破できたかもしれない方法は二つあった。一つは、何らかの対抗手段をとって、シンボルの効果を低減させ、さらにそれが滑稽に見えるようにすることである。あるいは、太鼓叩き、侮辱的言動、叫び声や脅威行為を禁止することである。政府はどちらもしないばかりか何らの対応もせず、シンボルの影響力を絶えず再活性化させる反政府活動に手をこまねいていたのである。

それにしても、政治的見地から見て、シンボル使用によって好結果が得られる根拠は何だろうか。その答えは以下の考察から得られるだろう。神経の生理機能からすれば、人間は二つのカテゴリーに分けられる。すなわち、素早く反応する能動的分子とゆっくり反応する受動的分子である。一般的に前者は比較的よくものを考える人々である。だが、この能動的分子よりも受動的分子の方がより多く存在する。住民六万人の都市において、能動的分子と見なしうるのは四千人から五千人ほどに過ぎないだろう。あらゆる政党の党員はすべてそこに含まれる。しかし、彼らと同じ投票権を五万五千人の受動的な人々が持っているのである。したがって、政治的結果は受動的な人々の決定にかかっている。政党プロパガンダの任務とは、集会に行かず過激な政治雑誌など読まない五万五千人の受動的な人々に影響を及ぼすことである。労働者政党はパンフレットを十分に幅広く配布するための資金を持たないし、そのパンフレットはしばしば冗長で、理屈っぽく退屈なものである。そんなものは誰も読まない。この種のプロパガンダが無効であることは何ら驚くべきことではない。

これと正反対なのが、ドイツにおけるファシスト・プロパガンダである。それは感情に強く訴えることを目指して、街頭を埋め尽くし、目的を達成した。というのも、それが大衆、すなわち五万五千人に狙いを定め、その心を動かしたからである。最も大衆をとらえる感情は、恐怖の感情である。したがって、大衆向けシンボルを使った宣伝は、本質的には脅迫によって作動していた。ヒトラーはこの意図において、鉤十字を利用した。だが、ヒトラーの敵対者たちはこの種の闘争の有効性を認識できなかった。彼らはシンボルを持っておらず、論理的な議論をすれば効果をあげることができると考えていた。ようやく彼らが感情に訴えるようになっても、敵対者をただ嘲笑するだけであり、それは最も効果の乏しい方法だった。しかもその嘲笑はしばしば弱々しく、打ち負かされて当然のものだった。

条件反射の形成において、シンボルは既存の絶対反射、またはすでに形成された条件反射に接合された条件因子の役割を果たすことができる。それは刺激となって、シンボルの利用者が求める特定の反応を生み出すことになる。書き言葉や話し言葉は、具体的事実または多数の事実、ならびに科学的・哲学的な抽象概念、あるいはその観念連合を表現するために使用できる。同様に、シンボルは具体的であっても抽象的であってもよい。政治において、シンボルは通常、思想を単純に表現するものであり、非常に複雑で抽象的な体系や教義でさえ表現できる。次の**図3**は、政治シンボルとその内容との関係を示している。

三本矢

ピラミッドの底辺は教義、例えばマルクス主義の学説で形成されている。次の段階は、行動を起こすためにこの

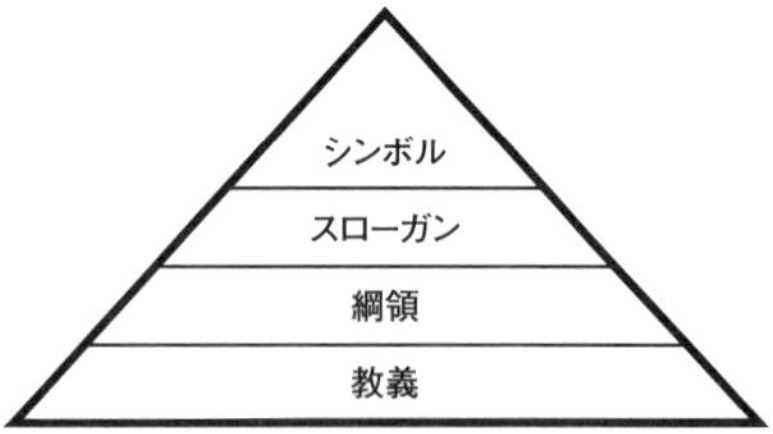

図３：シンボルのピラミッド。

教義から抜粋されたプログラム、例えば 社会党の綱領である。第三段階はよりいっそう集約されたプログラムの概要であり、例えば「社会主義の世界を！」などのスローガンで表現されている。そして最後、頂点にはシンボルが登場する。例えば、「三本矢」は社会主義の理想を視覚的に思い出させる記号であり、これは団結のごとく党に有利な行動を裏書きする意図を示している。それはスローガン、プログラム、そして教義を示すための一種の省略記号である。その簡潔さと単純さから素早く作用し、必要な条件反射を容易に生み出せるという利点を有している。

シンボルはその暗示力に比例して効果がある。すなわち、シンボルが示す運動と結びつく能動的思想、特にその運動が拠って立つ感情——脅威、同情、物欲など——を容易に伝達できればできるほど効果がある。このように、シンボルは群衆を集めたり指導したりするための非常に効果的な手段になるだろう［図４］。

「この徴により、汝は勝利すべし」In hoc signo vinces という文句は、シンボルとして十字架を持つキリスト教の特徴を顕著に表している。十字架のように、キリストが人類のために犠牲となったという考えを呼び起こし、同胞への慈悲と愛情の名において人々の結集を求めるような、運動の思想を視覚的に表現するシンボルは存在する。他にも共産主義者のハンマーと鎌がある。それはマルクス主義のシンボルであり、社会主義建設の思想、そして幸福の源は労働であるという考え方を想起させるものである。ファシストのシンボルは、［古代ローマの執政官に従う］リクトルのファスケス（束桿）であり、それは正義の暴力、懲罰の道具を意味している。いずれにしても、ローマという場所が重要である。ローマ史はイタリアの歴史の一部であり、それに関わるシンボルだからである。だが、ファスケスはあまりにも複雑で、それゆえに複製が難しいという致命的な欠点がある。

視覚的シンボルの力はその単純さにある。このことは本質的に無意味なヒトラー主義のスワスティカ（鉤十字）にも当てはまる。それは古代ヒンズー教の記号であり、国民社会主義とは何の関係もない。一見しただけではどんな意味も伝えない。それは大仰な形のために人目を引き、クモや害虫を想起させて嫌な印象を与える可能性はかなり高い。ヒトラー主義者はそれが古代「アーリア人」の、つまり北欧起源の記号であることを証明しようと試みてきた。だが、決してその種のものではなく、世界中いたるところ、中国やアフリカでさえ見出せる記号である。いずれにせよ、もっぱら単純で人目を引く形だという理由で、ヒトラーは実用的な商標としてそれを採用した。ヒトラーによれば、それを利用するというアイデアはバイエルンの歯科医から採用したものである。鉤十字が生産的労働の勝利という思想、つまり「過去も未来も永遠に反ユダヤ的であり続ける思想」を呼び起こすというヒトラーの言葉[31]を真面目に受け取ることはできない。しかし、「印象的な記号は、何億回であれ、新しい運動への最初の関心を呼び覚ますことができる」とのヒトラーの言葉は、完全に同意できるものとなる。

図4：さまざまな視覚的シンボル。

ここで「三本矢」という社会主義シンボルの歴史を回想するのは興味深いことだろう。その発明者［著者、セルゲイ・チャコティン本人だが］は、次のように説明している。

一九三一年の年末、「ボックスハイム文書」の名で歴史に残る文書がダルムシュタット近郊で発見されたとき、全ドイツが震撼した。それはナチ党が権力掌握に向けて実行しようとした［武装蜂起］計画案であり、憎悪、報復、脅迫に満ちた文書である。この文書では抑圧手段としてただ絞首台のみが想定されていた。その文書からいくつかの段落を引用しておこう。

一、突撃隊、管区軍などの命令にはすべて、それがどの部門から出たものであれ、直ちに従わなければならない。反対する者はすべて死刑に処せられる。

二、すべての銃器は、二十四時間以内に突撃隊に引き渡されねばならない。それ以後、武器を所持していると判断された個人は、ドイツ国民および突撃隊の敵と見なされ、裁判なしに即刻銃殺される。

三、行政当局または公共交通機関の職務にたずさわるすべての職員および労働者は、直ちに仕事を再開しなければならない。忌避や妨害の行為をなす者はすべて死刑に処する。私（この文書に署名した突撃隊の地区指導者）が代表する突撃隊によって、上級行政当局（省庁）の権限は掌握されるものとする。

四、突撃隊指導者が採った緊急措置は、ポスターによる公布の日から法律として効力を有する。こうした措置への違反はすべて処罰され、特に重大な場合には、その他の有期刑に加えて死刑に処せられる。

ドイツ全土に途方もない動揺が広がった。左翼新聞と労働者は特に憤慨し、いたるところで激昂した意見が口にされていた。五日後、私はハイデルベルクの広場の一つを横断していたとき、突然、釘付けになった。壁の隅に描かれていた鉤十字に、白いチョークの太い線で✕印が付けられていた。私はすぐに気がついた。「これこそ我々にふさわしい戦闘的なシンボルの問題で、私が求めていた解決策だ！」と。「まさに我々が望んでいたものだ！」

すぐ私はここで起こった事態を心理学で読み解いた。ボックスハイム事件に興奮して、もはや自分の気持ちを抑えることができなくなった直情的な労働者が、暴力的反応に駆られていたのである。彼は一本のチョークを取って、憎むべきシンボルの鉤十字を突き破った。そうすることで彼は蓄積された憎しみに捌け口を与えた。彼は何者か？　我々は知るよしもない。だが、我が偉大なる労働者階級の無名戦士のイメージが、にわかに私の眼前に浮かんだ。強烈な感情に囚われたまま、私は簡単明瞭な計画への知恵を絞った。これはいたるところで行われなければならない。今後、ドイツ全土の鉤十字は一つとして見逃されてはならない。ヒトラーにとって有利な条件反射を作り出す手段として機能したヒトラー主義者のシンボルから、正反対の効果を生み出し、我々がそれを利用しなければならない。

それはヒトラーに敵対する側の不屈の闘争精神を表現するものでなければならない。すべての鉤十字は見えざる手によって×印で消され、破壊される。それは大衆の中で迅速に生み出された新しい条件反射であり、新たなる力の意志、労働者階級の意志がついに目覚め、至るところで勃興するのだ！

私は解決策を見出したのだが、本当にそれは実行可能だろうか？　ドイツ全体でそれを実践に移す試みは可能なのか？　これこそ私が取り憑かれた大問題だった。次の夜、みな「国旗団《ライヒスバナー》」［共和国防衛のため社会民主党が中心となって組織した準軍事組織］のメンバーである数人の若い労働者を集めた。私たちの闘争について話し合い、シンボルの重要性を説明した。さらに、各々にチョークを与え、こう呼びかけて、その情熱に火を付けた。

「武器をとれ、諸君！　曲がった鉤の怪物を電光の一撃で打ちのめそう！」

斜線は矢印となったが、私たちの闘争のダイナミックな性格はその方がよく表現されていた。歓喜に震えながら、彼らは夜の闇に飛び出した。指導者から発せられた「規律」により、また「秩序」の要請により、抑制され、不本意に我慢させられていた行動欲求が、ついに自由に解き放たれた。その後の幾晩かは無我夢中のうちに過ぎた。敵方もすぐに何かが起きていることに気づき、目を見開いた。新しい鉤十字が登場すると、すぐに私たちが突き破った。ヒトラー主義者たちは激怒したが、新しい鉤十字を描くことしかできなかった。この都市で奇妙なゲリラ戦が始まっていた。

私は「実験科学者として」現象の強度を数字で表わすのに慣れていたので、毎朝、掲示板がある特定の通りに沿って歩いた。そこで貫通された鉤十字と新しく描かれた鉤十字を数えた結果、私は両者の間に一定の比率

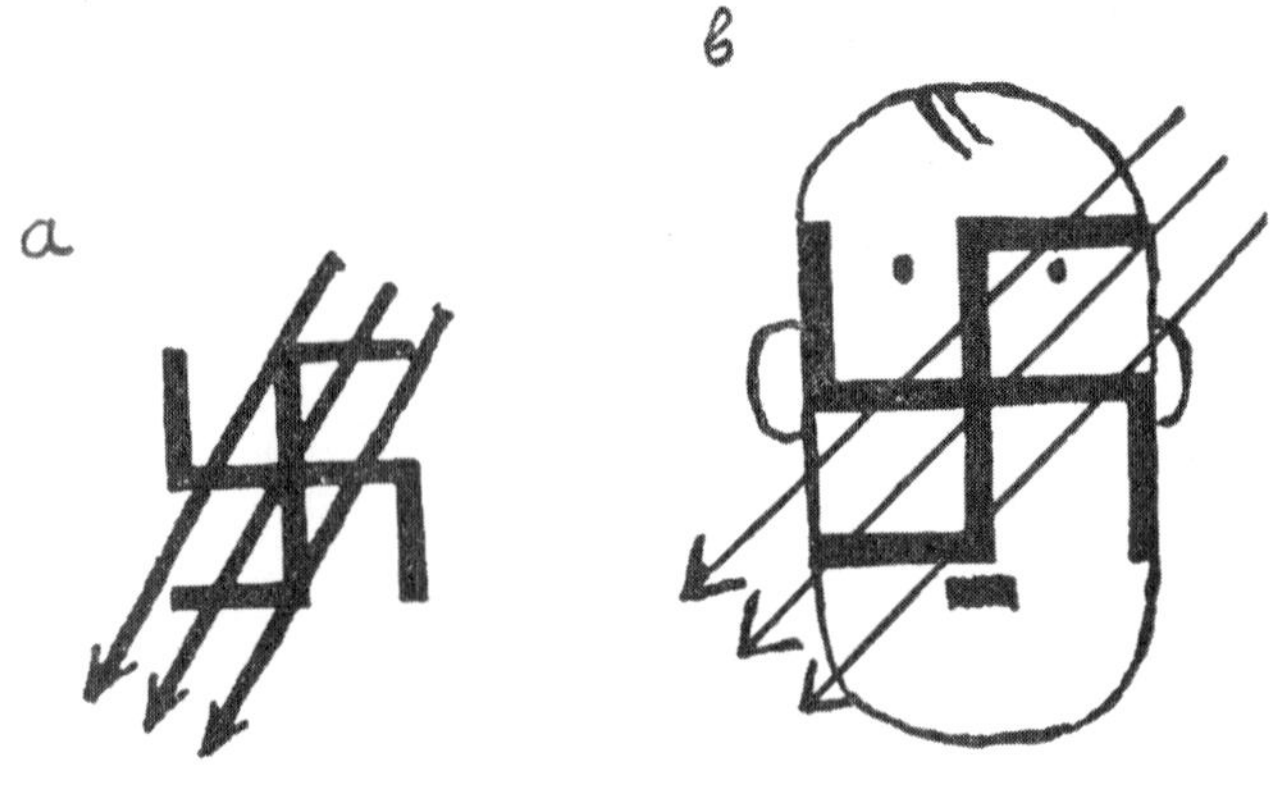

図５：ヒトラーを貫く三本矢。

があることに気づいた。ゲリラ戦は激化したが、その比率はほぼ一定のままだった。壁の上のシンボル闘争が一週間続いた後、予期していた瞬間が到来した。比率が我々に有利に変化したのである。最初はゆっくりと後退を交えながら成長し、その後はもっと急速に成長して、最終的にはすべての鉤十字が突き破られた。三週間が経ち、その戦いは勝利に終わった！　ヒトラー主義者は疲れ果てていた。結局、彼らは手のほどこしようがないことに気づき、あきらめてしまった。このとき私は多くの活動家同志に会ったが、彼らは情熱で輝やいた瞳で、私にこう打ち明けた。

「驚くべきことです！　突き破られた鉤十字を街頭で見かけるたびに、我々は内面からわき上がる驚きに震えた。ここに同志がおり、積極的に活動し、実際に戦っているのだ！　と。」

このように任務は実行可能で、この闘争が勝利に終わることは予想できた。どこであれ始めることさえ出来れば、確かに勝利するだろう。したがって、踏み出すべき次の一歩は、この計画に我々の組織と指導者たちを引き込むことだった。それは不可能なことだろうか？　アイデアは単純であり、試行テストでは肯定的な結果が得られていた。一般の労働者はすぐにそれを理解し、共鳴してくれた。どうして指導者が賛同しないなどということがありえようか？　我々には強力な組織があり、そのネットワークはこの新たな武器をすぐに普及させ効果をあげることができるはずだ。私はそう確信して前進した。

私はまず社会主義者の同志たちに自らの企てと実験について説明することから始めた。この矢印を「鉄戦線」のシンボルとして採用することを我々は決めた。その間に、私はシンボルを三本の矢に変えた［**図5のa**］。その理由は、一つには繰り返しによって記号の効力が増すためであり、また一つには運動の集合的思想を強調するためである。「三本矢」のシンボルは、鉄戦線《アイゼルネ・フロント》で結ばれた三つの労働者組織（すなわち社会民主党、労働組合、スポーツ団体を傘下にもつ国旗団）の提携関係も非常にうまく表現していた。また、「三本矢」は、運動の三要素、すなわち政治的で知的な力、経済的な力、肉体的な力も象徴していた。さらに、この躍動的かつ攻撃的なシンボルは、政治闘争家に求められる三つの資質（活動、規律、団結）を思い起こさせた。フランス大革命の解放思想が自由、平等、友愛の表現を見出したのと同様である。

さらになお、「三本矢」の平行性は、「共通の敵に対してすべてが動員されなければならない」という統一戦線の思想に視覚的表現を与えていた。最後に言えば、三という数字は人間の生命、思考、個人生活であり、歴史の中で頻繁に出現するため、それは一種の「神聖な数字」となっている。それが潜在意識の領域に根付いている事実は、その心理的な有効性と大いに関係がある。

このシンボルは、子供でも描けるほど複製が簡単であり、破壊することができないという更なる長所を持っている。我々が行ったように、敵が我々のシンボルの上に自らのシンボルを重ね合わせることはできないのである。上書きされたとしても、やはり鉤十字が三本矢で打ち抜かれているように見えるからである。

図画シンボル

この政治闘争シンボルが他のすべてのものに勝る理由は、キリスト教の十字架に次いで最も単純であるという事実にある。最も馴染みのあるシンボルを複雑さが増す順に並べると、次のリストが得られる（**図4**も参照）。最も単純な十字架に次いで、三本矢、鉤十字、イスラムの三日月、そしてソビエトのシンボルであるハンマーと鎌、最後に来るのがより複雑なファスケス、さらにワシやライオンなどを描く帝国の紋章である。

こうした図形シンボルと並んで文字シンボルがあり、歴史上もっとも知られているのは、いたる所でローマ帝国の権威を称えたS.P.Q.R（元老院とローマ市民）であり、いまなおフランスで使われている大革命のR.F.（フランス共和国）である。しかしながら、こうした文字シンボルはただ国家を象徴するだけであり、その暗示力は国家の力に比例している。それは抽象的に過ぎて大衆の心を捉えることができず、単純な想像力では感情を喚起できないのが普通である。

一九三二年のドイツにおける政治闘争では、一連の多くのシンボルが行動や精神状態を生み出すものとして機能した。あるいは、科学用語を使えば、前章で学んだように、それらは多様な本能システムに由来する反射の条件刺激として作用した。主に第一［闘争］本能と第三［性欲］本能に関わる二つの原則は、ヒトラー主義者と社会主義者の間でのシンボル闘争、すなわち脅迫と嘲笑の合戦でも順守された。シンボルの形式は図画的、造形的、音響的であり、二つの原則はその各形式において確認できた。

脅迫に使う図形シンボルは、ヒトラー主義者が鉤十字であり、社会主義者が三本矢だった。これらはチョーク、鉛筆、木炭、絵具により壁、柵、街頭、乗り物などいたるところに複製された。それは垂れ幕や小さな紙旗、窓ガラス、プラカードにも描かれていた。またバッジとして身に着けられ、主要機関紙のフロントページと党機関誌の誌面にも絶えず載せられた。広告掲示板に、小冊子に、ラベルにも現れ、さらに舗道、すりガラスの窓の上、自動車や路面電車、列車のホコリっぽい車体にも描かれた。シンボルはいたるところで見出され、（ヒトラーが自らの運動のためにしたのと同じように）鉄戦線の存在を絶えず全住民に思い起こさせた。偉大な労働者組織の使命と強さを人々は思い出したのである。

嘲笑の図形シンボルは、嘲笑が政治闘争の命運を決するという事実に基づいていた。そのうちの一つは鉤十字の上に線描したヒトラーの似顔絵であり、それは三本矢で貫かれていた［図5のb］。

シンボル敬礼

ムソリーニとヒトラーのローマ式敬礼に相当する威圧的な造形シンボルとして、反ファシズム運動は拳を握って元気よく腕を上向きに伸ばす身振りを採用した。この身振りは威嚇の戦闘的精神を象徴しており、集団の敬礼、個人の敬礼、路上での敬礼、さらに厳粛な宣誓や分列行進の動作としても使えるように意図されていた。

これと対応する嘲笑を目的とする敬礼としては、古代ローマの「親指を下げる」しぐさがあった。剣闘士の戦いで打ち負かされた者に市民はそれで死を宣告した。それは、敵に対して「おまえは破滅する運命にある、おまえは弱い、我々が勝利する！」と示すことを意味した。街頭でナチ党員と遭遇するたびに、このしぐさが挑発的なヒトラー式敬礼への返答とされた。それは行進でもシュプレッヒコールでも、敵に対して侮蔑的な示威が必要とされる機会にはいつでも使われた。

音響シンボル

威嚇の音響シンボルとして、そしてナチの「ハイル・ヒトラー！」への言い返しとして、社会主義者たちは「フライハイト」（「自由」）の挨拶を採用した。この挨拶は政治的、社会的な自由および資本主義のくびきからの解放という、高尚な社会主義的理想を思い起こさせた。その発声には戦闘の身振りである、拳を上げる所作が組み合わされた。それは可能なかぎりあらゆる機会に街頭で実行された。三本矢のバッジを身に着けている男女はみな「フライハイト」のスローガンで互いに敬礼した。このシンボルの使用と効果をできるだけ早く広めるために、党員活動家は最も混雑する街頭や広場を、決められた時間に定期的に往来した。このプロパガンダを技術的に表現すれば「シンボル・プロムナード（象徴遊歩）」と呼べよう。

侮蔑的な音響シンボルとして使われたものに、ナチの「ハイル・ヒトラー！」Heil Hitler（ヒトラー万歳）をもじっ

図6：鉄戦線ステッカー。

た「ハイルト・ヒトラー！」Heilt Hitler（ヒトラーを癒《い》やせ）がある。その返答として叫ばれたのは、「彼はまもなく治《なお》されるだろう！」または「鉄戦線がすぐに彼を治《なお》すだろう！」だった。同様に「ハイル・ヒトラー」と壁に書かれていると、「t」が付け足された。このようにヒトラーの敬礼は滑稽化され、威嚇的なシンボルとしての効力を失った。

最終的に、シンボルの心理的効果は二つの原理を組み合わせることによって格段の向上が可能となる。鉄戦線が使用した小さな象徴的イラスト［**図6**］はドイツで大成功を収め、何百万回も複製された。それは、ヒトラーの頭をもって靴を履いた鉤十字が、三本矢に追われて逃げているイラストである。ナチも対抗して、三本矢を三本の傘に描き直した［**図8**］。よく似た先例としては、パリ市民がよく行った「Vive le roi（国王万歳）！」から「Vive le rôti（焼肉万歳）！」への改変がある。

神話

シンボルは一般的に思想や教義を瞬時に呼び起こす表象と考えられている。つまり、思想をめぐる暗示によって人々を集める、ほとんど自動化された記号である。しかし、思想や教義とは、人間活動を刺激して特定の方向に導くために、人間が創出したものである。それはパブロフが「目的反射」と呼んだ要素を常に含んでいる。人間が目的を追求する理由は、現状に満足していないからである。もっと魅力的なものを探し求めているのであり、これが達成できなければ、人間は「青い鳥」という理想を生み出す。これが神話の起源であり、政治と神話は密接な接点を持っている。

神話の特徴をなす要素には、ロジェ・カイヨワが近著『神話と人間』〔一九三八年〕で「社会の恩恵を受け、社会に貢献する」と適切に述べているような、集団的かつ社会的な傾向がある[25]。カイヨワはこの問題を極めて明解に定式化しているので、それをここで引用するのは有益だろう。

神話のいわゆる「神経支配」は、本質において情動的なものであり、私たちを原初的生活規範からあちこちで始まる根源的闘争に引き戻す。神話は魅力を感じる行為のイメージを意識の中に具現化する。……神話は集団に帰属するもので、その共同体の存在を正当化し、持続し、そして力づける。共同体とは、民族でも、職能団体でも、秘密結社でもよい。

この例示に追加するものがあるとすれば、特に大衆的な宗教運動あるいは政治運動だろう。しかし、この定式は根本的な問題を提起する。人間を神話の創造に必然的に導く情動とは何なのか？　それに対するカイヨワの回答は大いに示唆的である。

個人は文明との心理的葛藤の犠牲者である。これらの葛藤が生じる原因は社会構造そのものにあり、また原初的欲求を押さえつける抑圧にある。個人がこうした葛藤から抜け出せるのは、社会によって糾弾される振舞いをするときのみである。そのため、個人は禁忌行為に直面して身動きがとれなくなり、その実行を英雄に任せてしまう。英雄とは、神話に支配された状況から、幸福であれ不幸であれ、出口を見出す人間と定義できる。社会的禁制による葛藤に苦しみ、そこから逃げることができない個人は、英雄に自らの行為を代行させる。したがって、英雄とは禁制を破る人間である。

儀式

とはいえ、英雄との仮想的な自己同一化、空想上の達成によって個人が常に満足できるわけではない。個人は行為を必要とし、現実の自己同一性、行動による充足を求める。神話は行為の機能的等価物にすぎない。まさにこの理由のために、私たちは神話が常にシンボルを利用していることを理解する。シンボルは落ち込んだ精神状態を苦もなく回復させるからである。このシンボルは、時として儀式、すなわち象徴的な現実行動の形をとることがある。それは多かれ少なかれ幻想ではあるが、個々人が最終的に願望を実現するという感覚をもたらしてくれる。「儀式は個人を自ら神話に導くのである。」

儀式が社会生活の中で存在する限り、神話も存続し、人間にその威力を及ぼす可能性がある。しかし、儀式が行われなくなると、神話もそれとともに消えていく。そのとき神話は文学の対象となる、とカイヨワは言う。古代神話にいま起こっていることである。

後述するように、儀式は古代において宗教行為だけでなく、私生活や政治生活においても並外れた役割を果たしていた。儀式はしばしば公的な競技会として定期的に開催された。その祭事から次の祭事までの間は、そうした気分や性向は行動の自由を制約する法律や社会規範によって禁止されていた。儀式はそれを自由に発散させる機会を人々に提供した。こうした儀式は集団的な脱抑制、公認された不謹慎を具現化するものであり、それによって各人は自らの劇化を体感し、自ら神話の英雄となった。なぜなら、儀式は神話を現実のものとし、神話に生命を与えるものだからである[25]。フロイトは祝祭を「厳粛なる禁忌侵犯」と評している。

実際、大衆の情動を意図的に悪用する運動、少なくとも自らの願望を象徴的に実現しようとする政治運動は、神話を作り出そうとしたり、あらゆる儀式的性格を持つ壮大な祭典の大いなる利用を試みる。例えばパリでは、大戦後ほぼ至る所に広まった「無名戦士」崇拝の団体が、凱旋門への巡礼、聖火拝礼、ルトンド［第一次大戦休戦協定の締結地］・マラソンなどの儀式を創出してきた。

しかし、こうした方法に頼ったのは、とりわけファシストやヒトラー主義者の運動であり、ニュルンベルクやその他の場所での軍事力を誇示するイベントは、その参加者の高揚感が野蛮な部族の饗宴に近いものになっていることを具体的に示している。野蛮な精神は変化せず残っており、ただ近代的組織と「ロボット」的規律が大きな役割を果たしている点だけが異なる。カイヨワはジョン・モファット・メックリン〔『KKK—アメリカの精神の研究』一九二四年〕を引用して、ヒトラーとアメリカの準ファシスト団体クー・クラックス・クランの祭典の類似点を跡づけている。「懲罰の儀式は、下位にある人間が自分も権力を持っており、恐怖を作り出しているとごくわずかの間でも実感するときに露呈する短期間の自己陶酔をメンバーにもたらすことを目的としている。」[25]

ここでも、こうした事例で特に第一（闘争）本能が利用されていることが確認できる。さらに、宗教的崇拝の基礎である第二（食欲）本能も、すでに見たように、一般に神話が成長し繁栄する基質である。とはいえ、神話において神秘的要素と魔術的要素の二つを区別することは可能である。つまり、宗教では特に神秘主義的要素が支配的であるのに対して、暴力への志向に基づく儀式では、征服の姿勢、すなわち「権力への意志」を伴う魔術的要素が支配的だ、と認められる。鉤十字のような図画的シンボル、呪いや魔除けの文句・仕草を想起させる音響的あるいは造形的なシンボルは、形式として明らかに魔術に関係している。

おそらく次のように反論する人がいるだろう。合理化がいたるところで押し進められ、実証的科学が絶え間なく自然法則を解明している現代において、魔術や神話の影響力について論じるのは奇妙なことである、と。ここで見た人類と文明の危険は、空想上のものか、少なくとも誇張されたものだと、私たちは考えたくなるかもしれない。それに対しては、これまで客観的な生物心理学のデータに基づいて人間行動の法則について述べてきたこととは別に、ロジェ・カイヨワ[25]の以下の引用をもって答えることができよう。神話哲学の研究者であるカイヨワは、この危険がもはや存在しないなどとは考えない。

本能の潜在性（とカイヨワは書く）は消滅してしまわなかった。それは迫害され追放されても、いまだに夢想家のイマジネーションを満たし、時として法廷や精神病院の保護壁付き病室を、気弱で中途半端で反抗的な尊大さで満たしている。彼らがやがて――心に留めておけ！――最高権力をめざす者として台頭するかもしれない。彼らが権力を掌握するかもしれない。時代は彼らを後押ししている。屈辱の神話から勝利の神話への道程は、思いほのか短いかもしれない。彼らが必要としているのは［神話の］社会化だけである。いま政治において超克体験や世界観《ヴェルトアンシャウウング》が軽々しく語られ、情動的暴力の根源的形式が奨励され賞賛され、ついには象徴や儀式へ人々が傾倒するのを見るとき、神話の社会化が不可能だといったい誰が主張するだろうか？

ここで問題とされている、神話や儀式の暴力的で非社会的な社会化と、すでに進行している社会化のプロセスの危険性についてては、反駁できない実例と証拠を示しつつ後述したい。加えて、精神的レイプで実用される武器に対抗して、それに劣らず現実的で効果的な武器で応じることによって、人類を奈落に引きずり込もうとする不可解な力を克服する行動の可能性についても述べたい。というのは、私たちの運命がかかる決戦において、心に刻むべき原則は、次の一文だからである。

毒ガスに聖人の図像や祈禱で対抗しようとすることは、自殺の一形態にすぎない。

宗教的崇拝

神話とシンボル利用は、こうした実践が特に顕著である民衆運動の形式の考察に私たちを導くことになる。それは何世紀にもわたって使われており、その継続が示す有効性を分析する機会を与えてくれる。まず、宗教運動とその崇拝形式に目を向けてみよう。これを政治プロパガンダの問題と関連づけて考えるのにはもっともな理由がある。なぜなら、それは絶えず増加する信者を引きつけ、同調させようとする大規模な運動であり、その目的はあらゆる政治運動と同じだからである。さらに、宗教は過去の歴史上、完全に政治的役割を果たしており、今日でもいくつかの国ではそうである。宗教運動を食欲本能や闘争本能に基づく運動と区別する唯一の点は、それが他の本能に基礎を持つ可能性である。たとえば、キリスト教道徳は、母性本能に基づくものであるが、それは憐れみと慈悲によって導かれているためである。すでに述べたように、多くの宗教儀式は食欲本能に基づいていると見なすことができる。

教会が感性的なプロパガンダで採用している形式の根底にある原理は、政治運動の場合と全く同じである。たとえば、そのシンボルを考えてみよう。十字架は図画的シンボルとしては、ヒトラー主義者の鉤十字や共産主義者のハンマーや鎌とほぼ同様に作用する。しかし、それには誰でも簡単に複製できるという大きな優位性がある。また、国民社会主義やヒトラーの「理論」とは何ら本質的な関連性をもたない鉤十字の場合とは違って、教会のシンボルの含意は一目瞭然である。鉤十字は単純だから複製が容易であるという正当な宣伝上の理由だけでヒトラーによって採用されたものである。たとえば有名なデンマークの［王冠の商標を使う］カールスバーグ醸造所ではずっと前からそうであったように、ヒトラーにとって鉤十字は単なる商標にすぎない。彼は『わが闘争』で、鉤十字を採用した経緯や理由を長々と説明しているが、こうしたその場しのぎの議論には誰もだまされたりはしない。共産主義のシンボルであるハンマーと鎌は、人間的視点から見れば、はるかに精巧に出来ている。そして、それらが労働の道具であることは見た目にも理解しやすく、プロレタリア国家の建設的な思想を正確に表現している。とはいえ、十字架に比べて複雑で描きにくいという欠点があり、それが普及の妨げとなっている。

もう一つのキリスト教シンボルである、信者が額と肩の上で切る十字のしぐさは、ムソリーニおよび（他人のアイデアをまねるだけの）ヒトラーのローマ式敬礼や、反ファシストの引き上げた拳の挨拶に対応する。教会はまた、ファシストの「ドゥーチェ［統領］」や「ハイル・ヒトラー」、またドイツ社会主義者の「フライハイト［自由］」に相当する音響シンボルも使っている。「アーメン」、「アレルヤ」、ギリシャ教会の「キリー・エリソン」、ロシア正教会の「クリストス・ヴォスクレス」（キリストの復活）などがその例である。

他のシンボルとしては、あらゆる時代の野蛮な部族のトーテムがある。それが彼らの宗教的信念の不変の象徴であることは、フロイトたちによって研究されてきた。現代の宗教でも儀式には、集団祈禱、聖歌、典礼、秘跡など様々な形のシンボルがある。行列、説教、それ以外にも人々の魂に影響を与える多くの方法が、指導者、すなわち聖職者が定めたコースに人々の行動を方向づけるために用いられている。

こうした宗教的実践は本質的にプロパガンダ一般、特に政治プロパガンダと同じである。この類似性は、実に明白である。政治プロパガンダと同じ原理に基づく方法を使った新手の宗教運動もある。それが特殊なのは、イデオロギー的には母性（第四）本能の上に構築されているが、そのプロパガンダは第一（闘争）本能に基づいているためである。救世軍がこれである。その位階制は、「将軍」「大佐」など軍事的異教化のモデルを忠実に模しており、制服・太鼓・行進が重要な役割を果たしている。

ジャーナリズム

現代の政治的プロパガンダを論じる前に、それと密接に関連した活動、すなわちジャーナリストの職業について少し述べておこう。ジャーナリストも「魂のエンジニア」である。彼は演奏する楽器――人間の本能の最深部から理想化の極限まで鍵盤全体――について完璧な知識を必要としている。また、大勢の人々の間で既得の条件反射を行動に移させる能力を必要としている。すなわち、ある条件反射は抑制し、別のものは排除し、さらに新しいものを創出し、こうした操作によって大衆を行動へ駆り立てる能力である。この目的のために、ジャーナリストは驚異的な装置である、新聞を持っている。だが、今日の新聞は、かつてと比べ桁違いの技術力を有しているものの、その影響力は低下しつつある。フランス大革命において、新聞は政治プロパガンダの機関として極めて重要な役割を演じ、一九世紀から二〇世紀初めにかけて絶頂期を迎えた。しかし、第一次世界大戦以降、政治の民主化が進展し、暗示による民衆感化の手法がプロパガンダ兵器として実用化され、ラジオ放送が広汎に普及したため、新聞の重要性は副次的なものになった。一九三八年九月の［ズデーテン］危機を思い起こせば十分だろう。この危機では、何百万人もの人々が昼夜を問わずラジオ放送に耳を傾けていた。もちろん、ラジオが新聞より早くニュースを聴衆に届けることができたからである。さらに新聞の多様性、その商業的性格から来るあまりに露骨な競争、しばしば二十頁を超える紙面の膨張、そのいずれもが現代人が求めている迅速な情報への障害となっており、これらが現代新聞の影響力がいくらか低下した原因である。それでもなお新聞は政治プロパガンダの重要な要素である。

一般的に言えば、政治新聞は理性に訴える。読者が関心をもつ事件の情報や、時事問題を解き明かす記事形式の論評を提供するからである。しかし、新聞は読者の感情に訴える手段も持っており、たいていはそれを利用している。多少とも傾向的な報道によって、特定の感性を生みだし、あるいは相応しい言葉づかいや編集によって感情に働きかける。この結果、新聞は自らの目的やそれが代表する集団の目的を達成するため、そこに方向付ける条件反射を作り出している。内容を整理したり、標語やシンボルの形式で見出しをつけたりすることでも、ある感情状態を生み出すことはできる。今日、人々はしばしばその日のうちに新聞を読めないほど忙しくしている。人々は見出しを一目見て満足するので、二、三の単語で志向性、精神状態、傾向に影響を与えることができる。日刊の政治新聞、とりわけ政党機関紙が闘争本能に基づいて発行されていることは言うまでもないだろう。その論争的な記事は、特に闘争本能を満たす機会を提供する。

ここで考察したジャーナリズム活動の可能性は、思想や感情を非常に迅速に伝える写真によっても後押しされるだろう。写真は、狙い通りの精神状態を喚起するために極めて有効な手段である。適切に組織化された編集部が絶えず心がけているのは、情報や写真をファイルに蓄積することであり、必要な素材がいつでも素早く用意できるように分類することである。

政治プロパガンダの鉄則

こうしたこと全ての詳細な例をあげる前に、現代政治プロパガンダの実用的原理について考えてみよう。それは前章までの理論的考察から導かれる結論であり、今日の生物学データに基づいている。現代に特徴的な大規模な大衆運動は、選挙投票や国民投票、あるいは公開デモや革命騒乱での行動に具体的な表現を見出すことができる。その行動は大衆を構成する各個人が慎重に熟議した結果ではなく、古典的な心理学用語で「意志的《ヴォリショナル》」と呼ばれる生理学的な神経プロセスの結果であり、プロパガンダやデマゴジー、あるいはむしろ「精神教育《サイカゴジー》」として知られている方法によって、外部から加えられたエネルギーで意図的に造り出されたものである。

このことは人権宣言の原理から生まれた真の民主主義体制、ならびに、開放的というより疑似民主主義的である現代の独裁体制にも当てはまる。こうした独裁政権もまた大衆の支持に依存しているが、大衆は巧妙に管理されており、自らの死活的利害について欺かれている。つまり、彼らは精神的にレイプされているのである。

実験と統計で支持されている現代の生物学理論によれば、右に述べたように、大衆中の多少とも意識的・能動的な分子と、暗示の影響を受けやすい、残りの受動的な分子は、十対一の割合となる。ドイツとイタリアで民主主義運動がファシズムに敗北したのは、この重大な事実を認めなかったからである。当然のことながら、この二つのグループには、宣伝家の視点から見て、別々の対応が必要である。前者は説得によって動かせるし、動かすべきである。残りの人々は、彼らの特殊な感受性に留意することで、服従させ、順応させる必要がある。それには最大限に慎重な研究が必要となる。民主的な政治家たちには、この重要性を過小評価する傾向がある。プロパガンダは「良識」に訴えるだけでよいという主張をよく耳にするが、これ以上にひどい間違いも、これ以上に破滅的な間違いもない。政治プロパガンダは正確な科学であり、集団応用心理学の学問分野に属している。次章では、説得的プロパガンダと感性的プロパガンダがとりうる形態を扱うことにする。ここでは、それを支配するいくつかの一般的な理論的法則を指摘することにとどめておこう。

こうした法則の理解を深めるためには、民主主義体制下にある大半の政党、とりわけ社会主義政党の政治活動の基盤であるプロパガンダ方法の批判から始めることが役立つだろう。その「古典的」方法は科学的データと明らかに矛盾している。

社会主義政党のプロパガンダはしばしば物悲しい形式をとり、敵陣の残虐行為に異議を申し立て、その攻撃性を非難し、わかりやすく言えばその大胆さと強さについて長々と愚痴を言う。これが下手な戦術なのは、無意識であれ敵対者に奉仕しているからである。これは「遡及的効果がある脅迫」または「反響による威嚇」と呼びうる原則なのである。

民主主義的プロパガンダはしばしばアイロニーの使用に走りすぎており、実際に必要とされているのが戦闘的行動であり、自らの強さの誇示であるときでさえ、敵対者をあざ笑うだけである。その宣伝はあまりも教条主義的、あまりにも抽象的であることが多く、大衆が退屈で面白みがないと感じる形式をとる。その活動は気まぐれであり、直感のみによって、しかも多くは誤った直感によって導かれている。また、そこには体系性や協調性も欠けている。結果として、非常に乏しい成果のために大変な努力が払われているようだ。最後に、これは極めて深刻な問題だが、その取り組みはしばしば遅く、そのため最後の瞬間の事件対処に局限されてしまう。

暗示の原理に基づいたプロパガンダでさえ、各人が同じように反応したかのように考えて行動するという過ちが繰り返されている。現実には、さまざまな住民集団の心性は非常に多様であり、それに応じて合理的プロパガンダは差別化されなければならない。

また、あたかも商品広告の問題にすぎないかのごとく、幸福の決まり文句やシンボルやスローガンを並べさえすれば、それだけで成功が保証されていると想像する人も少なくない。合理的なプロパガンダで最も重要なのは計画の立案であるということが忘れられているのだ。

その計画には以下の要素が含まれていなければならない。

(a) 影響を受ける人々の集団間の差別化。
(b) 各集団ごとの内部で達成されるべき心理的目標の決定。
(c) この目標のために活動を遂行する機関の創出。
(d) この機関によるプロパガンダ活動の形式の創出。
(e) この活動の時間的・空間的な配分（キャンペーン計画の作成）。
(f) これら諸活動の調整。
(g) キャンペーンの監察。より正確に言えば、その準備、実施、結果の指導監督。

あらゆる合理的プロパガンダの成否は、比較的少ない、明確で簡潔な公式にかかっている。まず、大衆を過度に影響を受けやすい心理状態にした後、大衆の頭の中に公式を叩き込む必要がある。これこそパブロフの条件反射生成の原理である。また別の要件として、各地でのプロパガンダの統一性と同時性が確保されるべきであり、大規模キャンペーンには中央集権的な指導が求められる。良いプロパガンダのもう一つの要件は、それが真に芸術的な形式で行われるべきであるということだ。陳腐な決まり文句は禁止されなければならない。残念ながら、大衆に示すのは下品で美的価値のない、単純な代物でよいという思い込みはかなり広まっている。だが、プロパガンダの道徳的基盤は放棄されてはならない。こうした感受性においても民衆の方が宣伝家よりも合理的であることは少なくない。

政治闘争は決して中断されず、プロパガンダは飽くなきものでなければならない。ヒトラーはこれを理解していた。彼はプロパガンダを選挙期間だけに限定することはなかった。彼はプロパガンダを休む間もなく行ったが、ヒトラーの敵対者たちはときおり目を覚ましたにすぎなかった。選挙運動の間でさえ、彼らの多くは自称「休養」のための休日を歓迎していた。しかし実際の目的は、うんざりしている闘争から抜け出して、ブルジョア的な習慣にふけるためであった。

すでに述べてきたし、後でよりはっきりと述べるつもりだが、ヒトラーは闘争本能への大衆暗示に基づいたプロパガンダにおいて、肉体的暴力の裏付けをもつ精神的暴力を使っていた。彼はそれを『わが闘争』で認めている[31]。「毅然とした無法者は、正直者の政治活動を常に妨げることができる。」彼はこの法則を実行に移した。一九三一年から翌年にかけて、彼の突撃隊は暴力を行使して、反対陣営が地方で集会を催すことを不可能にした。ヒトラーによれば、「一度この道を歩み始めたら、暴力と寛容の間で揺れ動くことなく、一貫して暴力の行使を追求することが不可欠なのだ。」[32]

ヒトラーとムソリーニのプロパガンダのもう一つの法則は、誇張の使用である。例えば、ゲッベルスはベルリンの突撃隊が本当は三千人[32]であったとき、一万人の隊員数を公表していた。彼と昵懇の協力者［第三帝国放送協会会長］オイゲン・ハダモフスキーはこの誇張を公然と推奨している。「我々は本当の兵力、さらにそれ以上の兵力を示さねばならない。兵力誇示のプロパガンダは、もし上手く計算されていれば、特に海外には強い印象を与え、決定的な結果をもたらすものだ。」[32] 当然のことだが、ヒトラーの敵対者は自分たちが何に対処しなければならないかを知るべきであり、幻想を抱くべきではないのである。

すでに強調したように、プロパガンダは融通の利かない計画で実行されるべきではなく、訴える対象領域に応じて差異化されていなければならない。ヒトラーは特別に組織された突撃隊をプロパガンダに投入し、農村地域にやすやすと浸透し、テロリズムによって農民の支持を取り付けることができた。また、他の諸政党が農村地域をほとんど無視していたので、ヒトラーは農村地域を独占できた。一九三二年の『ドイツ共和国』［国旗団機関誌］に掲載された論文で、ジークフリート・ヘクスター［社会主義学生同盟議長］は農村地域におけるプロパガンダ問題を分析し、主要地域を二つに区分していた。一つは交通の幹線が交差している地域で「混合地帯」と名付けられた。もう一つは、農民がより均質的な住民層を形成している地域で、ヒトラーの思想が浸透しやすかった。したがって、ヘクスターは闘争本能に基づく大衆プロパガンダの攻撃的方法を、第一の（混合）地帯で採用すべきだと考えていた。それは一九三二年に社会主義者が三本矢のシンボルをつけて活動を始めたとき、反ヒトラー運動の宣伝効果が証明されたような方法である。第二の地帯では、宣伝方法は農民の環境と精神状態に応じて修正されねばならない。すなわち、巡回販売員や保険勧誘員がするように、しばしば個々人の人柄に応じて細かく対応しなくてはならない。

政治プロパガンダを差異化したもう一つの例として、ドイツで鉄戦線がプロパガンダ目的でプロイセン州を三つの地域に色分けしようとした試みがある。西部は主に共和主義的な心情をもつ住民が主流である一方、北東部はプロイセンの反動主義者がその思想を住民に押しつけており、南東部は社会主義と共産主義の傾向が比較的に強かった。その計画は次のように考えられていた。四つの基本的本能に基づく要素は、もちろん、あらゆる場所ではっきりと示されていなければならない。プロパガンダでは幸福欲求や快活な人生観［第三本能］ばかりでなく、経済的関心［第二本能］、闘争的関心［第一本能］、知的関心［第四本能］も考慮しなければならない。しかし、反動的な北東部では、プロパガンダは特に闘争と威嚇の要素で構成されなければならない。工業地帯である南東部では経済的議論が優先されなければならず、西部では既存の優位性を保持する欲求、安全に対する欲求、さらに知的な熟慮に向けてプロパガンダを展開しなければならない。第三（性欲）本能と第四（母性）本能は南部と西部で、第一（闘争）本能と第二（食欲）本能は北部と東部で優先されねばならないのである。

すでに述べたように、合理的プロパガンダはそれを継続する実行組織が十分に整えられていることを前提としている。最近の歴史は、手ごわいプロパガンダ組織として三つの例を示している。第一次大戦争中のノースクリフ卿の戦争宣伝局、ロシア内戦中の宣伝機関、第三帝国の宣伝省である。これらについては後で詳しく論じるとし、ここでは現代のプロパガンダ組織の問題に影響を与える一般法則を指摘するだけにしておきたい。その第一は、採用した手段の実施状況とその範囲を綿密に監察することである。これ以上に重要なことはないのだが、今日しばしば見落とされている。その効果を見守り、最大限の客観性をもって決定し、可能な限り明確に記録し、その後の実践活動でその知見に従うことが常に求められている。これはプロパガンダの内容についても当てはまる。実施された活動と得られた結果は、地図、図表、一覧表を用いた現代的方法で記録されなければならない。それはロシア内戦時の「政治気象学」に相当する方法であり、事件の調査を容易にし、その機能的関係を確定するために、この特別な政治地図は使用された。

プロパガンダを合理的に組織化するためには、情報や報道事業《プレス》などの集中化が必要である。プロパガンダが期待通りの結果を出すためには、状況が完全に把握されていなければならないからである。政治キャンペーンを立案し指揮する参謀部なくして、成功が実質的に保証されることはありえない。参謀部を欠いた場当たり的な手法が失敗の原因と見なされることは少なくない。宣伝キャンペーンが一夜漬けで作成され、その場しのぎの委員会が組織され、すべてが絶望的な重荷を負わされた一人の大臣に任されていることを、私たちはどれほど頻繁に目にしてきたことだろうか。

プロパガンダには専門家や煽動家などのスタッフが必要であり、彼らはプロパガンダ講座によって養成される必要がある。ヒトラーはこのことをよく理解し、宣伝衝撃旅団として彼の突撃隊を統一的に編成した。これこそ彼を実際に権力の座に押し上げた一団である。だが、闘争的な宣伝家が動員され、定められた瞬間に論争に投入されるとすれば、彼らに具体的な指示を与えて、その熱意を呼び起こさねばならない。プロパガンダの合理的システムにおいては、活動家を指導し激励する特別集会がこのために催される。ドイツの実践例は、これが政治キャンペーンを素早く組織する最良の手段であることを示した。

もちろん、財源はプロパガンダで重要な役割を果たしているが、多額の支出がなければ効果的プロパガンダができないということは決して真実ではない。効果的な政治キャンペーンはほとんどお金を使わずに行われてきた。その秘訣は、行動を合理化すること、そして大衆の熱意を心理的に動員する可能性にある。一般的に、シンボルを用いた大衆プロパガンダのための資金は街頭に埋もれているとさえ言えるだろう。資金はただ探し出され、集められさえすればよいのである。たとえば、一九三二年に鉄戦線がヒトラーに対して勝利したヘッセン州では、プロパガ

表3

都市	宣伝開始	選挙までの日数	投票獲得数
オッフェンバッハ	5月25日	25日	3300
ダルムシュタット	5月27日	23日	1500
マインツ	5月30日	20日	1300
ウォルムス	6月 6日	13日	600

ンダの資金は、バッジ販売から得た収入だけでまかなった。プロパガンダが自らの財源をその活動により捻出できることは、堅実な原則である。

ここで分析し記述したようなプロパガンダは、確実な成功を保証するといってもよいほどである。それを示すのは、ヒトラーのプロパガンダがもたらした恐るべき結果であり、また特に一九三二年にヘッセン州で行われた政治実験でもある。この実験は、研究室における厳密さで実施された。後に［第七章で］詳しく述べるヘッセン州選挙では、鉄戦線の新しいプロパガンダ方法が四つの都市、オッフェンバッハ、ダルムシュタット、マインツ、ウォルムスで採用された。五番目のギーセンでは、社会民主党の古い方法が再び用いられた。先に挙げた四都市においてヒトラーは敗北し、五番目のギーセンで勝利した。以下の数字（**表3**）は、注目に値する。

選挙は六月十九日に実施されたが、得票結果はプロパガンダ期間の長さに応じたものであったことがわかるだろう。このことは、大衆の反応が完全に管理できることをはっきり示している。これこそまさしく、ヒトラーの秘訣なのだ。

だとすれば、いわゆる「報道と宣伝の自由」に関する先入観に大いなる疑念がわくのは当然である。ヒトラーが共和国を破壊したのは、ドイツ共和国の法律で彼に保障されたこの自由を悪用したからにすぎない。中毒は、人間社会の法律で罰せられる犯罪である。民主主義国家では大衆の投票ですべてが決定されるが、その大衆がまさしく生理学的な意味で現実に「精神的中毒」に陥る可能性がある。その事実に私たちは気づいたのである。もしこの中毒に対して理性に訴え、説得的プロパガンダで中毒、すなわち「心理的レイプ」に立ちむかうだけで十分だと考えるのなら、結局のところ「心理的レイプ」

は危険な幻想だという主張に同意しなければならないはずだ。

だが、憲法上の自由を保障する唯一の方法は、プロパガンダ組織によって精神的免疫を付与するシステムを提供することなのである。いまや本当に麻酔作用があることが明らかにされた精神生理学的活動によって民衆の魂をレイプしようとするいかなる企《たくら》みに対しても、こうしたプロパガンダ組織は直《す》ぐに心理的防御の態勢を取り、効果的な手当を保証することになるだろう。

第五章——過去の政治プロパガンダ

古代

政治プロパガンダは、実のところ政治そのものと同じくらい古い。太古において、部族の長たちが自らの意志を臣民に押し付けるとき、その命令を言葉や身振りという合図で伝えた。これは決まった意味があり、激励であったり不服従に対する懲罰の脅迫を伴ったりしていた。このように政治は続けられてきた。集まった人々への熱弁、街路上や公共建造物内での議論、壁面の碑文、寺院や宮殿のペディメント〔古代建築に特徴的な三角形の切妻〕に刻まれた文字や文章、儀式や典礼、あらゆる種類の記章、旗、花、シンボルを伴った行列、こうした行列または軍隊行進で伴奏される音楽、その兵士が身にまとう制服や装飾など、すべては何千年とは言わないまでも、何世紀にもわたって存在してきたプロパガンダ以外の何ものでもなく、そのほとんどは政治的なものである。この種の現象は、最も野蛮で原始的な民族にも見出される。

もちろん、古代民族の中で最も進んだものが、以上の点について有益な多くの遺物をかなり残している。それを見る限り、これまで基本的な政治プロパガンダとして明確に示した原則が適用されていることが完全に裏付けられる。ここでは、エジプト、ギリシャ、ローマの歴史からいくつかの例を引用するにとどめよう。エジプトのファラオの墓に刻まれたその碑文と表象は、数千年前のエジプトにおける私的および公的生活——特に宗教的儀式と葬儀について——の詳細を伝えている。それはシンボルと神話（換言すれば、大衆の想像力に影響を与え、その行動を決定する手段）が古代にどれほど利用されていたかを示している。

ギリシャ

特にギリシャとローマでは、こうしたシンボルと神話の利用が文明の到達段階に応じて発展を遂げた。行動の形態はその基礎をなす根源的本能に応じて異なるという原理はすでに述べた。この原理からすれば、太陽と自然美の国であり、芸術が最も調和のとれた表現を得たギリシャにおいて、こうした表現行為を支配していたのは、特に第三（性欲）本能の展開であったと断じてよいだろう。それゆえ、宗教的な行列や儀式のように、当時は政治生活と密接に結びついていた集団的で公的な生活の情動形態は、乱痴気騒ぎの様相をおびていた。ディオニュソス崇拝の祝祭を例に挙げれば説得力があるだろう。ファルス（男根像）などを担いだ行列では、シンボル、恍惚感の表現、バーレスク（風刺劇）の要素が重要な役割を果たしていた。エレウシスの秘儀は民衆の間で大流行したが、その正確な意義はもはや忘れられているものの、民衆心性に強い影響を与え、政治と結びついていた。またアテナイ人が政治家やその行動を揶揄する風刺を好んだこともよく知られている。

より明確に政治的性格を有する壮大なデモンストレーションであり、現代の独裁者たちがお気に入りのスペクタクルと多くの共通点を持つものの一つが、歴史家によって解説されている[33]。それはアレクサンダー大王がペルシャのスサで開催した大祭典である。オリンポスの神々や東洋の野蛮な神々のために祭壇が設けられ、膨大な群衆を前に東洋と西洋の融和を表象する祭祀が挙行された。両民族の若いカップルが荘厳にして華やかな結婚式を挙げた。

実用的な政治生活、共同体に影響を及ぼす公共的営みの形態については、集会、特にアゴラ［民会が催される広場］が著しく発展したことが知られている。市民の投票に影響を及ぼすために「理性への訴え」が試みられたことを示す確かな証拠がある。特に説得による宣伝術と雄弁術が洗練され、実際、雄弁術の諸流派が存在していた。政治プロパガンダの因子として第一（闘争）本能を用いることは、ギリシャではあまり高く評価されなかった。

それは主に実際の戦争で使われていた。戦闘の雄叫びである「アララ！」は戦場での心理的刺激として用いられ、味方の戦闘意欲と士気を高め、敵に恐怖を吹き込んだ。しかし、この種の示威方法の多様性（軍制の進化に応じた軍服、軍旗、および外部規律）は、たとえばローマほどには発展していなかった。

ローマ

ローマでは外交や内政を左右する心理的因子として、武威の表出に最大の関心が払われたと言ってよかろう。この点で、軍事分野での心理学的因子は十分に尊重されていた。ローマ人は立派な軍服、軍旗、鷲の表象、隊旗、軍歌などを最大限に重視した。ローマ軍の指揮における特徴的要素は、当たるを幸いなぎ倒して進む、圧倒的で、不吉な、恐るべき集団的な戦争機械のような外観をその軍団に与えように気を配っていたことである。古代ローマ、特に帝政ローマにおいて、ドイツ軍国主義の本質であるルーデンドルフ「原則《ドクトリン》」の予兆を見て取ることも可能だろう。それはムソリーニがイタリアに植え込もうと努めて徒労に終わったものである。敵に猛烈な恐怖を与え、どんな動きも脅威たらしめること、これこそローマ軍の指導理念であった。

鬨の声、すなわち戦闘の雄叫びの使用は、ローマ人の間で広まっていた。彼らは襲撃の瞬間に、トランペットを吹き鳴らすとともにこの喊声《かんせい》をあげた。指導者は、その戦闘の勝算までも、ときの声の強度と様相によって予測した。叫び声にためらいや不協和音があったとすれば、それは不吉な予兆を示していた。後にローマ人は「バルディトゥス」と呼ばれたチュートン族の喊声を採用した。タキトゥスの叙述によれば、それは騒々しい音の爆発であり、盾を口に押しつけることで一層長く響き渡った。アンミアヌス・マルケリヌス［ローマ帝国の軍人にして『歴史』の著者］はこう記述している。「この恐るべき叫び声は、ほとんど聞き取れない小声から始まり、どんどん大きくなり、最後には岩に砕ける波のような咆哮となった。この叫び声は兵士に激しい興奮を引き起こした。」[34]

ローマ軍が行った最も強力な群衆への心理的操作の形態は、大勝利の後に軍団指揮官に許された「凱旋式」にあった。興味深いことに、その凱旋行列の構造は大勢の見物人への心理的影響の観点からすれば、今日見られるものよりもはるかに合理的であった。こうした現代の行列については、一九三二年のドイツにおけるヒトラーの選挙運動に関連して後章で詳しく述べるが、ここでローマでの凱旋行列を比較のために取り上げる意味はあるであろう(34)。

凱旋式は勝利した将軍に対する最高の褒美だった。行列の進路に沿って街頭と広場が花で飾られ、通過する神殿は開け放たれ、すべての祭壇で香が焚かれた。行列の先頭には元老院議員と高官が並び、トランペット隊がつづき熱狂を醸し出す雰囲気を作った。さらに被征服者から奪った戦利品が馬車で運ばれた。黄金の冠や勝利を祝福する多様なシンボルが続いたが、そこにはしばしば渡河や攻略などの場面が彫刻で再現されていた。紀元前四十五年のシーザーの凱旋式では、ある種のプラカードが掲げられていた。そこには彼が元老院に早い勝利を報告した有名な台詞、「来た、見た、勝った」が書かれていた。それに続いて生贄として供せられるものが来た。花やリボンで包まれた、角を鍍金された白い雄牛、さらに重要な囚人たちである。彼らは鎖につながれたり、首にロープが巻かれたりしており、カピトリヌスの丘のふもとに着くとすぐに処刑された。それから、大勢の捕虜と人質が来た。そして将軍を護衛するリクトルが紫色の外衣を着て現れるが、同じ紫色でそろえた香炉の捧持者を従えていた。そこから情熱的な香料の匂いが発散されていた。これに続くのが歌い手やキタラー（竪琴）やフルートの奏者である。

また、群衆を楽しませるためにカーニバルの要素も用意されていた。アッピアの記録によると、スキピオの凱旋式の音楽隊には道化師がいて、くるぶしまで届く外衣を着て、金のネックレスとブレスレットをつけていた。彼は征服した敵を侮辱する身振りを絶え間なく続けていた。最後に、勝利者の戦車《クッルス》がやって来た。将軍は繊細に刺繍をほどこされた外衣とトーガを着て、月桂樹の冠をかぶっていた。その戦車を引くのは、花環をつけた四頭の白馬だった。将軍の後にその息子たちや幕僚が続いた。兵士たちは慣例の順で従っていたが、彼ら自身も花冠をかぶり着飾っていた。彼らは自分たちの勲功を謳い、見物人を大いに楽しませる風刺を口にした。すべてが済んだ後、祝宴が催された。

このような見せ物がローマの群衆に様々な感情を経験する機会を与えたことはまちがいない。それはもちろん主に第一（闘争）本能に関連した感情である。こうしたプロパガンダの手段は、国家によって極めて効果的に組織された。これと同じ本能を利用して群集に働きかけるもう一つの方法に、競技場による試合がある。平民を統治するための決まり文句は「パンとサーカス」であり、科学的に言えば第一本能と第二本能、闘争と食欲への働きかけであった。ギリシャで広まっていた第三（性欲）本能に訴える行列や祝祭――例えば、ディオニュソス祭祀のもの――も、ローマへの導入が図られたが成功していない。それはバッカス祭の名で知られるようになったが、ローマやエトルリアでは最悪の酒乱淫蕩へとたちまち堕落し、最終的に国家によって禁止された。それ以後、この祭祀の信者たちは秘密結社を組織したが、迫害を受けた。

群衆の拍手喝采は、情動プロパガンダの別の形式を構成した。これは国の機関によって制御され、ローマで広く用いられた。帝制下でそれは組織化され、規律訓練がほどこされた。使われる言葉やリズムも規制されていた(34)。後にそれは順守すべき義務的なものとなり、皇帝とその家族、寵臣たちが独占する栄誉になった。共和制ローマでは、拍手喝采はまだ市民の熱狂の自発的表現だった。

ネロ［第五代皇帝］は、「アウグストゥス隊」と呼ばれる若者五千人の部隊を編成した。彼らはグループに分けられ、必要な瞬間に合図によって始められる拍手の変化と調節を教え込まれた。出席者はすべて、「アウグストゥス隊」が唱えたことを復唱しなければならなかった。すべての定型句は精確に決められており、音楽の様式によって制御されていた。このやり方はビザンツ帝国にまるごと引き継がれ、中世までの教会礼拝にその痕跡が残っている。ローマではこの拍手歓呼は劇場や競技場でも使われた。これにより競技場の群衆は、キリスト教徒の処刑に際して、その死を求める叫びをあげるように人為的に駆り立てられた。コンモドゥス帝の死後、彼の記憶を貶めるために普通の拍手喝采をあざ笑う声とともに繰り返すことが要求されたのは興味深い事実である。実際、元老院はこの皇帝の死後、公的呪詛［名誉の抹殺（ダムナティオ・メモリアエ）］で使われるべき正式な定型を整えた。

ローマの理念を宣伝する手段として使用された造形シンボルはよく知られている。腕を水平に伸ばしたローマ式敬礼である。ムソリーニはそれを自らのファシスト運動のために復活させ、それをヒトラーが摸倣した。ヒトラーがそれを採用した理由は判りやすい。それが支持者を結集させ、通行人の注意を引き付ける合図となるからに過ぎなかった。要するに、ヒトラー支持の反射を形成するための条件刺激として使うためである。ローマ人は、特に占領地域において、この芝居がかったしぐさを厳粛な声明発表の際に用いた。

集会や選挙の民会などでの説得宣伝は、ローマ人の間で古典的な形式が整えられて今日に至っている。雄弁術はよく発達していた。その原則はクインティリアヌス［ローマ帝国期の修辞学者］の著作で確認できる。雄弁術の学校や演説用の舞台もあった。キケロは選挙で使うべきテクニックについて手紙に書いている。

書記的宣伝、あるいは図画的シンボルを使った宣伝では、一種の看板（ティトゥルス）が行列において使われていた。壁にも碑文が刻まれていて、今日も選挙のときに見られるような風刺や誹謗もあった。最後に、現代のパンフレットやポスターに対応した小冊子もあった。新聞紙の原理でさえ、「日記《ディアーリウム》」に見出すことができる。もちろん、特に大量複製が技術的に不可能であることを考えると、すべて非常に原始的なものであった。

ビザンティウム［現イスタンブール］でも、大衆を導く必要性と可能性が認識されていたようである。大衆には感情を表現し、それを政治目的に利用する機会が与えられていた。巨大集会がヒッポドロームで開催されたが、テオファネス［修道士］がその年代記で記述している情景は[35]、集団的本能に作用し、大衆の感性的プロパガンダを実行するために用いられる方法のアイデアを示してくれる。集まった群衆が聖ゲオルギオスと竜の戦いにちなんだ聖歌を歌っている間、ユスティニアヌス二世は打ち破った宿敵レオンティオスを公然と踏みつけていた。別の事件を挙げれば、ニカの反乱［五三二年］が起きたとき、ヒッポドロームではユスティニアヌス大帝に対して蜂起した「緑」党の支持者と、大帝の使者カロポディウスの間でリズミカルな問答が取り行われている。

キリスト教世界

初期キリスト教の歴史はプロパガンダの実例であふれている。実際のところ、それ以降、シンボルを使ったプロパガンダがこれほどの規模で行われたことは、今日に至るまで一度もない。私たちが現代プロパガンダと呼ぶものが最も徹底的に利用されたのは、この時代であったと言ってよいかもしれない。その射程と効力は、このプロパガンダのシンボルである十字架が成功のあらゆる要素を持っていたという事実に大きく依存していた。すなわち、感情へ強く訴えること、犠牲への思いを喚起すること、そして複製が非常に容易であることである。十字架は知られているすべてのシンボルの中で最も単純なものであり、どこにでも広められ、結集反射の条件因子として非常に簡単に作動した。このシンボルが迫害を受けた初期に、カタコンベ〔地下墓所〕において、どれほど重要性を持っていたかはよく知られている。その他のシンボル形式――荘厳な典礼と音楽――、またキリスト教思想をその成立時から普及させてきた合理的組織――教会制度と伝道宣教者――も、中世から現代までの教会、特にカトリック教会の権勢の主要因となっている。

フランス革命

中世、ルネッサンス、そして人文主義者と百科全書派の時代には、感性的な民衆プロパガンダの傾向は徐々に衰える一方、合理主義が台頭し、フランス革命まで続く趨勢が示された。フランス革命においては、本質的に闘争原理、本書でいう第一本能に基づいた、激烈で暴力的なアジテーションとプロパガンダが文字通り爆発した。この時から、特に進歩や人間解放の思想は、民衆プロパガンダの手法を利用して成功を収めてきた。大革命のプロパガンダ手法を少し調べてみると、シンボルの使用が著しく広範囲に及んでいることがわかる。視覚的シンボルとしての三色旗、聴覚的シンボルとしての「ラ・マルセイエーズ」、及び一九七二年から「閣下《ムッシュ》」に代わって用いられている「市民《シトワイヤン》」という語の使用などである。

大衆に対するこれらのシンボルの支配力は極めて大きく、その影響は今日まで続いている。それはフランスの国境を越えて広がり、多くの人々にとって「ラ・マルセイエーズ」は至上の自由賛歌となった。しかし大革命では、当時の民衆運動で重要な役割を果たした他のシンボルも採用されていた。革命家たちの三色のバラ飾り《ロゼット》であり、貴族たちの白いバラ飾りや赤いパフである。いずれも、それを掲げれば特定の感情を生み出し、特有の行動を誘発する、際立った記号である。次のエピソードは、こうしたシンボルの創造につながった本能の複合作用を示している。ベルサイユ宮殿で宮廷の貴婦人方は士官たちに白いバラ飾りを配りながら、こう言った。「このバラ飾りを大事になさい。それは唯一の誉れであり、勝利のしるしです。」貴婦人の一人からバラ飾りを受け取った士官たちは、その手にキスすることが許された。これは闘争本能と性欲本能が結合した好例である。

ヴァンデの農民たちは［一七九三年にカトリック王党派として蜂起したとき］、ロザリオを首に巻いたり、ボタンホールから下げたり、斜め掛けにしたりして、闘争本能を宗教的感情と結びつけた。大革命の有名なシンボルであるサン・キュロットの赤い布の帽子は、ベルサイユでは魔法のように作用した。国王を「否認さま《ムシュー・ヴェト》」と呼ぶ、憎しみに燃えた群衆は、一七九二年六月二十日に宮殿に侵入した。しかし、恐怖におののいた国王がこの赤い帽子をかぶって宮殿のバルコニーに現れると、群衆はいっせいに他のことをすべて忘れて恍惚状態となり、「国王万歳！」と叫んで国王に喝采したのだ。

このとき用いられたシンボルはすべて、その含意を一目で示すことを目的としていた。例えば、ジャコバン・クラブは「注視の目［プロビデンスの目］」という特徴的なシンボルを採用し、自らを公共的監視機関と考えていることを示した。それは公正な警戒心をもって、革命を起こしている人々の権利が無視されたり、その希望が裏切られたりすることがないように見守るためであった。「サン・キュロット万歳」をモットーに、行列の中で古い半ズボン（キュロット）が槍の上に高く掲げられていた。一七九一年にカトリック教徒が教会を借りて日曜日のミサを捧げる準備をしていたとき、革命家たちは教会の扉に次のように書いた掲示を張出した。「貴族の崇拝者に告ぐ――四月十七日に下剤（清めの薬）を無料配布する。」この事例は、革命期において物理的暴力の威嚇がプロパガンダ活動の主要な特徴であったことを示している。その証拠は時間がたつにつれて、ますます増加した。

槍こそが大革命の真の記号だった。それは風刺画、掲示、行列など至る所に姿を現した。当時の版画の一つでは、王冠をかぶったルイ十六世が赤い帽子のサン・キュロットと対座してトランプに興じている。ルイのせりふは「私はハートを捨てた。彼は槍を持っている」となっている（槍はフランス語でトランプのスペードを意味する）〔37〕。革命的なクラブが一七九一年と一七九二年に槍を製造し、それを人々に配布したことで、このシンボルは武器として具体的現実と結合した。このようにして革命派は意図的にプロパガンダが心理的威力をもつように努めた。イポリット・テーヌは、こうした槍のシンボリックな姿を次のように描写している。「八フィートから十フィートの槍は恐るべき様相を呈しており、月桂樹の葉、クローバー、心臓、ヘビの舌、さらには熊手、短剣、角などを付けたあらゆる種類の槍があった。」〔36〕ある行列では、血がしたたる子牛の心臓が槍の上に突き刺され、「貴族の心臓」と記されていた。

しかし、このような暴力的で残忍な傾向と同時に、パリ民衆の善良な性格も顕現していた。これと同じ行列には、愛国的な踊り、サラバンド〔行列舞踏〕、歌、抱擁などがあった。「自由の樹」が運ばれ、全体的歓喜に包まれて意気揚々と植えられた。これはプロパガンダ活動において同じ本能の二つの派生物――威嚇・恐怖喚起と熱狂・エクスタシー――が利用された実例である。

しかし愛国的で闘争的なエクスタシーの中核的な刺激となったのは、とりわけルージェ・ド・リールがストラスブールで作った「ライン軍のための軍歌」、のちの「ラ・マルセイエーズ」であった。マルセイユ連盟軍が一七九二年に首都パリへ進軍した際、それはフランス全土に広まった。エルネスト・ラヴィッスは、すべての人の心にわきあがった感情について次のように記述している〔37〕。それは「栄光の郊外」、すなわちフォーブール・サンタントワーヌからバスティーユ広場に向かって「マルセイユの大隊」がドラムを打ち鳴らし三色旗を掲げ、当時まだ知られていなかったライン軍の賛歌を唄いながら行進したときのことである。この革命色に染まった郊外では、「武器をとれ！　市民よ、隊列を組め！」と叫ばれ、「神聖なる祖国への愛よ、我らの復讐の手を導き支えたまえ」と栄光ある祈りが捧げられ、さらに「隷属者、裏切り者、王どもの群れ」への復讐と闘争が呼びかけられた。これらすべてが人々の魂を燃え上がらせ、その心を激しく揺さぶった。ジャック・ルネ・エベールの新聞『デュシェーヌ親父《ペール・デュシェーヌ》』［一七九〇年創刊］は、こう書いている。「すべての人の目から涙が流れ出た。「国民万歳！　自由万歳！」の叫び声で空気が振動していた。」

革命の敵対者、たとえばヴァンデの民衆は、一七九三年に共和主義派の軍隊と戦ったが、彼らは「ラ・マルセイエーズ」と同じ旋律で別の歌詞を当てはめて唄った。

「武器をとれ！　ポワトゥーの民よ、隊列を組め！　進もう！　貴族の血が汝のわだちを満たすまで！」(37)

これはプロパガンダの歴史において珍しいことではない。今日では、ナチ運動がいくつかの革命歌、特にロシアのものを採り入れ、その歌詞を自らの目的に合わせ改作している。「インターナショナル」の旋律でさえヒトラーによって剽窃された。後に述べるように、ヒトラーは折衷主義者である。彼のプロパガンダには独創的な要素は何一つなく、どこからか拾い集めたアイデアや仕掛けを計画的に蓄えたものにすぎない。

もう一つの大革命の歴史的歌曲は「うまくいくさ《サ・イラ》」であった。それは一七九〇年七月十四日にシャン・ド・マルスで［革命一周年記念祭である］「連盟」大祭典が大急ぎで準備されていたとき、連盟軍とパリ民衆によって歌われたものである。大革命の基本的な思想が、ある種の庶民的な楽観主義とともにうまく表現されていた。

「上にいる者を引きずり降ろし、下にいる者を引き上げろ。ああ！　うまく行く！」

夕暮れどき、シャン・ド・マルスでの作業を終えて帰路についた団結した民衆たちは、鼓笛隊に続いてパリを練り歩き、「国民万歳！　自由万歳！」の歓呼と喝采で迎えられた。この歌には、次第に暴力的な要素が浮上し、後にはこう唄われた。

「貴族どもを街灯につれていけ！　貴族どもを吊そう！」

テルミドール九日［一七九四年のクーデター］の勝利の後、ジャコバン革命に敵対していた「ミュスカダン［伊達男］」と呼ばれた青年たちは、これ見よがしに優美に着飾ってジャコバン派のシンボルに対抗し、革命的服装まで攻撃した。彼らは赤い帽子を特に辛辣に批判し、ジャコバン派の小冊子の売り手に嫌がらせをした。一七九五年に彼らが歌った行進歌が「人民の目覚め」だった。この時、いわばスローガン合戦が行われ、ミュスカダンが革命派に出会ったとき「国民公会万歳！」と唱えると、その敵対者は「ジャコバン派万歳！」と応じた。

右に述べたシンボルの宣伝戦――それは一九三二年のドイツにおける権力闘争を想起させる――と並んで、フランス大革命で支配的だった三つのプロパガンダ手段は、新聞、クラブ、公的祝祭である。この時期にパンフレットや論争的雑誌が獲得した重要性は、空前絶後のことと言ってよいだろう。ジャン＝ポール・マラーの『人民の友』（マラーはパリのアイドルになった）に代表される新聞、風刺作品、パリやその他の町の壁に貼られたクラブの掲示を見て、人々は息を呑んでいた。「民衆の憤懣《ふんまん》憤激はまず新聞によって拡散された。新聞は休みなく監視し、常に活動する革命勢力だった。新聞が愛国心を都市や田舎に伝播させたのである。」〔37〕

それは、ヒトラーが一九三二年に「頭を落とす！」と脅迫した手法と同じであった。マラーは民衆の見識など信じてはいなかった。マラーは自らをカエサル、すなわち「切断すべき頭を選び出す、軍事的護民官」たらんと夢見ていおり、「私は民衆の目である」と言った。「私は悪党どもを攻撃し、偽善者たちの正体を暴き、裏切り者たちを糾弾する。」

同様にヒトラーも「私は、あなた方の代弁者であり、鼓手である」と述べている。「私が権力を握ったら、反抗分子を射殺するだろう」（一九三一年のボックスハイム文書）。

マラーはその著作で暴力的反乱を煽動した。一七九〇年発行のパンフレットで、彼は次のように書いている。「もしあなたが我々の要望に応えることを拒むなら、我々は腕はふり上げる。我々は、たとえ同じ階級であっても、裏切り者は見つけ次第どこであっても攻撃するだろう。」後に、ジャコバン派が影響力を失い始めたとき、敵対者はこれと同じ本能に基づいて、同じく暴力的なパンフレット戦を展開した。ジャコバン派は「血を飲む者」（この文句は一二〇年後のロシア革命で人口に膾炙《かいしゃ》した）として描写されていた。また、「［ベルトラン・］バレールは人間の皮膚のブーツを履いていると聞いた」、「報道によると、九月の大虐殺の張本人は犠牲者の心臓を食った」、「ある女性はダントンの醜い顔を見た後で流産したらしい」などの記述もある[37]。総裁政府時代［一七九五～九九年］の新聞には、風刺、悪口、中傷、寸鉄、洒落があふれている。

フランス大革命に特徴的な他のプロパガンダ形態としては、クラブ、特にジャコバン派のクラブで催された公開集会での演説による煽動がある。大革命を育み成功に導いたのは、何よりもこの手法だった。ロベスピエールはこの活動で最も傑出した人物の一人であった。クラブが力を注いだのは、議論と説得によるプロパガンダ、均一な公的感情の形成、国民の道徳的結束の創出である。「クラブは革命の発酵体である」と評したラヴィッスはこう述べている。「ジャコバン精神は愛国主義と革命への信仰から成り立っており、それは貴族、高位聖職者、高級将校や司法官などの貴族階級と戦う義務によって日に日に強められていった。」[37]

ジャコバン派は困難になればなるほど、民衆の情熱への訴え方について工夫を凝らすようになった。煽動者を養成したもの彼らである。煽動者たちは街頭で活動し、集会で聴衆による圧力を組織し、恐怖を拡散させ、群衆の原始的本能を刺激した。また、彼らは政治闘争に罵倒を実践的に導入し、多少なりとも意図的に群衆感情をかき立てた。そのプロパガンダ語彙はますます絞り込まれ、集会はますます騒々しくなった。イポリット・テーヌはジャコバン派のプロパガンダ活動についてこう述べている。

すべてのことは、王宮の窓の下、椅子の上に立った熱弁家に始まる。彼らは公然と、何も隠すことなく宣告し、演説し、あるいは絶叫した……、それは郊外にプラカードとして貼り出され、さらに選挙区やクラブで嘆願書となり、そしてチェルリー宮殿の諸派閥が議論して動議となった[36]。

ジャコバン・クラブと並んで、もう一つの、より民主的なクラブがコルドリエ・クラブであり、ダントン、エベール、マラー、カミーユ・デムーランのような最高の雄弁家、最良の人材養成家が所属していた。彼らはジャコバン派に劣らぬ過激な革命派であったが、プロパガンダにおいてはより親しみのある呼称を使った。彼らは自分たちを「兄弟」や「姉妹」と呼んでいた。より柔軟な彼らは、理論家というよりむしろ活動家であった。

こうした激烈なプロパガンダの結果、全ての政治生活はますますテロ行為によって支配されるようになった。まさに一七八九年の大革命の勃発から始まったテロリズムは、特に農村地域で拡大した。第三章ですでに述べたように、この時期の恐慌状態は「大恐怖」として知られている。一七九二年の終わりには、国民公会の議員にまで恐怖が及んだ。テーヌはこう述べている[36]。

「ロベスピエールは、最強の党が最も安全な党であると指摘した。また、強い民衆感情に逆らわないことが賢明であり必要でさえあると、常に言っていた。［右翼ジロンド派と左翼ジャコバン派の中間にいる］平原派の議員五百人の議員の中には、この種の人物がたくさんいた。彼らは「沼沢のヒキガエル」と呼ばれ、すぐに声なきエキストラ、いやむしろ人殺しの操り人形と化した。」ロベスピエールに睨まれると、「彼らの心臓は震え上がって口にまでせりあがってきた」のであり、その顔には「恐怖で蒼白になり、絶望のあまり投げやりになった表情」が浮き上がった。

革命プロパガンダはすべて闘争本能の上に築かれていたので、対外的な紛争と戦争の脅威が出現するやいなや軍国熱が燃え上がったことは、容易に理解できよう。当時の革命歌「サ・イラ」には、次のように戦闘的な一節が加えられた。

ラファイエットは言う、「誰が来ようと愛国心で応じよう」と、
火も焔も恐れず、フランス人は常に勝利する。
ああ！　うまくいくさ、勝つ、勝つ、勝つ！

このとき現れた革命軍の熱狂が軍事行動を勝利に導いたことは理解できよう。最後に、おそらくフランス大革命の最も特徴的なプロパガンダとして公的祭典がある。この時期、こうした祭典は格別の壮麗さと重要さを帯びていた。一七九二年、ロベスピエールは公共精神が「教育、すなわちその主要手段である見せ物と公共祝祭によって」強化されるべきことを要求した。大革命の最初の大祭典は、一七九〇年七月十四日の「連盟祭」であり、民衆の熱狂の中で執り行われ、民衆自身もその準備に積極的に参加していた。「新しい神秘主義、「新しい祭祀《カルト》」が、誕生しようとしてた。同時に、その教義や典礼文、その祭壇、その賛美歌や楽曲、その徽章も造られた。……連盟祭は愛と協調と国家統一の大噴火だった」とラヴィッス[37]は言う。

シャン・ド・マルスの中央に建てられた高さ二十フィートの祭壇、いわゆる「祖国祭壇」の前には、署名と宣誓をすべく請願書が置かれていた。この祭壇の周りで、舞踊、陽気なファランドール［プロバンス地方の輪舞］、歌謡、祝宴が催された。祭典では着席した十六万人に加えて、立ち見の十五万人も全員が三色リボンをつけていた。千二百人の音楽家で楽団が編成されていた。有権者、行政官、憲法制定議会の代議員、そして子供と老人をふくむ五万人の行列が広場へ向かって行進した。国内各州から来た連盟軍がこれに続いたが、小さな三色バッジで飾られた四角の白布を旗印として持っていた。

そこには有頂天の熱狂があった。この祭典の後、全国各地の数え切れないほどの村落で祝宴が催され、歓喜と自信と希望の全般的な風潮が生まれた。「祖国祭壇」は至る所に建てられ、それを前に結婚式が執り行われた。また小さな子供、あるいは新生児が祭壇に載せられ、贈答と祝福に包まれることもあった。最も感動的なシンボリズム

が採用されたのである。ほとんどの祝祭で、主催した年輩者は、三色リボンを巻いた白いローブの少年少女に囲まれていた。このように、このプロパガンダはどこであれ第三本能と第四本能（昇華された性欲本能と母性本能）に多少なりとも意識的に訴えていた。一方で、すでにいくつかの地方では、こうした祝祭で革命旗とともに抜き身の刀を携えた女性の姿が見られるようになっていた。それは一部は闘争本能に、また一部は性欲本能に由来する奇妙な感情結合に訴えていた。

革命の推移がより深刻で悲劇的な性格を帯びるにつれて、行列や祝祭はますます煽動的かつ暴力的で、重苦しいものになっていった。たとえば、一七九二年八月十日［テュイルリー宮殿が襲撃され国王一家が幽閉された事件］に亡くなった人々に敬意を表すべく、同二十六日に行われた追悼式において、ナンシーやニームで王室とその手下が行った虐殺事件のリストとともに弔旗が持ち込まれた。行列を構成したのは、軍服を着た国民衛兵、槍を持った市民、黒い帯をつけた白いローブの女性たちである。その行列はフランソワ・ゴセックの葬送行進曲の伴奏で進んだ。この祭儀は執行官によって組織され、テーヌによると、「熟慮と憤激を交互に与えるように」計画されていた[36]。ここには大衆感情を意識的に方向付ける要素、つまり組織計画的プロパガンダの要素がすでに見てとれる。

一七九三年には、「山岳派」の極左革命家と結びついた、真の愛国的宗教が出現した。「祖国祭壇」での洗礼式、「共和主義者の」ブルータスを称える大聖堂での儀式、その他の示威行進が行われた。この愛国的な儀式は計画的なプロパガンダであり、独自の伝統、シンボル、儀礼、賛美歌を創り出した。「祖国祭壇」は山岳を表象すべく切り立つ岩山の形に造りかえられ、三色のバラ飾り、荘厳な儀式で植えられた「自由の木」に加えて、シンボルとして次のものが用いられた。憲法を刻んだ石版、人権の円柱、バスティーユの更地、「自由」の帽子、「統一」を示す束桿（ファスケス）、「平等」を示す水平な天秤、「友愛」を示す固い握手、さらに「リベルテ（自由）、エガリテ（平等）、フラテルニテ（友愛）」の言葉があらゆる公共建築物の正面に彫り込まれた。こうした例は、シンボルによる感情的プロパガンダがこの時期に発展したことを示している。フランス人を表象するシンボルの基礎として、第一本能すなわち闘争本能が使われたことは明らかである。すなわちライオン、銃の上に乗った雄鶏、棍棒をもったヘラクレスなどである。一七九三年七月に画家ジャック＝ルイ・ダヴィッドは革命祭典の総指揮者として、憲法と共和国統一を記念した世俗的祭儀を組織した。それは二百万フランに達する巨費が投じられ、バスティーユ広場で午前四時から深夜まで続いた。行列には象徴的な山車が含まれていた。「自由」の女神像と「フランス国民」像があったが、後者は「沼沢」から出現した連邦主義のドラゴンを殺すヘラクレスによって表象されていた。またジャコバン派の「監視の目」をもった旗印、三色のリボンとプラカードもあった。

ダヴィッドはまた、暗殺されたマラーの堂々たる葬儀を演出した。その遺体は覆い隠されず、腰まで半裸の十人が担ぐ寝台に載せられて運ばれた。

山岳派の殉教者、ジョゼフ・シャリエ［反革命派に処刑された元僧侶の過激派指導者］のリヨンにおける贖罪の儀式は、カーニバルの様相を呈した。司教の衣装を着せられたロバの前で香が焚かれ、シャリエの墓に運ばれた。そこで教会の聖杯（チャリス）が破壊され、のちに熔解された(37)。

エベールの主導により、神聖冒瀆的パロディや理性崇拝の公的儀式が慣例化された。この種の祝祭は大革命のこの時期に流行していた。その人間心理に働きかける方法の典型として、一七九三年十一月にノートルダム大聖堂（当時は「理性の神殿」と改称されていた）で行われた祝祭がある。マリー＝ジョゼフ・シェニエの賛美歌に合わせて、叙情的パーフォーマンス「自由への捧物」が上演された。［大聖堂の内陣に］山が築き上げられ、その頂上に建てられた古代の神殿には「哲学へ」の銘が刻まれており、山の斜面には白衣のバレエ女優が二列で立っていた。バレエ女優のオブリ嬢が体現した「自由」は、神殿から出てきて、深緑色の椅子に座り、男女市民の敬意を受けた。

こうした傾向は一七九四年の聖霊降臨の日に行われた「最高存在の祭典」で絶頂を極めた。それは当時、国民公会議長［正しくは「公安委員会の指導者」］だったロベスピエールが、フランス人の魂に永久に組み入れようとした新しい思想や市民感情を宣伝する展覧会だった。ダヴィッドが企画し、民衆には事前に細部まで説明されていた(37)。

民衆はこの活劇の見物者であると同時にその参加者でもあった。この示威運動が行われていた間、秩序は完全に保たれていた。大勢の市民が列をなして行進し、男たちは剣と樫の枝を、女たちは花を、青年男女は銃と旗を持って加わった。このように、理屈上は理性と人道へと方向付けられていたにもかかわらず、第一（闘争）本能への訴えは極めて明白に現れていた。議員たちはたくさんの小麦、花、果物を運んだ。行列の中央では、花輪をつけた雄牛が芸術と工芸の表象である四輪馬車を引いていた。ロベスピエール自身は「古代ローマの最高神祇官（ポンティフェクス・マクシムス）」のような衣装をまとって「最高存在」を想起させた。さらに野心、利己主義、不和の表象である人物像に取り囲まれた無神論を描いた図像に対して、ロベスピエールは象徴的な意味を込めて火を放った。火が消えると、そこから智慧の彫像が立ち現れたのである。

山岳派が没落して大革命が終わりに近づくにつれ、新しい祭祀が登場した。それは「理性と自然」の宗教理念を表現する「神‐人愛運動《テオーフィランソロピック》」である。その信奉者たちは、社会道徳は連帯に基づいていると考え、善なるものを有用なるものと同一視した。深緑色の布で覆われ、花や果物で飾られた祭壇の前で、出産や結婚の儀式が行われた。演説者または朗読者が白い羊毛のローブを着て演台に現れた。その白いローブは、後にはサフラン色の帯と白いチュニックのついた青いトーガに換えられた。儀礼に伴う歌はルソーの作品から選ばれた。ラヴィッス[37]はこの祭祀を「愛すべき宗教」と呼ぶが、なるほど闘争本能に訴えるものはすべて排除されていた。

ラヴィッスが詳細に述べていることは、興味深いことに私たちの政治生活にも関係がある。つまり、現代の政治生活における能動的分子と受動的分子の割合が一対十であること、そして一九三二年にドイツで起きた反ヒトラー闘争でも五千人対五万五千人だったことである。ラヴィッスは国民公会の初期における各派の活動における「選挙区」集会への出席者数を以下のように示している[37]。パリ市民は十五万人、つまり投票権を持つ人が十五万人いた。三十八の選挙区に分かれていたので、各区に三千人から四千人の有権者がいたことになる。しかし、集会に参加した市民はせいぜい二百人から三百人までだった。したがって、彼の数字が示す割合は、十人に一人よりも少ない。

ナポレオン・ボナパルトとその帝国は民衆煽動についてあまり関心がなかった。ナポレオンはむしろ秩序、威厳、組織化の方に関心があった。しかし、まだ共和国の将軍に過ぎなかったクーデター以前でさえ、彼は自分の勲功を日常的に広告すべく、自分に有利な広報のために新聞を利用する方法を熟知していた。彼は特に好んで兵士たちに訓辞したが、それはまるで目に浮かぶがごとく鮮やかに、英雄的スタイルで語っており、真実と虚偽は渾然一体となっていた。ここでは一七九六年の訓辞を示しておこう〔37〕。

兵士諸君！　諸君はアペニン山脈の頂から奔流のように駈け降りてきた。行軍の前に立ちはだかるものすべてを、諸君は押し返し、追い散らし、粉砕してきた。……いざ進もう。敵を屈服させ、月桂冠を摘み取り、侮辱に報復するために、我々はまだ進軍せねばならない。……諸君はヨーロッパの最も美しい地域の相貌を一変させるという不滅の栄光を手にするだろう。……そして、諸君が自分の家に戻ったとき、同輩市民は諸君を指さし、こう言うだろう。「彼はイタリアの軍団にいたのだ！」と。

社会主義者の方法

ナポレオン帝政期にフランス人の性格そのものが変わったと言ってもよいだろう。軍事的な征服と成功がほぼ間断なく次々と起こったが、不安定で国内不安が増大していたこの時期に、アジテーションとプロパガンダはかつてないほど増大した。さらに一八四八年〔「諸国民の春」、フランスでは二月革命〕、そして［一八七一年のパリ・］コミューンでは、新しいプロパガンダが噴出し、それは労働階級運動と社会主義政党の、ほとんど独占的な特権となった。

ドイツではとくに国土の工業化と偉大な社会民主党の興隆があり、社会主義プロパガンダが非常に活性化した。説得的プロパガンダに加えて、赤旗、ボタンホールの赤いカーネーション、革命歌、同志（ゲノッセ）という呼称をシンボルとする暗示的プロパガンダの要素も現れた。社会主義的なファッションも党員の間で流行した。たとえば、アウグスト・ベーベルの山羊髭は偉大なゲルマン族の司令官をまねており、そのソフト帽とともに、大衆を偉大な労働者階級政党に引きつけるのに役立った結集シンボルである。このドイツから社会主義プロパガンダの様式が世界中に広まったのである。最も重要な示威活動の機会となったメーデーは、ブルジョア世界に脅威を与える切り札の役割を演じた。そこでは直感により闘争本能が無意識のまま利用されていた。労働組合主義と社会主義という、労働階級の大波が高まる光景を見たブルジョア政党はパニックに陥った。彼らが想定できた唯一の対抗策は、政府による抑圧と警察活動だったが、それは殉教者を作り、火に油を注ぐ結果となった。それにより、発展する政治闘争において感情的要因の重要性が増していったのである。

一九一四～一八年の世界大戦

こうした状況のすべてが、一九一四年から一九一八年の戦時中には、当然ながら終わりを告げていた。それは各国で愛国的な感情、実際には排外主義的な感情が突然台頭したためである。こうした動きはまったく自然発生的で方向性を欠いていたが、ドイツは例外だった。ドイツ参謀本部は、軍事動員からより良い成果をあげるために、新聞を利用して愛国的熱狂――スパイ恐怖の拡大を含む――の運動を意図的に創り出すそうとした。それは事実なのだが、すべてが極めて原始的な方法で行われた。例えば、「神よ、イギリスを罰し給え《ゴット・シュトラーフェ・エングランド》！」というおなじみのスローガンである。それは印刷物、演説、挨拶など、あらゆる場面で使われた。

戦争が進むにつれて、双方ともプロパガンダの経験を積んだため、前線と銃後の心理的要因の重要性とそれを操作する可能性がますます自覚されるようになった。すでに本書の第三章で、宣伝指導者、「心理司令官」の思想が、戦中と戦後のドイツでどのように展開したかを見た。イギリスではこの思想はどこよりも効果的に採用され、プロパガンダに特化した政府機関［戦争宣伝局］がノースクリフ卿の下でクリューハウス内に設立された。この機関の活動内容は、キャンベル・スチュアートの著書『クリューハウスの秘密』で垣間見ることができる。

クリューハウスの秘密―宣伝大臣

この戦争宣伝局は大戦末期の一九一八年二月、主に敵国でのプロパガンダのために組織された。その目的は、前線の軍隊内や銃後住民間に意見対立を醸成するためである。この目的のために好都合な「雰囲気」を生み出すことが不可欠だった。このような雰囲気を形成する要因の研究は、ウィッカム・スティード、シートン・ワトソン教授、H・G・ウェルズの指導で上手くまとめられた。その際、以下のような条件が定められた。

一、プロパガンダ活動は政治の一般方針がはっきりと確立するまで開始してはならない。

二、プロパガンダは決して真実の歪曲に頼ってはならない。

三、それは矛盾と曖昧さを避けなければならない。

このイギリスのプロパガンダは西部戦線およびバルカン戦線で急速に広まったが、特に強調されたのは、敵の大義が失われたこと、敵にもはや勝利の見込みがなくなったこと、連合軍が絶えず増加していることである。こうした声明には数字や地図をやその他の論争術が用いられており、敵側の士気を沮喪《そそう》させた。連合軍の飛行機から何百万ものパンフレットがドイツ側の塹壕に投下され、ドイツ国内へもパラシュートで届けられた。両軍の中間地帯には蓄音機が設置され、演説のレコードが流された。敵軍［オーストリア・ハンガリー帝国］の塹壕で戦っているチェコやユーゴスラビアの部隊の前で、郷愁に満ちたスラヴ民謡のレコードが流された。最終局面では無線放送が利用されるようになったが、まだ初歩的な段階のものだった。このプロパガンダは非常に効果的で、ドイツ戦線、特にオーストリア戦線からの脱走者数が増加した。

ドイツ参謀本部はこれに大きな懸念を示した。ルーデンドルフ将軍はこう述べた。「敵のプロパガンダはあまりに組織的かつ大規模に行われているので、わが軍の兵士の多くは、自分の考えと敵のプロパガンダで吹き込まれた考えとを区別することができないようになってしまった。」ヒンデンブルク元帥は自伝の中で、「このプロパガンダはドイツ軍の士気低下を大いに強めた」と認めている。オーストリア・ハンガリー帝国の君主制は、中欧列強同盟のアキレス腱であったので、ノースクリフ卿がプロパガンダ爆撃を集中させたのは主にオーストリア戦線であった。今日では周知のことだが、オーストリア軍がイタリア軍に大敗を喫したピアーヴェ川の戦いの主な勝因は、このプロパガンダがオーストリア・ドイツ両軍の士気低下に及ぼした効果である。この戦線およびバルカン半島におけるオーストリア軍の最終的な壊滅は、中欧列強の全般的な崩壊を招いたが、これは敵の士気に対するこうした活動の功績であった。

このプロパガンダは説得と脅迫を巧みに組み合わせたものであり、第一本能に作用していた。戦争においては、こうした要因の作用が単純化されているのは事実である。それ以来、こうした心理的要因に対する行動形式が改良されてきたことは、これまでの章でも本章でも触れている。最も顕著な例は、ロシア革命とヒトラー主義の存在そのものに見出すことができる。

ロシア革命

プロパガンダは革命、特にロシア内戦で異常なまでの発展をとげた。第一次大戦の末期、ロシアのあらゆる技術的および科学的な研究機関を傘下に収める軍事技術開発支援委員会の中に、精神的要素に関する委員会が設けられた。この新しい委員会の目的は、国民の士気を維持することだった。第二章で見たように、この開発支援委員会が活発に働いた革命の後、新しい委員会はケレンスキー政権のもとで「政治・社会教育委員会」へと改組され、その後は知的労働者ソビエト（評議会）のプロパガンダ委員会に改められた。これが解体されたのは、十月革命の後である。

ボルシェビキがプロパガンダの意義をどれほど重視していたかは、よく知られている。可能な限りあらゆる手段で、「戦争をぶっつぶせ」、「平和と土地」、「併合もなく賠償もなく」などの有名なスローガンが広められた。その結果は今日知られている通りである。だが当時、利用できた主な手段は、赤旗、宣伝用プラカードのある集会や行列であり、熱狂的だが未組織の多数の見物人がいるだけだった。内戦の拡大に伴い、赤軍も白軍も国家機関として宣伝省を組織した。双方とも最も現代的なプロパガンダ方法を利用した。すなわち、百万部単位のパンフレット、イラスト新聞、写真、プラカード、ショーウィンドーの陳列、市場・列車・映画館ほか、群衆が集まる所ならどこでも活動する煽動要員、巡回旅行する宣伝隊などである。例えば、トロツキーは宣伝事務所の設備を整えた特別列車でロシア全土を回った。ある客車には印刷機があり、別の客車には宣伝の実例が展示されている、という具合だった。ダーダネルス海峡の封鎖が解除された後、アントーン・デニーキン［白軍司令官］の宣伝省を訪れた英国将校たちは、その規模に驚き、「貴下はノースクリフを凌駕した」と断言した。

この省はＯＳＶＡＧ（情報と煽動を意味するロシア語の略語）と呼ばれ、情報部、煽動部、地方支部指導部、組織部、総務部に分けられていた。情報部の任務は、新聞概況とともに政治経済情勢に関する日刊報告書をデニーキン政府の閣僚に届けることであった。ＯＳＶＡＧも自ら六紙の新聞を発行し、独自の配給機構を有していた。また新聞へ情報を提供する通信社も設立された。この組織には、電報通信業務に加えて、壁に貼りショーウィンドーを飾るプラカードを毎日発行する業務もあった。その写真はスクリーンにも映し出された。そして最後に「政治気象図」の編集という、独創的で大変重要な活動があった。これは経済的・政治的状況に関連する重要な出来事（例えば、輸送、農業関連の異常、反政府または反ユダヤ主義の煽動など）がすべて色分けして表示された地域別の全国地図である。これによって、迅速な局所的対応が可能となり、特に政治的・経済的・社会的要因の相互依存関係を明確に示すことができた。私たちが知る限りでは、これは後年の歴史分析のためだけではなく、行動を進めるために科学的方法を政治生活に応用した最初にして唯一の例である。ケレンスキー政権下の一九一七年、すでにペトログラードにこのような部門が存在していたことは興味深い事実である。だが、この地図は省庁に届けられると、用心深くファイルにしまい込まれた。それが検討されなかったのは、どう利用すればよいのか誰もわかっていなかったからである。この地図は中央評議会が置かれたスモーリヌイ女学院［首都がモスクワに移るまでソビエト政府の中心］にも定期的に送られていた。もし到着が一時間遅れたら、評議会から自転車に乗った人がそれを受け取りに来て、遅延の理由を尋ねた。ボルシェビキは自ら設定した目標にむけて粘り強く働く実務家であり、その敵対者よりも頭脳明晰だった。それゆえ、この近代的方法の有用性を理解し、それを役に立てる方法をよく知っていたのである。

他方、ＯＳＶＡＧも国内に数百の無料閲覧室と公共図書館を運営しており、これによってプロパガンダは都市住民、また特に村落住民の間にも浸透した。そのアジテーション部門が担当した仕事には、パンフレットや冊子、煽動マニュアル、イラスト・ポスター、風刺画、芸術雑誌などの発行があった。また、いつでも自由に使える弁士を全国に派遣して講演会や集会を催した。さらに煽動家を養成する教育講座を置き、彼らを公共空間、路面電車や列車、商店街や村落、市場へ送り出した。この煽動家たちは集団でも活動し、宣伝キャンペーンの心理戦争において通常の戦術的単位を形成した。最後に、民衆娯楽やコンサート、寸劇などを組織する音楽や芸術の仕事があり、この部門は政治的な映画や写真の配給、プロパガンダ見本などの常設展示なども担当した。もし当時、ラジオ放送が効果的に機能していたとすれば、この偉大なプロパガンダ武器庫の中でもきっと重要な役割を演じていただろう。最終的には、ＯＳＶＡＧは国内すべての重要拠点に宣伝支部の事務所を組織していた。

これまでの章で述べてきたような、大衆を動かす民衆的プロパガンダは、現代の特徴をなすタイプであって、当時はほとんど生まれていなかった。ＯＳＶＡＧのプロパガンダも感性的形式をいくらかは利用したが、熟慮と説得に基づく活動が中心だった。それは知識人に届いたとしても、大衆に大きな影響を与えることはなかった。それゆえ、その政府がたとえ確固とした政治的基盤を持ち、勢いづく革命の奔流を前に必ずしも屈服しなかったとしても、その活動は失敗に終わる運命にあっただろう。

ソビエト政府は内戦勝利の後、ソビエト連邦の建設においてプロパガンダを最重要視した。五ヵ年計画、再軍備、空軍の拡張、化学戦の準備などの大キャンペーンでは、極めて多様な暗示手法が用いられた。興味深いことは、旧ロシア社会民主党のボルシェビキがドイツ社会民主党の宣伝手法を採用したのに対して、ドイツ社会民主党は精力的かつ効率的な宣伝手法をますます無視するようになったことである。ロシアのボリシェビキは古典的な社会主義者の情動的手法を自国に移植したのであり、のちにムソリーニがこのロシア的方法を注意深く研究し、しばしば独創性に欠ける摸倣によってイタリア・ファシズムに移植した。イタリアからヒトラーによって、この手法はドイツに再び運び込まれた。ヒトラーはそれを大規模に、未曾有の暴力とともに利用し、その結果、権力を掌握したのである。

第六章 ―― ヒトラーが成功した秘訣

ヒトラー現象とその危険

ここで、すでに古典となっているヒトラーとムソリーニの現代的な事例を見てみよう。本書がこれまで検討した諸原理の真価がはっきりと示されているからである。まず、ヒトラーが躍進した局面を概観して、その教訓を考えてみよう。それは単に理論的または科学的に興味深い問題ではない。それは私たちの人生、その未来、世界における平和活動と進歩の可能性に影響を与えるので、計り知れないほど重要な実践的な問題である。

第三帝国が人道に対して、文明に対して、良識に対して加えた攻撃は、これまでのところ何らの責任も問われていない。ヒトラーの衛星国イタリアがアビシニア〔エチオピアの旧名〕で行った略奪行為は、すでに忘れられている。孤立して貧しいイタリアは、〔国際連盟の〕五十二ヵ国から制裁を受けながらも、戦争の脅威で世界を恐喝するヒトラーのドイツから有効な政治支援を受けて、その犯罪を完全に成し遂げた。フランスがライン河畔で受けた条約侵犯〔一九三六年、ヒトラーはロカルノ条約により非武装地帯と定められていたラインラントに軍隊を進駐させた〕は忘れられ、世界が期待した論理的かつ法的に正当な結論は得られなかった。

それ以後、フランスの友邦だった中欧、バルカン半島の諸国やベルギーは、フランスが「宿敵」と宣言したドイツに遠慮がちになり、多少なりとも公然と媚びを売った。日本はヨーロッパ文明を「救う」ドイツとの提携を模索した〔一九三六年日独防共協定、一九四〇年日独伊三国同盟を締結〕。次にヒトラーはオーストリアに侵入して、ドイツと「合邦」し、そのテロリズムと残虐行為の野蛮な手法を拡大適用した。ひいては、ヒトラーはスペインで虐殺を企だて、さらに民主主義国の指導者たちが、万華鏡のように千変万化する事件の速度に当惑する混乱に乗じて、巧妙な脅迫によってチェコスロヴァキアの保障国を動けなくし、同国を占拠した。これにより、東欧でフランスが組織した安全保障体制全体が破壊されたのである。半ファシスト政権だったポーランド政府の変節は、ヒトラーが自ら選んだ道を突き進むのに自信を与えた。ポーランドの稚拙な政策を利用してヒトラーは攻撃を開始し、数週間のうちにポーランドを「ソビエトと」切り分けてしまった。かくして、ヨーロッパにおけるドイツの覇権は既成事実となった。次なる一歩は世界の覇権に向かっていた。それは果てしない傲慢と大胆が持続的に拡大する道程だった。それまでの成功がヒトラーの野心を減じさせるようには見えなかった。

　どうしてこのようなことが起こり得たのだろうか。この驚異的な成功の秘訣は何だったのか。なぜ彼は何度も繰り返し成果を挙げることができたのか。その答えは、「戦争を避けたい」という思いである。だが戦争はいま目前にあるように、それを避けることができなかった。しかも、ヒトラーの準備が不完全であった最初の段階で、だれも彼を止めようとはしなかった。その段階なら、攻撃は許されないこと、必要とあれば武力で打倒することをヒトラーに知らしめれば十分であったかもしれない。その代わりに、民主主義諸国には戦う勇気などなく、せいぜい議論をするだけだ、そうした致命的な考えをヒトラーが抱くような対応ばかりが繰り返された。さらにヒトラーに知らしめるべきだったことは、もし全世界との戦争に直面した場合、ヒトラー体制もドイツ国家も崩壊するだろうということである。開戦が目前に迫ったなら、たとえヒトラー主義のドイツであっても、戦争に突入する前には慎重に考えたはずである。それにもかかわらず、現在の戦争に乗り出すにあたって、ヒトラーは、特にソビエト連邦との「不可侵」条約があるため、西側諸国が彼に対して戦争を起こさないだろうと考えたに違いない。

　大戦勃発まで、今日のドイツは一致団結した共同体だと世界各国は見なしていた。それを踏まえて、途方もないはったりが繰り返された。自国内の分裂と闘争に慣れた人々に、それは感銘を与えていた。人々は繰り返しこう語った。「しかし、ヒトラーの政策はドイツで国民投票に委ねられ、投票数の九九%を獲得している。」それは否定できないし、投票の結果が物理的テロルによって得られたとも言えない。周知のごとく、ヒトラーはドイツで一揆《プッチ》によらず、武力を用いることなく権力を掌握した。ヒトラーがドイツ国民に自らを売り込み、彼らに担がれて権力の座についたことは事実である。だが、ドイツ国民は熟慮の上でそうしたのだろうか？　それはまた別の問題であり、まさしくここで議論しようと思うことなのである。ヒトラーは精神的暴力によって権力を得た、これが本書の命題である。

ヒトラーの「国民投票」がいつも同じ結果を生み出すという事実だけでは、もはや誰も驚かない。誰もがそれに慣れており、それを予期しているのだから。むしろ、私たちが驚くのは、ヒトラーがいまだにこの幻影、この見せ掛けを利用して危険を冒すことができるということである。そして、ヒトラーが世界に対して挑戦を続け、次のように主張できることに唖然とするのだ。「世界が交渉する相手は自分ではなく、七千五百万のドイツ国民でなければならない。実際のところ国民全員が自分と意見を同じくしており、すべてを考慮した上で自分を支持しているのだから。」

驚くべきは、偉大な国民がヒトラーに追従し、意見を問われると総統が示した箇所に✕字をつけて、ほぼ総数の投票用紙を戻すという単純な事実ではない。むしろ不可解で困惑すべき事実は、外国人、外国政府、経験豊かな政治家たちが、この連帯宣言――一致して投票する七千五百万人の集団の存在――によって催眠術にかけられたも同然となっていることなのである。この国外の催眠状態のおかげで、ヒトラーはその方針を貫くのに必要な胆力を保ち得たのである。この催眠状態は、彼の敵対者が自己暗示にかかって生じた神経衰弱に起因しているにすぎない。それはヒトラーをドイツで権力の座につかせた現象の、国際的規模での再現だった。これまで見てきたように、ドイツ国民が同調したという事実には何一つとして神秘的なことも異常なこともない。現代の実証科学でそれを説明するのは難しくない。ナチ運動の進展、そのプロパガンダ方法とその効果を追跡調査し、パブロフ学説に精通している者にとって、疑問の余地などないのである。人間のより高次な神経活動、その条件反射の支配法則に基づく現実がそこに存在するだけのことである。

もちろん、ヒトラーやその部門管理者であるゲッベルスが、この学説を研究し、目的達成のために意識的に適用したと推論する必要はない。それはあり得ないことだ。実際のところ、ヒトラーは無意識に、直感に従って群衆操作や政治闘争にパブロフの法則を適用したのである。学識に欠けるヒトラーは、ほとんどの政治家の思考を抑圧し、混乱困惑させる社会学や経済学の学説に惑わされることはなかった。ドイツではヒトラーの敵対者たちは彼の「理論」はもちろん、その戦術まで馬鹿にしていた。しかし、彼らは政治キャンペーンに関する自らの時代遅れな理論に固執したため、ヒトラーに敗北したのである。ヒトラーだけが闘争において合理的な方法、それゆえに効果的な方法を採用したのであり、彼が勝利したのは当然である。

およそ理解不能で当惑するのは、以下の事実である。こうした本書の考え方が正しいことを示す実際的証拠は数多く示されていた。一方では何年にもわたるヒトラーの実践が、他方では科学におけるパブロフ理論の偉業がそれを証明した後も、その両者を結びつけようとする試みはなく、真実を理解する能力も示されなかった。その結果、ヒトラーは世界をあざむき続けることができたのである。さらに以下のことを目にするのは、まったく奇妙で驚くべきことである。ヒトラーやその他の独裁者が自国でこれほどの成功を収めてきた精神的暴力の戦術が、いま彼らが用いている現実の物理的暴力の前触れであったにもかかわらず、その戦術が国際関係において、ほぼ二年間にわたって行使され続け、しかもそれを行使した者に同じ成功を収めさせていることである。これは目を背けてはならない法則である。これを無視するすべての理性主義の議論、すべての作戦や戦略は、ただ夢想家的だというだけではなく危険なまでに夢想家的なのである。

「五千人」と「五万五千人」の区別

プロパガンダという心理兵器によって独裁者が勝利を収めた仕組みを歴史的に分析しておこう。すでに見てきたように、暗示の力で騙そうとする試みに対して、すべての人間が同じ反応を示すわけではないという事実が出発点となる。暗示に従順な者もいれば、抵抗する者もいる。二つのグループの比率は、ほぼ一〇対一である。それはドイツでの統計調査により以下のように証明された。抵抗の基準として、あるいは一定の合理的な政治活動の基準——生理学的に言えば、条件的抑止プロセスの有無を調べる検査基準——として、一九三二年にハイデルベルクで開催された政治集会への出席者数が調査された。その後に他の場所で行われた調査でも、ほぼ同じ結果となった。有権者六万人のこの都市で、最も活動的で良く組織された社会民主党の会合には、通常六百人から八百人が出席していたことがわかった。その最高値は二千人だった。ナチ党の場合もほぼ同じだった。他の諸政党——カトリック中央党・共産党・国家人民党——を合算すると、約一千人となった。つまり、いずれかの政治集会に参加した人の総数は約五千人であった。残りの五万五千人の有権者はどうしていたのか。「受動的」分子である彼らは、五千人の「能動的」人間と同じ選挙権を持っているが、選挙運動の帰結を決するのは明らかにこの五万五千人である。そのため、全政党のプロパガンダ目標はこの五万五千人の票を確保することである。ここに政治プロパガンダの鍵がある。

当代の二大宣伝家であるレーニンとヒトラーは、この区別に気がついていた。「革命的な宣伝家は数百人という単位で考えねばならない。煽動家は数万人という単位で、革命の組織者と指導者は数百万人という単位で考えねばならない！」とレーニンが書いたとき、その区別が示されていた。ヒトラーがそれと同じ区別を考えていたことは、『わが闘争』の以下の記述でわかる[31]。「宣伝の仕事は支持者を惹き付けることであり、組織の仕事は党員を募って入党させることである。」

このように宣伝家の政治活動の二機能は、二つの異なる人間類型を想定している。その特徴は何であり、それは何に由来するのか。これまで見てきたように、より大きな集団類型、すなわち「五万五千人」は、無気力で疲れ果てているか、日常生活の困難に心を奪われている無関心層である。

アドラーは現代人を神経症的であると考えていたわけだが、この五万五千人は、すでに見た通り、すべて不安定な神経系を持ち、権威主義的な暗示にかかりやすく、容易に脅され、しばしば喜んで支配され指導される人々である。その中には下層中間階級の大多数が含まれ、階級意識に目覚めていない農民や労働者、さらには女性と若者のほぼすべても含まれる。特にヒトラーのプロパガンダは、成人と有権者への訴えに限定されておらず、青年男女にも、子供たちにさえも訴えかけるものである。ヒトラー自身、抵抗分子に対してこう言い放っている。「諸君が我々の仲間に入らなくても、それはそれでかまわない。だが、諸君の子供たちは我々のものになるだろう。」[32]

ムソリーニも後塵を拝するつもりは毛頭なく、「バリッラ」という少年ファシスト組織を持っていた。日曜日にイタリアの街頭を行進してドラムを叩く白手袋の子供たちの隊列ほど気が滅入る光景はない。子供らしい感受性や冒険心、子供に特有の劣等感を利用することで、独裁者は責任を問われることなく、次世代の精神メカニズムに有害なものを埋め込むことができるのである。それが招いた悪しき結果は、例えば、ドイツ青少年の間で広まった死の崇拝に見ることができるだろう。そこにあるのは、「ヒトラーに殉ぜん」、「ドイツのため、また総統のために死すべく、我々は生を受けた」などのような異様なスローガンである。暗示による宣伝は、当然ながら女性層にも肥沃な耕地を見出した。ナチ運動は女性を再び中世的な服従状態に引き戻そうとする反フェミニスト思想を持っていたにもかかわらず、女性たちはその宣伝に屈している。

さて、プロパガンダに抵抗力のある「五千人」に目を転じると、特に知識人、階級意識がより強く、教養ある活動的な労働者や農民が含まれていることがわかる。「ドイツ共産党の宣伝家」ヴィリ・ミュンツェンベルクは、労働者層の核心部分がヒトラー陣営に転じたときの心境について、興味深い証言を引いている[32]。それ以前には社会主義団体に属していたが、ナチ突撃隊員になった労働者は、一九三二年にこう述べていた。「我々は変わっていない。しかし君たち社会主義者の間ではあらゆることが余りにも緩慢に進行する。アドルフはもっと迅速にやっている。もし彼が我々を裏切ったりしたら、絞首刑にしてやるだろうさ。」こうした議論の結末は、一九三四年六月三十日の大虐殺［長いナイフの夜事件］に見ることができる。ヒトラーはかつての友人であり、社会主義的信条をもった党内の反対派指導者を粛清したのである。

さきほど示したように、ヒトラーは組織と宣伝の機能を区別している。まず必要なのは、大衆を惹き付けるためのプロパガンダの担当者を確保することである。この目的のために、ヒトラーは活動家（本書で言う「五千人」）を訓練するために多大な努力をしている。ヒトラーの労働戦線は、毎年五千人の幹部を教育する特別学校を設立している。そこでは大衆を指導し支配する方法が教えられている。彼が行動する原理は、実のところ、きわめて単純である。すでに見てきたように、政府当局の望み通りに大衆を行動させるために、指導者は大衆にシンボルやスローガンを、いつ、どのように作用させるべきかを知らなければならない。脅迫と精神的暴力は常に最重要の制御要因である。「五万五千人」たる大衆は、自分たちがヒトラーの権力や国家の強制装置を示す記号によって取り囲まれていることを絶えず感じていなければならない。このようにして、それぞれのシンボルや鉤十字は、絶え間なく脅威を想起させるものとなり、次のような思考を作動させる。

「ヒトラーは力であり、唯一の真実の力であり、誰もがヒトラーを支持する以上、消されたくなければ普通の生活をする私も同じことをしなければならない。」

「五千人」と「五万五千人」の相違は、生得的あるいは人種的な生理学的因子だけによるものではない。教育、文化、条件付けられた内的抑制現象の形成といった要素もまた、重要な役割を果たす。それゆえ、より政治的に進歩した民主主義的国民においては、その割合がドイツ国民の場合とはいくらか異なっていることがわかる。しかし、その相違が決定的に重要だと考えてはならない。神経系のメカニズムは、結局のところ、すべての人間において同一なのである。

ヒトラーがその方法でドイツを征服した後、世界中に向けて大々的な宣伝キャンペーンを準備できた理由もこのためである。ヒトラーの工作員は同じ方法で働き、さまざまな国で成功を収めた。もし民主主義諸国の植民地にヒトラーの方法を持ち込むことが許されれば、尋常ではない危険が生じるだろう。というのも、この「精神教育《サイカゴジー》」は妨げられることなく、すさまじい速度で発展しうるからである。

民衆向け感性的プロパガンダと説得のプロパガンダ

それでは、大衆に影響を与える方法は何だったのか。すでに述べたように、人格には二つの類型がある。したがって、二つの形式のプロパガンダが必要である。一つは粗暴な暗示には抵抗できると十分に自負している一〇%の人々を対象とするものであり、もう一つは暗示、特に第一（闘争）本能に基づいて作用する暗示を受け入れやすい、受動的な九〇%の人々を対象とするものである。この暗示にはときおり現実の脅迫が絶対的因子として作用する。そのうちに、脅威を想起させる条件的因子として働くシンボルの大量投入によっても作用するようになる。この絶対的因子と条件的因子が組み合わさって、恐怖の反応は生みだされる。その効果は、脅威とシンボルを広めた人々が獲得する投票数で確認できる。

このプロパガンダの二形式は、二種類の人格集団に向けられたものであり、異なる原理をもっていた。第一の形式は説得と論理的思考によって作用したが、第二の形式は暗示、ときに恐怖、ときにその積極的補完物である熱狂や興奮といった手段によって作動した。後者では有頂天になることもあれば、怒り狂うこともあった。こうした反応もまた闘争本能に由来していた。この二形式のプロパガンダのうちの一つを理性プロパガンダと呼び、もう一つを感性的プロパガンダと呼ぶ。前者は地味な政治的教育であり、長々と説明する必要はない。それはとりわけ民主主義国家の政党で普通に用いられているプロパガンダである。その形式はよく知られている、新聞、放送演説、討論会、小冊子、そして最後に、直接個人向けの宣伝たる「勧誘」がある。それはさまざまな本能に基づいているが、第二（食欲）本能が中心にあり、特に経済的利益に訴えるものである。

感性的プロパガンダの基盤は、第一（闘争）本能が中心となる。感覚に作用し、感情を刺激するシンボルや行動によって、大衆を感動させ、敵を威嚇し、味方の攻撃性を高めることが目指される。この形式のプロパガンダでは、すでに論じた図画的、造形的、音響的シンボルに加えて、独裁体制下では特に制服、旗、大規模なデモ、騒々しい行進などが用いられている。ヒトラーは、とりわけこうした軍事力の誇示と、航空スポーツに対する大衆の関心とを結び付けた。ヒトラーは示威行動と同時に航空ショーを組織し、飛行機による彼の到着は壮麗を極めた。「ドイツの空かけるヒトラー！」[32]というスローガンを広め、また飛行機の翼の表象と鉤十字を組み合わせたバッジを支持者に配布した。そのような活動もあって、飛行機を駆使して同日に三つ、四つの離れた都市でヒトラーが演説するというニュース映画に、観客、特に青年層は熱狂した。

感性的プロパガンダに用いられる形式はよく知られている。それは全体として、今日最も使われているものである。ドイツでヒトラーとそれに対抗した鉄戦線が繰り広げた感性的プロパガンダでは、新たな要素が取り入れられた。それは感情への訴求における因子だけでなく、その方法にまで注意を払うことである。例えば、ヒトラーの経済綱領の発表は、その敵側の失策を新聞、ラジオ、チラシ、集会、対面宣伝で暴くことと同時に行うように工夫されていた。敵対者や受動的分子を威嚇し、同志の勇気を鼓舞することが必要なときは、シンボルを使ったゲリラ戦が行われた。それは旗やポスターやデモによる闘争であり、シンボルの自動車行進、リズミカルな制服行進などである。他人への怒りや哀れみ、気遣いを喚起するために、激烈なポスターやパンフレット、あるいは聴衆を激しい憤りや憎悪、熱狂に駆り立てる集会が利用された。個人や集団を揶揄《やゆ》する風刺画を含むカーニバルのような行列、街頭歌、風刺詩のビラ、ポスターや漫画などを使って敵対者は嘲笑された。愛と喜びの感情、すなわち昇華された性欲の要素について働きかけるためには、野外ダンス、最新の話題を取り入れた流行歌や街頭歌、審美的な女性の彫像、集団行進、花飾りなどが用いられた。最後に、連帯感、犠牲への覚悟、義務感に訴えるプロパガンダの手段としては、いつでも、ビラ、集会、図画的ポスターが用いられた。

このようなヒトラーのプロパガンダは、主にカトリック教会の手法から借用したものであり[32]、そこでは芳香、薄暗がり、蠟燭の灯によって特別な情緒的感受性が作り出された。ヒトラーの行進では、ハンサムで筋骨たくましい若い男性の一団を必ず組み入れることになっていた。その軍隊式行進の光景がいかに女性をときめかすかをよく知っていたからである。彼自身、演壇でスピーチする間、鮮やかな色彩効果を利用した。彼の机の上には電気のスイッチ盤があった。彼がデモをしているとき、往々にして教会の鐘が響き渡っていた[32]。同じ講演者が同じホールで同じ主題について話しても、午前一〇時、午後三時、または夕方で全く違った効果が得られることをヒトラーは熟知している。

こうした方式のプロパガンダ指針の見本として、ここでは注目すべきタイトル、「集会での熱狂の創出」を持つ鉄戦線の文書を示しておこう。

一、音楽家や蓄音機やラジオが利用できるときには、特に元気のでる流行歌を流すことで、集会に入場する聴衆の気持を紛らわそう。
二、集会が終わるまで、聴衆の興奮と活力を維持し、次第に調子を高めよう。
三、時々、演説者と誰かで論争をはじめ、会場内の群衆に質問を投げかけて「はい」、「いいえ」などの集団的返答に駆り立てよう。このような大勢の確言は群衆に電気ショックのように作用し、その情熱を刺激する。
四、演説の前後に歌をうたおう。歌の間は常に起立させ、決して着席させてはならない。
五、演説は決して三〇分を超えてはならない。
六、最後は人気のある闘争歌によって、聴衆を絶頂に導こう。
七、可能であれば、面白い寸劇や合唱や朗読を披露したり、相応しい詩句を謳いあげよう。
八、音楽とともに、象徴的な絵画、または照明を当てた躍動的で陽気な、あるいは風刺的なプラカードを示せば、軽い息抜きに役立つだろう。

九、聴衆がときおり革命的な身振りをするよう駆り立てよう。拳を握りしめて、「自由！」と叫ぼう。
一〇、スローガンやシンボルを描いた垂れ幕や旗、観葉植物などで会場を飾り付けよう。エンブレムの腕章をつけた制服着用の若い活動家集団を世話係として会場に配置しよう。

ヒトラー主義プロパガンダの特徴は、総統を中心に一種の国民的な英雄伝説を創造することである。言うまでもなく、すべて誇張であり虚偽も多いが、感性的プロパガンダの特質はここでも明らかになる。それは大衆を心理的に支配し、心理的な奴隷状態を維持する手段なのである。

『わが闘争』

ヒトラーは『わが闘争』の中で、彼が「闘争」で使ったいくつかの簡単なプロパガンダの原則や実践例について書き留めている[31]。ドイツで絶大な人気を博した同書は、哲学的、社会学的にはもちろん、また政治的観点から見ても価値は乏しいが、ヒトラー主義のプロパガンダ技術を解説している点では一定の価値がある。全七百頁の中で、彼自身にとって明らかに見栄えの悪い話、つまり戦時中の歳月は、非常に短く曖昧に扱われている。それに続く記述は、彼の運動の組織化や変遷があらゆる細部まで長々と、悦に入った調子で示されるが、そこにはいくらかの誇張がある。例えば、若い突撃隊員四十人が、七百人の共産主義や社会主義の戦闘的労働者を投げ飛ばし、血が流れるまで殴打した、という。これが本当の話とは誰も思わないだろう。

ヒトラーがプロパガンダの原則と自ら採用した戦術を述べた章は、確かに興味深い。彼がフランスを、ドイツの「主要敵」、「宿敵」、あるいは「ニグロの私生児」の国などと述べている頁は、フランス国民にとって教訓的なものである。彼が次のような結論を下した箇所は特にそうだ。「こうした結果（フランスの破壊）は、全能の神への祈りによっても、ジュネーブでの演説や交渉によっても、達成されることはないであろう。それは流血の戦争、ドイツの剣によって達成されなければならない」。この目的のために、「我々は再軍備を目ざしている！」「しかし、そのためにはあらゆる印刷物、すなわち子供の読み書き練習帳から新聞紙まで、あらゆる劇場、あらゆる映画館、あらゆる広告柱、あらゆる掲示板が、この一大使命のために捧げられることが必要になろう。それは我々の愛国的な諸団体が天なる神に向かって訴える、「主よ、私たちに自由を授けたまえ」という弱気な祈りが最年少の子供の脳裏においてさえも、次の如く熱烈な祈りへと変化するまで必要なのである。「全能なる神よ、いつの日か私たちの軍隊を祝福してください。あなたがいつもそうして下さったように。我らが自由を得るに値するかどうか、いま判じたまえ。主よ、我らの闘争を祝福したまえ！」」

ヒトラーのもう一つの敵は、ソビエト・ロシアである。彼が疑いの眼差しをむけ、盲目的な激しい嫌悪感を抱き憎んでいるのは、この国である。独ソ不可侵条約の締結後、一九三九年九月に起こったことは、この事実と矛盾するものではない。一時的に現実的な政治的必要に従わねばならなかった、ただそれだけのことである。彼がロシアについて著書で述べていることは、すべての読者を啓発するはずである。たとえば、この発言だ。「我々ドイツ人は運命によって、災難に関わるべく選ばれている。我々はそこで人類種に関する民族理論が正しいことを示す最も確かな証しとなるのだ。」実際のところ、ヒトラーはロシア人がドイツ人によって支配され指導される運命にある「劣等人種」であることには少しの疑いも抱いてはいない。この予言から十年近くが経ち、その間にソビエト連邦は工業化で世界第二の大国となり、急速な人口増加率ではドイツの四倍、軍事力の増強ではドイツの三倍となったことを考えると、私たちはその言葉に肩をすくめることしかできない。

ここで、ヒトラーの著書中、最も興味深い部分、すなわち政治プロパガンダについて述べている部分を見ておきたい。まず、彼がプロパガンダを重視していることに注目しなければならない。

「それは大衆に政治的指導を与える本質的な技術である」と、一九三二年、ブリューニング首相との会談において述べており、さらに「私はこの問題を完全に煽動者として眺めている」と言明した。一九三六年のニュルンベルク党大会で彼はこう叫んでいる。「プロパガンダは我々を権力の座につかせ、プロパガンダは我々が権力の座にとどまることを可能にした。そして、プロパガンダは我々に世界を征服する手段を与えるだろう。」

これがヒトラーのプロパガンダ戦術に関する考え方である[39]。「プロパガンダの仕事は万人に科学的教育を施すことではなく、大衆がその重要性と倫理性に関心を示す事実、出来事、必要品などを大衆に指し示すことである。」これを読む限り、ヒトラーが無節操な宣伝家にとって至上の一般法則である、大衆の心理的レイプの鉄則を完全に理解していることをわかる。非常に不愉快なことであり、憎むべきことだが、当事者の一方が公正な取引のルールを踏みにじった瞬間から、その相手方が選べる道は同様の措置を講じるか、あるいは滅びるか、そのいずれかしか残されていない。ヒトラー自身もプロパガンダについてこう述べている。「それは使い方を知っている者が手にするなら、恐るべき武器となる。」[32]

実を言うと、ヒトラーはプロパガンダで独創的なアイデアを何一つ生み出していない。すべての形式はどこかからの、特に社会主義運動やイタリア・ファシズムからの借り物である。彼はその著書でこれを認めている[31]。「私たちは敵の戦術から多くのことを学んだ」と述べ、いわゆる「残虐行為プロパガンダ」、さらにノースクリフ卿の戦時プロパガンダ全般をすばらしい天才的事業と見なしている。しかし、ヒトラーの特徴は、このプロパガンダの法則を途方もない規模で一貫して適用していることである。これほど大規模な事業展開には資金問題が生じるが、ヒトラーがベルリンのナチ党会議で言ったように、この問題はそれほど困難ではなかった。「我々は他人の費用でプロパガンダを続け、最終的には今まで（反動的な有力政党である）ドイツ国家人民党だけが利用できた資金源を獲得するだろう。」[32]

こうした資金源はよく知られているように、産業界の大立者［一九三三年のヒトラー内閣で経済相と食糧農業相を兼務したアルフレート・フーゲンベルク］である。ヒトラーは政権を獲得すると、宣伝省に莫大な資金を投じた。一九三四年の同省予算は二百万ポンドを超え、その後の数年でドイツ内外におけるプロパガンダ活動への支出総額は五億マルク、すなわち四百万ポンドに達した。ヒトラーが権力を獲得して以来、そのプロパガンダをどこであれ確実に浸透させてきたもう一つの方法は、全ドイツ国民に彼の放送演説の聴取を求めたことであった。ラジオ受信装置の所有者は、通行人が聴けるように、窓を開けるよう命じられている[32]。

ヒトラーのプロパガンダの政治思想とは何か。もちろんそれは単純なものであり、巨大な無定形の大衆、本書でいう「五万五千人」に影響を与えることを意図したものである。その感性的性質は、恐怖や好戦的熱狂の反応をつかさどる闘争（第二）本能に絶えず訴えかけている。ゲッベルスは、実際に「プロパガンダは複雑な思想を単純化することに努めねばならない」と宣言している[32]。ヒトラーはその著書で、「大衆の賛同を得るには、その脆弱性と残虐性を同じ比率で考慮する必要がある」、そして「掌握したい大衆の数が多ければ多いほど、プロパガンダの知的レベルは低くなければならない」と書いている。ヒトラー主義のプロパガンダは、もちろんドイツの国民感情、というよりむしろナショナリストや排外主義者の宣伝文句を利用している。すなわち、大戦中の「背後からの一突き」の伝説、「ベルサイユの恥ずべき平和」、「国民的名誉の回復」、「十一月の犯罪者ども」などである。こうしたものが、ヒトラーが主題にしたプロパガンダのスローガンである。そのスローガンがまったく不誠実なものであるという事実は、次の事実によって示される。煽動で達成できる政治目標がない場合、ヒトラーは「我らドイツ人同胞への抑圧」を我慢することに何らの困難も認めないのである。そのわかりやすい例が、南チロルの「イタリア支配下に置かれたままの」運命であり、最近〔第二次世界大戦勃発の口実にされる〕までのポーランドにおけるドイツ人少数同胞の運命である。

民主主義諸国では、しばしば次のように言われてきた。ヒトラーがドイツ国民を掌握できたのは大戦でドイツが敗北したからである。というのも、「敗北は常に反動を引き起こす」からである。しかしヴィリ・ミュンツェンベルクが『武器としての宣伝』で述べているように、この主張は誤りである。「軍事的敗北が、社会を進歩させる性格を帯びた人民革命の原因となった多くの事例を、歴史は示している。」

全世界を動揺させたヒトラーのプロパガンダのもう一つの「思想」が、反セム主義の迫害思想である。それは今日のドイツ指導者層が現代生物学の無知により採用した「人種理論」の論理的帰結である。このプロパガンダの残虐性はおぞましいものとして受け取られ、国外における反ヒトラー勢力の動員を容易にしている。

ヒトラーのプロパガンダのさらなる特徴は、国内政治における熱狂的な社会的デマゴギーである。大衆を獲得するためには、その機嫌をとらねばならないとヒトラーは理解していた。そのため、中世的な民族主義思想を追求しながら、その理想に社会的基盤を与えた。それゆえに国民社会主義というハイブリッドで空虚な言葉が生まれた。この場合の社会主義は、彼の中核的支持層である中流階級を苛立《いらだ》たせることなく、労働者・農民大衆の心をつかむために考案された単なる好餌《こうじ》である。彼は、労働者により良い賃金、雇用者により大きな利益、農民により高い価格、都市住民により安い食品など、それぞれの社会階層に、その願望の完全な達成を約束することをためらわなかった。ヒトラーは、聴衆が彼の約束にある矛盾に気づくことはできないと見ていたが、それは正しかった。ミュンツェンベルクが上手く表現しているのだが(32)、ヒトラーは社会主義者の「すべての人はすべての人のために」と資本主義者の「すべては一人の所有に」というスローガンの間に、「各々の人に各々の人のものを」という無意味なスローガンを打ち上げた。しかしこのデマゴギーは、プロパガンダの花火でカモフラージュされて、成功した。プロレタリアートへの罠として使われ、「社会主義」政党の名称を正当化するのにいくらか役だったヒトラー宣伝の二つのスローガンは、「ナチ党綱領にある」「公益は私益に優先する」と「利子奴隷制の打破」である。言うまでもなく、ナチ党が政権を獲得したとき、こうした約束は守られなかった。

ナチ党の外交政策を支配している二つの主要な思想は、防共協定、すなわち共産主義、特にソ連に対する狂信的な敵意、そして民主主義諸国に対する「批判」というより悪態である。ヒトラーは東方の敵対者に対して十字軍を夢見るが、絶えず国力を増強させているソビエトは、彼の進路を阻んでいる。この十字軍の目的のために唱えるスローガンが「ヨーロッパ、目覚めよ！」であるが、それは自国で有効だった「ドイツ、目覚めよ！」の拡大版である。民主主義諸国に対するプロパガンダは最近になって強化された。プロパガンダの考え方では、議論はありえず、ヒトラーの言葉を借りれば、「でも」も「しかし」もありえない。その考え方を大衆にたたき込むための唯一の方法は、「力ずくで説得すること」、すなわち恐怖に基づく感性的プロパガンダによる、心理的レイプである。ヒトラー自身、「成功の第一条件は、ただ不断かつ不変の力の行使である」と述べている[31]。したがって、ヒトラーの演説で暴力への訴え、威嚇、軍事力の正当化などが含まれていないものは存在しない。一九三五年のニュルンベルク党大会で、彼はこう叫んだ[32]。

「もし敵を攻撃すると決めても、私はムソリーニのようにはしないだろう。私は議論を始めず、準備に何ヵ月も費やすことはせず、自分が生涯を通じていつもしてきたようにするだろう。夜の稲妻の一撃のように、私は敵に襲いかかるだろう。」

これこそ激情に駆られた脅迫の言い回しである！　彼の支持者たちはその方法を摸倣しており、福音主義派の牧師が唱える祈りの中にもその模倣は確認できる。「われらが自らの力を信じるならば、天にましますわれらの父から自由がもたらされると信じます。」[39]　今日のプロパガンダでも、ヒトラー主義のそれで使われるほどに侮辱的言辞が用いられることはない。「人間の屑、あばずれ、偽証人、売春斡旋人、殺人者、知的淫売」などである。ヒトラーは自身が用いた方式、つまり成功に不可欠なものと考えている方式を、敵対者に向けて次のように開示してくれた[31]。

「人間の弱点の正確な評価に基づくこれらの戦術は、敵陣営が毒ガスには毒ガスで対抗する方法を学ばなければ、ほとんど数学的な確かさで成功に導いてくれるはずである。造船所や工場でのテロ行為は、それと同じテロ行為によって阻止されないなら、いつも完全に成功を収めることになるだろう。」

一般的戦術については、政治プロパガンダでも他の分野と同様、指揮系統の統一が不可欠であるとヒトラーは考えており、「強い人間は、一人だけでいるとき、いっそう強い」と断言している。もう一つの法則は、決して条件法の話法を使ってはいけないということである。「直説法と命令法のみが、味方には精強な心理状態、敵方には恐怖の心理状態を保たせる。」「要望も希望も決して口にするな、いつも約束し断言せよ。」[39] ヒトラーは続けて、プロパガンダは常にナチ党が勝者であり、これからも勝者であり続けることを絶えず繰り返さねばならない、と言う。「自信から得られる暗示力を生み出すために、あらゆる乱闘は勝ったものとして表現されねばならない。」[31] この法則は、ヒトラー主義プロパガンダのもう一つの特徴、謀略の使用と密接に結びついている。［一九三三年二月二十七日の夜に］国会議事堂が放火され、この事件が［共産党の弾圧に］利用された経緯は、特筆すべき周知の事例である。将校団におけるスパイや秘密工作員、政治的暗殺者は、新聞報道や学校教育、あるいは歌謡や絵画でヒーローとして扱われているのだ。

ヒトラー主義プロパガンダの戦術で最も特徴的なのは、全有権者だけでなく全住民に手を伸ばそうとする、計画的な努力である。それは心理的な環境が投票に影響を及ぼすためであり、この理由からヒトラー主義の全活動は感情的要素への訴えに根拠付けられている。ヒトラーは次のように述べている[31]。「大多数の民衆は精神的にも気質的にも極めて女性的であるため、その意見や行動は熟慮の上で決められるよりも感覚的な印象によって決定されることがはるかに多い。」

この目的を達成するためには、あらゆる手段が正当化される。例えば、ヒトラーは女性に対する演説で次のように宣言した。「我々が権力を握ると、すべてのドイツ人女性が夫を得るであろう。」[32] ナチ運動の報道担当者は、「しばしば直面した土壇場で運動を救ってくれたのは、主に女性だった」と証言している。

夢遊症状態と、条件反射形成をある程度行うことで生まれる全身性の内部抑制現象との相関については、すでに説明した。この夢遊症状態（個人が他人によって操られる客体となり、与えられた命令のままに動くほど、暗示への感受性が高まった状態）は、相当に長期間繰り返される、単調な刺激によって生み出すことができると判っている。このやり方もまた、ヒトラーによって規則的に繰り返された。ミュンヘンのクローン・サーカスで催された彼の最初の大集会について、こう回想している。

　最初の半時間が過ぎると、自然発生的な拍手喝采がだんだんと大きくなってきて、私の演説の妨げになってきた。だが、二時間が経過すると、それは敬虔な静寂に変わった。このときの記憶はそれ以来何度も私の心を満たしたものであり、それを経験した者なら誰も忘れないものだろう。無数の群衆の中にいて、一人の人間の息づかいまで聞き取ることができるほどの静寂であった。最後の言葉を私が発したとき、怒濤のごとき歓声が上がった。そして群衆は解放の歌「世界に冠たるドイツ《ドイチュラント・ユーヴァー・アレス》」を熱唱したのだ[31]。

このように再覚醒、脱抑制の現象も現れた。ヒトラー主義プロパガンダが成功したのは、忍耐と不屈の努力だけが理由ではなかった。ヒトラーはこう書いている[31]。

　そこで私は次のような態度をとった。敵が我々を愚弄したり侮辱したりしてもかまわない。道化師や犯罪者として扱ったとしても何の問題もない。本質的なことは、敵が我々を話題にし、我々に心を奪われてしまうということなのである。

ヒトラーの著作はプロパガンダの技法に関して重要な示唆を含んでおり、敵対者はそれをよく注意し、覚えておくべきである。ヒトラーは書き言葉より話し言葉の方が重要だと考えている。

　演説者は聴衆に密着しているので、自分の言葉の反響を聴衆から受け取る。その結果、追求する目的に必要な感情を生み出すには何が最も適しているか、彼はすべて説明できるようになる。……聴衆の表情の動きは、その話が理解されているかどうか、彼を支持しているかどうか、そして確信を与えたかどうかを演説者に示すからである。

集会のテクニックも注意深く扱われている。ヒトラーは特に二つのことを強調している。まず、「世話係」スタッフとして、妨害者を叩き出し議論を守る屈強な青年同志が必要であること、次に、集会に先立って積極的な広報活動を行う必要があることである。ヒトラーは最初の集会体験についてこう書いている。

私は二台のトラックを借り、それ全体を赤色で覆った。各車両に一五人から二十人の同志が乗り込み、都市の隅々まで回って、ビラをばらまくことになっていた。……その夕方、サーカス会場は満員で破裂せんばかりだった。

歌曲はヒトラー主義プロパガンダで重要な役割を果たしている。まさしくパウル・レヴィが指摘したように(39)、その音楽性は問題にならない。大抵は替え歌か改作である。しかし、プロパガンダの成功に必要な大原則は「反復」である。ヒトラーは条件反射について何も知らなかったが、その原理的な重要性は完全に理解していた。彼はこう書いている(31)。

次の基本原理が常に厳格に考慮されていなかったとすれば、プロパガンダの組織化に用いられたあらゆる創意工夫も何らの成果をあげなかったであろう。プロパガンダは少数の事がらに絞り込み、絶えずそれを繰り返さなければならない。忍耐力は、……成功のための第一条件にして最重要の条件である。

だからこそ、ヒトラーは絶え間なく大衆にスローガンをたたき込んできたのである。ヒトラーが口にし手にしたシンボルや鉤十字を、パウル・レヴィは「標語の細菌」と呼んだが、それは数百万人によって拡散された(すべての党員が鉤十字の着用を義務付けられていた)。また、これこそ彼が旗や横断幕をそれほどまでに重視する理由である。そして、赤が最も注目される色であること、それが労働者階級の運動のために選ばれた色でもあること(それゆえ、同じく党名に「社会主義」を使用した)、そしてそれが血、したがって闘争と暴力を暗示することを知った上で、ヒトラーは旗やポスターで赤色を選んだ。彼はこう書いている[31]。

我々は慎重に考慮した上でポスターに赤色を選んだ。それが左翼を激怒させ、その党員を我々の集会に――たとえ彼らがそれを粉砕する腹づもりだったとしても――引き入れるためである。なぜなら、それこそこうした人々に我々の言葉を聞かせる方法だったからである。

以上、ヒトラーのプロパガンダを見てきたわけだが、世界を煽動し、彼の活動と成功の要となったプロパガンダは、主に二つの要素によって特徴づけられていることが分かった。まず道徳的考慮の無視であり、次に「第一」(闘争)本能を基礎とした大衆感情へのアピール、そして大衆を同調に誘導する条件反射形成にむけた合理的方法の使用である。ヒトラーの敵対者たちは、これと同じ原理と原則に従わなかったので、この分野をヒトラーの独壇場にしてしまった。彼らが完全に粉砕された原因は、ヒトラーがいみじくも言ったように、「プロパガンダは、それを使う方法を知っている者が手にするとき、恐るべき武器である」からである。これはヒトラーの個人的な創見であり、彼はそれを自覚している。

一九三六年一月三十日、「首相に就任した」ヒトラーは国会議員にこう宣言した。「あなた方が何者であるか、それを決めるのは私である。」そして翌一九三七年一月三十日に、彼らに向けてこう述べている。「国民社会主義党はドイツであり、私がその党である！」

絶対的権力は人間を自己陶酔させるものだが、ヒトラーは演説の中でいつも自分自身、その経歴、その功績について語る。彼は一九三六年三月十四日にこう述べている。

「世界史の始まり以来、政治家がこれまでに達成した最も偉大な仕事を、私は成し遂げた。」

ムソリーニ

ベニト・ムソリーニはイタリアの独裁者であり、ヒトラーの「素晴らしい脇役」である。いつもヒトラーに先を越されていることがムソリーニは許せないようだが、力量が劣ることは明らかなため、自分の師匠に従うことを余儀なくされている。その熟練度は劣るとはいえヒトラーと同じ方法を使用しているが、ゲッベルス級の人材を欠いており、チアノ級がいるだけである。

その原則はいつも同じで、誇張、威嚇、大衆への恐怖の注入、そして群衆におけるエクスタシーと野性の興奮を生み出すことである。［一九二二年一〇月の］「ローマ行進」に先立つ数週間にイタリアにいた人々は、あらゆる町の家の壁や掲示板などに、いかつい形相で睨みつけている、黒く型抜き印刷されたムソリーニの頭部が貼られていたことを覚えているだろう。この威圧的な肖像の上には次の言葉があった。「グアイ・ア・キ・トッカ！」、要するに「この次に酷い目にあうのは誰だ！」

ムソリーニは、ヒトラーと同じく、あらゆる演説で脅し文句を使っており、その脅迫が明確になるようにいつも気を配っている。例えば、彼は演説で「誰であれ国民義勇軍に傷を負わせたものは銃殺する」と言った(40)。ムソリーニがいつも口にするのは、短剣、小銃、ピストル、そして彼特有の暴力方法、独自に開発したヒマシ油［を下剤として飲ませる拷問］である。

ファシズムのシンボルそのものである「ファッシ」も暴力の象徴である。このファスケス（束桿）は真ん中に斧の入った棒の束であり、古代ローマのリクトル、すなわち執政官を護衛する者がこれを携帯していた。ファスケスの起源は、紀元前六世紀、古代ローマの初代執政官、ブルータスがその息子たちを国家反逆罪により公衆の面前で棒で殴打し、斧で斬首したという伝説にある[40]。この恐怖を呼び起こす処罰道具が、ローマでは権力のシンボルとなった。ファスケスを捧げ持って執政官を先導するリクトルは、執政官の宣告をその場で実行した。すなわち、殴打であり、絞首であり、斬首である。このファシズムのシンボルは、鉤十字、三本矢、あるいは十字架と比較すると、あまりにも複雑で、不器用な人には描き出せないという欠点がある。

しかし、何よりもムソリーニに特徴的なのはその空威張りである。演説の中で脅し文句を左右に浴びせかけ、度を超えた身振りが常態となっているので、ムソリーニは海外でしばしば物笑いの種になるが、彼はそれを全く意に介さない。こうした例がある[41]。一九三五年七月［第二次エチオピア戦争に際して］、彼はエボニでこう叫んだ。「言葉や言い回しで我々を止めることができると思っている奴らに、我々はまず「行動部隊」の実力で応えよう。かまうものか《メ・ネ・フレゴ》！」

別の例も挙げておこう。一九二七年五月三日、ムソリーニは「戦争は一九三五年に勃発する」と言い切り、次のように付け加えた[41]。

> イタリアは四百万人の軍隊を保持するだろう！　さらに世界で最も恐るべき海軍力、また極めて精強な空軍力を擁するだろう。飛行機の発動機の轟音はイタリア半島で他のあらゆる音をかき消し、その翼はイタリア上空を暗く覆うだろう。

いつ如何なる場所においても虚勢を張ることが、ムソリーニのプロパガンダの本質である。虚勢への情熱に取り憑かれたムソリーニは、［一九一七年十月から十一月にかけてドイツ・オーストリア軍に撃破された］イタリア軍の「カポレットの惨敗」の痛ましい記憶を思い出して、こう叫んだ。「あの時、私が首相だったら、あの惨敗も偉大な勝利として発表したはずなのに。」[41]

ヒトラーとムソリーニがベルリン・ローマ枢軸の収益をめぐり張り合っている状況の観察は、政治を見る目を養ってくれる。アビシニア戦争の間、ムソリーニは自らに有利な状況をつくるべく、ヒトラーに世界戦争を始めるのを手伝うよう働きかけた。しかし、ヒトラーは現実的なリスクがない場合にのみ脅迫するという自らの戦術に忠実だった。ヒトラーは次のような及び腰の声明を出すことで満足した。「断固たる、しかし慎重な政策と、漸進的だが秩序だった再軍備は、外交も活用して、我々が戦火を交えずドイツの本質的要求を満たすことを可能にするだろう。」[41]

他方で、一九三八年九月［ズデーテン危機に際して］、ヒトラーがしびれを切らせて、フランス軍の動員に対抗してイタリア軍に動員令を発するようムソリーニに迫ったとき、今度はムソリーニが言を左右にして、ぐずぐずと先延ばしをする番になった。彼はイタリア国民が開戦に賛同しないことをよく知っていたのである。

ムソリーニのプロパガンダは誇張と無遠慮と過剰な饒舌が混ざり合って、その効果をしばしば損なっている。それにもかかわらず、ムソリーニは危険人物である。というのも、彼は元社会主義者であり、前革命主義者でもあり、実際に何が必要かを完全に熟知しているからである。ルイ・ロワイヤが言うように[40]、彼は大衆を組織する才能を持っており、ヒトラーよりも知性的で、暴力に限りない信頼を置いている。例えば、彼は革命において「巨大な統治機構の解体は、中央と周辺で同じように迅速に行われなければならない」ことを知っている。彼はまた良心の呵責もなく、実際には資本家の利益に奉仕していながら、大衆の面前に疑似社会主義という疑似餌《ルアー》をまくことをためらわない。彼によると、イタリア・ファシズムは「真実の民主主義」である。ムソリーニとファシズムは中産階級反乱の現象であり、史的唯物論の発展の論理的結果であるとしばしば言われる。しかし、それは違う。ロワイヤが正しく述べているように、「ムソリーニは自分に都合のよいときにはサンディカリストの行動も支持する。……（ムソリーニは）ファシスト運動の結果ではなく、その信念、その生身の精神なのだ。」[40]

このことは彼のプロパガンダに照らして見れば、とりわけ明白となる。そこにおいて、威嚇し、暴力や虚偽を行使することはすべてではないにしても、圧倒的な役割を果たしている。プロパガンダは費用がかさむものであり、ムソリーニもヒトラーと同じく、彼の支配に利害を有する人々、すなわち資本家からプロパガンダの資金を取ることにためらいはない。有名な工業家が脅迫的プロパガンダ行為として名高い「ローマ進軍」を組織するために一五〇万リラを寄附した(40)。ファシストのプロパガンダは、ヒトラーの場合と同様、社会的であれ経済的であれ綱領を持たない。その目的は何をおいても「まず支配することである。さまざまな要素がごった煮の混沌から、思想が生まれ、計画が制定され、党の理想がゆっくりと浮かび上がるにまかせておけばよいのである。」(40)

　ムソリーニの経歴を知っていれば、こうした特徴のすべてが理解できよう。彼は青年時代から苦労と貧窮という、波乱に富む生活を送ってきた(40)。しばしば戸外で眠り、パンの物乞いをしたこともある。南部気質が彼を社会的な闘争に駆り立て、社会主義者、革命家、過激な反軍国主義者とした。彼は刑務所の独房の常連となったが、反逆思想に尻込みすることはなかった。彼は宗教と聖職者の敵であり、冒瀆者だった。彼は生まれつきの政治的闘士であり、社会主義運動でかなり卓越した地位へ昇ることに成功した。彼は社会党機関紙『前進《アバンティ》』の編集者となったが、一九一四年の開戦によりムソリーニの行動主義は、不介入を主張する党指導者の穏健な日和見主義と衝突した。連合軍側でのイタリア参戦を支持する彼の激烈なプロパガンダは、同志からの攻撃を招き、ついには収賄行為で告発され、党からも除名された。

　自尊心を傷つけられ、復讐欲に駆られたムソリーニは、かつての同志たちに対して情け容赦のない戦闘を宣言した。一九一四年十一月二十五日付『イタリア人民《イル・ポポロ・ディターリア》』の記事で、彼らに挑戦状をたたきつけた。「私がここにいるのは、まさしく諸君の喜びを台無しにするためである。いわゆる「ムソリーニ事件」は、諸君が願うようには終わらない。それは始まりであり、ますます複雑になって、途方もない重要性を帯びてきた。」(40)

　この言葉通りに彼は行動した。破天荒な勢いでこの戦いに全力を投入した。彼の最大の特徴は、「自分の思想の表現に完全に無関心であり、自分が論争で用いる言葉や数字にまったく無頓着なこと」である。例えば、彼はためらうことなく、こんな風に書いている。「この野郎にはうんざりだ。だが、私が吐き気に襲われる前に、血を流すまでこの野郎を殴りつけてやりたい。」[40]「殴りつける」は彼のお気に入りの言葉の一つである。彼が首相になったとき、彼は敵対者についてこう述べた。「容赦なくボコボコに殴ってやるよりほかにない。」

このような暴力への絶え間ないアピールは、優れた技術力を誇るプロパガンダによって増幅され、社会に緊張状態を作り出した。それがもたらした犯罪の中で最も残虐なのは、ムソリーニに抵抗した社会主義者ジャコモ・マッテオッティ［統一社会党書記長］の暗殺事件である。それは、ムソリーニ側近の一人で、責任ある地位にあった宣伝家チェーザレ・ロッシの仕業だった。ロッシはムソリーニに裏切られ、イタリアから亡命して、国外で暴露記事を発表した。その中でロッシはムソリーニを、その忌まわしい犯罪の精神的首謀者として糾弾した。彼が描き出すムソリーニは、二重人格者にして見かけ倒しの即興的人間であり、さらに続ければ、「懐疑的にして感傷的、気前がよくて冷酷であり、大胆だが煮え切らず、非妥協的で穏健的」だった。つまり、自らの権力を維持するために、誰に対しても優位を保つことだけに気を配っている人間なのだ[40]。ロッシの以下の発言に私は全面的に賛同する。

ファシズムとは、気まぐれの達人が挑むゲームである。自らが過去に味わった苦難と認識不足、そして自らが加わった階級闘争で同志から被った拒絶、こうしたことに対して恨みを晴らそうと躍起になった男が、見事なやり口で遂行したゲームなのだ。ムソリーニはこのゲームの成功に酔っている。なぜなら彼はゲームの中で権力を行使する喜び、他人をあからさまに軽蔑できる喜び、そして笑いや涙を広める権威を発揮する喜びを満たしているからである[40]。

それはプレイヤーとともに終わるゲームである。ムソリーニもそれを知っているので、次のように述べている。

ジュヌビエーヴ・タブアが、こう書き留めている。

ムソリーニに関する著書において、エミール・ルートヴィヒは統領《ドゥーチェ》との会話を報告していた。ムソリーニは稀にしか見せることのない誠実さで、ファシズムは必然的に自分と共に終わらなければならないと言った。「わが亡き後に洪水よ来たれ！」と。イタリア語版では、この文言は当然の配慮によって削除されている(41)。

第七章——ヒトラー主義に対する抵抗運動

最初の一撃

それでは、一九三二年のドイツで起こった出来事を考えてみよう。これまで各章で述べてきた原理の科学的分析の価値は、私たちの実体験であるがゆえに、経験に基づいてうまく説明することができる。ドイツとヨーロッパの運命が決した悲劇的な年の出来事の経過について、信頼できる未公刊記録が手もとにある。それは当時、ドイツ社会民主党がヒトラー主義に対抗すべく創設した巨大な防衛組織「鉄戦線」においてプロパガンダを担当していた人物［チャコティン本人］の報告書である。

＊　＊　＊

シンボルを用いた新しい闘争方法（三本矢、握り拳、「自由《フライハイト》！」の喚呼）が提案され、ハイデルベルクで最初の実験が行われた。その結果は非常に有望であり、いまこそ真の闘争に突入する時が到来した。ヒンデンブルク［大統領が再選をめざす一九三二年三月十三日］の第一次投票キャンペーンが迫っていた。社会民主党がこの老元帥の立候補を支持するよう、指示を党員に発したことはよく知られている。これは同党にとって厳しく苦渋に満ちた決断であったが、他に選択肢はなかったのである。他の誰かが候補者であれば、ヒトラーに権力を掌握させることになったことは疑問の余地がなく、それは何としても阻止されなければならなかった。鉄戦線を組織し、すでに明らかに不可避だった最終的闘争を視野に入れ、有利な戦略的位置を占めるには、まず時間が必要だった。さらに規律を確保することも必要だった。党の指令はすでに発せられており、もはや理論的な議論をする時ではなかった。攻撃を開始することが求められていた。

私はベルリン［の社会民主党本部］にプロパンガンダの計画案を送り、その返事を待ったが、無駄だった。私はこの闘争の象徴的イラスト［**図6**］を描いていた。それは戦闘的だが皮肉を込めた、つまり二つの原理を組み合わせたものであり、後に何百万枚もばらまかれ、ドイツ全土で驚くほどの人気を博した。ベルリンからの返事を二週間待った後、選挙の数日前になって、第二回［決戦］投票において「もし必要になれば利用する」という回答を得た。私は宣伝と組織の具体的で詳細な計画とともに、シンボルの全体系をベルリンに送ったが、それ以上の返答は得られなかった。このキャンペーンの間、同党のプロパガンダは極めて緩慢に展開され、量的にも質的にも他陣営のそれに比肩しうるとは主張できなかった。相変わらず、我が党のパンフレットはあまりにも冗漫かつ空論的であることは明白で、あくびをせずには読むことができなかった。陳腐で退屈な、出来の悪いポスターが二、三枚、壁に貼られていたが、それはうめき声をあげ、嘆き悲しんで、第三帝国の接近を不安な面持ちで語る貧窮者を描いたものだった。これはまったく狂気の沙汰であり、心理的直感の完全な欠如を証明する確かな証拠ではなかったか？それは実際にはヒトラーの目標に貢献しているのではないのか？　彼が脅迫の言葉を口にしている間、我が党のポスターはそれに具体的なイメージを与え、間違った方向で脅迫のプロパガンダを続けているのだ。人々は我が党の集会に行ってはいたが、そこで何を得ることができただろうか。長々とした演説、歴史的叙述、数字と統計、そして下品な冗談と機知だけがときに救いとなる討論にすぎない。最も活動的な我らの同志たちは、ちっぽけな拠点の、さして意味のない会議に時間を浪費していたのである。

この種の「活動」で疲れきっている党書記の一人に、私は次のような計算を示した。選挙キャンペーンが最高潮となり、ナチ党のプロパガンダが燎原の火のように広がり、そのシンボルが至るところに表示される中、ナチ党の街頭活動家が我々の支持者を襲う街頭闘争を開始したとき、我々の指導者はどこかの会場で百人に演説するために市街を離れていた。その聴衆の約八十人はすでに我々の支持者で、いかなる場合であれ我々に賛成票を投じたであろう。だが、残りの二十人のうちの、半分以上の票を獲得することは望めなかった。我が指導者はこの十票を得るために党の事務所から離れ、選挙協力に意気込んでいる若い党員同志を自宅で待機させ続けた。また、国旗団の同志たちも、当てもないまま街をさまよわせていた。というのも、この指導者が国旗団や青年団の地区リーダーたちを、演説のために同じような地方会場に派遣していたためである。これと同じ光景がどこでも見られた。

しかし、闘争方法の近代化を求める私の活動計画はすべて、党書記などの幹部から一貫して「ベルリンの中央委員会の指令なしには何もできない」という回答で退けられた。絶望した私は、自分のやりたいように行動することにした。一党員として私のエネルギーを使うことを誰が禁じられるだろうか。

ルーチンと無理解に対する闘争

私は二日間をかけて、南ドイツと南西ドイツの主要な拠点を訪れた。その指導者たちと話し合い、新しい方法を説明し、国旗団の若い同志たちを集めてシンボル闘争の技術を教えた。幸運にも何人かの活動的な中堅幹部を説得して仲間にすることができた。特に若手党員は熱心に新方法を採用し、その後も積極的にこれを実施した。こうした都市の壁面はあっという間に我らのシンボルで覆われ、街頭や集会の挨拶では「自由《フライハイト》！」が叫ばれた。ヒトラーの鉤十字を追っている三本矢の象徴的なイラストが党の地方新聞に現れ、短く印象的な対句が添えられたステッカーになった。我らの若い闘士の心を奪う歓喜に満ちた情熱と、プロパガンダの乱闘に突入した彼らの熱狂について、諸都市の党書記や国旗団幹部たちは私に語ってくれた。活動家同志からの次のような報告は、さらに好ましいものだった。

「いわゆる〝チョーク・キャンペーン〟が始まって以来、誰もが変貌してしまった。以前なら、パンフレットを配るのに数人以上の同志を集めることは出来なかった。それはいつも難題で、実際、我々には負担が大きかった。だが、いまやステッカーを貼ったり、三本矢を描いたり、パンフレットを配布したりするために、いつも必要以上のボランティアが大勢集まっている。現在、彼らは皆そのアイデアのとりこになっている。」

　これはなんら驚くべきようなことではなかった。新しい方法はそれに参加した人々の情熱をかき立てるという特長を持っていた。ごくわずかの個人的な危険が、冒険のロマンチックな雰囲気を強めた。また、やるべきことが明確であるのも、何より青年が欲することだった。二、三名の活動家が警察に捕まり、他の人々はさらに用心するようになったが、その情熱は少しも衰えなかった。

　ハイデルベルクではどこもかしこも興奮状態だった。都市全体が三本矢で覆われ、選挙当日には敵のステッカーすべてにわれわれのものが重ね貼りされた。そのうちのいくつかを紹介しよう。

「ヒトラーは権力に近寄れない。

　鉄戦線が見張っている！」

「もしクーデターを企てるなら、
　鉄戦線が一撃を加える。」

「ゲッベルスを聞き、ヒトラーを知る者なら、
　断言する。〝ヒンデンブルクが大統領になる〟。」

　投票日の少し前、ナチ党のポスターがいたるところに貼られ、ヒトラーの巨大な頭部が描かれた上に、「ヒトラーが大統領に選ばれるだろう」と書かれていた。翌日、このポスター一枚一枚のヒトラーの顔面に大きな疑問符がチョークで描かれていた。投票前夜の土曜日、街頭の壁面は我々のステッカーで覆われた。

「アドルフ、心配しないで、
月曜日の朝、あんたは用済みだ！」

　この二行連句《カプレット》は大成功だった。みんな読んで笑った。さらにいいことには、この対句に飛びついた子供たちが、それを街中で唱え、知らず知らずに我々の宣伝をしてくれた。選挙は終わったが、我が党の指令は守られ、我が支

持者大衆は厳しい規律を保持していた。労働組合の本部は、夕方から活気が溢れていた。人々が詰めかけた部屋はタバコのけむりとビールの臭いが充満し、いたるところで哄笑と歓声があがり、「自由《フライハイト》！」の陽気な叫び声とお気に入りの対句をサビに用いた歌が響き渡っていた。人々は突然飛び上がり、握り拳を上げ、抱き合い、勝利の祝辞を交換した。

それからの数日は、想定外の決定的な一撃で締めくくられた。午前三時、全市街が眠りに落ち、誰もが闘争は終わったと思っている間に、我らの活動家たちは新しいステッカーで壁面を覆いに出かけた。

「落ちた、落ちた、

アドルフ、選挙で落ちた！」

これが翌朝、勝ち誇ったように掲示板に現れ、その予期せざる出現に住民は大喜びしていた。鉄戦線の迅速な追撃が大衆に深い印象を与えた。

一九三二年大統領選挙の第二回投票

私は満足だった。新しいプロパガンダ方法は厳しい試練を受けたが、ドイツ南部の各地から朗報がもたらされた。投票の二日後、私はベルリンから「すぐ来られたし、第二回投票は貴殿の方法を採用する」という電報を受け取った。希望に胸を膨らませ、ベルリンに向かった。私の発案により、全国各地から代表者が至急電報で招集され、我らの青年活動家の一団が新しい方法を実演してみせた。この若者たちを、私は「ドイツで最も活動的な青年たち」と呼び、我々の新しい闘争方法の価値と形式を説明した。それはうまく理解された。「よいアイデアだ！」と全員が口にし、熱情に燃えて家路につき、さっそく仕事にとりかかった。私も同じように中央本部で宣伝戦を指揮した。一日も、一時間も無駄にはできない。キャンペーンに使われるシンボルのイラストは、すぐに印刷されて、共和国全土に送られた。それは新しいシンボルの説明とともに党機関紙に掲載された。

同時にこのイラストをつけたステッカー数百万枚も発送された。チョークが大量に購入され、あらゆる地方組織に配布された。どの市町村の壁も三本矢でおおわれた。その効果は驚くべきものであった。たちまち全員が息苦しさから解放された。ついに問題点が明らかになり、闘争の可能性が示されたのである。新たなプロパガンダの成果と、我々の活動家の昂《たか》ぶりを伝える多数の報告が中央委員会に届けられた。また、我々の敵に与えた影響に関する報告は、どれも同じだった。すなわち、「周章狼狽した」、「不意を突かれた」、「当惑している」である。中産階級の新聞紙はみな、鉄戦線の大衆が突然に活動を始めたことを報じた。

その一方で、間もなくすると我々の組織内での困難や軋轢が報告されるようになった。国旗団と鉄戦線と社会民主党の各指導者の間には意見の相違があった。私はこの危険を予期していたので、すぐに主要な党指導者たちと連絡を取り、この新しいアイデアへの彼らの関心を呼び覚まし、その共感を得ようと試みた。まず党の情宣本部との連携を模索した。私は共同キャンペーンの合意を取り付けたようとしたが、これは完全な失敗だった。私がその目的を説明しようとした会議の開催は、党指導部に拒否された。党幹部たちはいまだ姿を見せていなかった。彼らはいつも共和国各地の演説に走り回っており、実際には方法的に組織立った中央指導部は存在しなかった。キャンペーン計画については、彼らの誰一人として気にかけてはいなかった。あらゆるプロパガンダ活動、ポスターやパンフレットの配布などを担当する「中央情宣局」を運営していたのは、政治的なプロパガンダの経験がなく、その原理をまったく理解していない人々だった。私は彼らと話し合い、議論しようとしたが、徒労に終わった。彼らは全く官僚的で、ただ一つのことしか脳裏にない人間だった。それは、「党の会計部が大金を寄こしたので、数百万部ものパンフレットや数千枚ものポスターを印刷しなければならない」ということである。そのパンフレットは古風で、退屈で、陰気で、全くうんざりする代物であり、そのポスターは陳腐で全く効果的でなく、ときに滑稽でさえあった。しかし、それはいずれも印刷されていたので、各地区の書記局に送らなければならなかった。これを済ませて、党職員は満足していた。これは知的兵器で戦う能力を備えた参謀本部ではなく、ただの卸売流通部門だった。彼らは私の講演を聞いていたが、この原理に明らかな反感を抱いていた。心理学にせよ何らかの政治的科学にせよ、彼らはまるで見識など持ち合わせていなかったのだ。まったく情けないことだが、ようやく、自分がここで無力であることを私ははっきり自覚したのである。

残された唯一の仕事は、党の地方支部と直接連絡をとって全力を投入することだけだった。我々は中央宣伝局で休むことなく働いた。だが、例によって上層部からは倦怠の兆候がすぐに現れ、陰謀がうごめき始めた。復活祭が近づいたので、みんな突然に任務を放棄した。すべての機能が麻痺しようとしていたが、誰も心配しなかった。誰一人として選挙運動に興味を示そうとしなかった。

私は、［聖金曜日から］三日間も選挙運動をせずに過ごすのは馬鹿げていると、指導者を次々と説いて回った。参謀本部が大会戦で一晩中、もちろん日曜日も作業しなければならない状況になぞらえ、敵陣営が眠ってなどいないことを示すこともできた。しかし、すべては無駄だった。

指導者たちはおどろいた素振りを見せ、私を優しく冷やかして、食事やダンス、カードゲームをするために出かけた。私は急いで労働組合本部に赴いたが、ここもブルジョア的饗宴の真っ最中だった。華麗に着飾った御婦人方や大きな葉巻をくわえたフロックコートの殿方が部屋の中をぶらついていた。それはお祭り騒ぎの情景だった。私は足早に立ち去って、最も名高い指導者の一人に会いにいった。庭で見つけた彼は、忙しそうにバラの花壇の世話をしていた。ベルリンから百マイル以上も離れた場所に私が来ているのを見て彼は驚き、非常に切迫した問題について私と話し合った。しかし、彼は微温的で無気力だった。私は歯噛みをしながらベルリンに戻った。私は仕事をしようとしたが、無力だった。もはや組織のメカニズムも作動していなかった。ようやく仕事が再開されたのは、三日後のことだった。

それに加えて陰謀があった。突然、国旗団の本部にオットー・ヘルジングが再び現れた。彼はこの組織の指導者だったが、もうしばらく姿を見せていなかった。彼は新しいアイデアに反対するために戻ってきたのだ。それは「あまりにモダンで」、「あまりに危険であり」「警察の規則に触れる」（原文のまま！）というのだ。そればかりか、彼にはそれが滑稽であり、我々が公衆に「誤解される」危険があるように思えたようだ。新しいプロパガンダの推進はこれ以降やめるべきだと彼は要求した。彼に脅された中央委員会は、にわかに自らの勇気ある判断に怖じ気づき、彼に道を譲ってしまった。

我々が始めたことはすべて突然中止され、地方支部から我々のもとに届いていた待望のプロパガンダ資材の注文はすべてキャンセルされてしまった。芸術的に制作された、効果的な新しいタイプの優れたポスターは、地方支部の求めに応じて発送が約束されていたにもかかわらず、我々の指導者によって突然禁止された。その資金がもう残っていない、というのである。プロパガンダの管理を任されていた私が知らないうちに、数十万マルクという膨大な金額、すなわち我々が使用できる資金のほぼ全額が浪費されていた。それはナチ党指導者の私生活の詳細を暴いた、二冊のゴシップ屋まがいのパンフレットを印刷するために費やされたのである。それは教師や牧師や将校に送るべく企画されたもので、金と時間を費やす大変な仕事であり、我々の最も活動的な専従職員に重い負担をかけ、莫大な資金を無駄にした。私の見るところ、その成果は極めて疑わしく、まったく道徳的価値のないものであった。私はいつも、我々は汚れなき手で戦うべきであり、懸命な努力だけが我々を救うことができると主張してきた。スキャンダルに熱中するのは努力とは言えないし、我々に何の利益ももたらさない。こうした私の抗議はまるで効果がなかった。そのパンフレットは発注済みであり、大成功を収めるものと期待されていたのである。

ひどく失望し憤慨した私は、仕事をあきらめて家に帰った。すでに選挙運動は明らかに破綻していたが、我々の新しい武器が生み出す熱狂の波から一定の成果は期待できた。我々は四百万票から五百万票の更なる上乗せを自信をもって予想できた。しかし今や、これは明らかに不可能となった。我々の選挙運動は、自らの行動によって半ば台無しにされたため、せいぜい百万票の増加をもたらしたにすぎない。

それればかりではない。この計画の全目的は、目を見張るような大成功の確信を与えること、我らの敵を打ち負かすことであり、さらに共和国支持者を勝ち誇らせることによって、その精神的昂揚をプロイセン選挙という、来るべき闘争に役立てることであった。その決戦において、我々は大規模なプロパガンダ闘争を戦い抜くことで反対勢力を撃破することができたはずだ。私はこの選挙運動の計画を、我々の最高指導者にして党首のオットー・ヴェルスに直接提出した。この計画には以下の段階が含まれていた。プロイセンの勝利が確保されたら、鉄戦線に対してプロパガンダの自由を与えられねばならない。すなわち、デモでの制服着用の禁止は解かれ、大衆を獲得するための新しい自由は最大限に活用しなければならない。そして、新たな宣伝キャンペーンを駆使して、ナチ突撃隊の取り締まりを確実なものにしなければならない（それはこの段階でのみ行われ、これ以前ではない）。最後の選挙運動では、行政機関の粛清を要求しなければならない。共和国の敵がもはや官公庁に存在してはならない！

こうしたキャンペーンと、その計画的活動が約束する勝利は、ドイツ国内だけでなく国外においても、ドイツ民主主義の威信を大きく高めることにつながったはずである。そのことが、さらにはフランスの選挙にも大きな影響を与え、左翼の勝利をもたらしたであろう。そうなれば、フランスとの協調を妨げる何ものも存在しなかったはずである。新しいキャンペーンはこの目標を達成していただろうし、そうなれば、軍縮と経済再建が当面の課題となっただろう。

しかし、私の計画は水泡に帰した。党指導部は射程の長い政策を持たず、その日ぐらしに終始していた。彼らは自分自身も、自分が率いている諸勢力も信頼してはいなかった。実際、彼らはこうした勢力との接点をすべて失っており、ただ消極的に運命に身を委ねていた。

私の予言は的中した。実際、我々が獲得した票の増加は百万を超えるどころか、わずか六十万にすぎなかった。もはや勝利の前進など問題外となり、それとは反対に、敗北を覚悟していた敵は勇気を取り戻し、「勝ったのは自分たちだ」と考えた。彼らの勝利は相対的なものに過ぎなかったが、それで十分だった。投票の二日前、我々の指

図7：国旗団機関紙『共和主義画報』1932年4月2日号。

導部は考えを突如改めた。ヘルジングの干渉により陥った恐慌状態から回復し、我々の計画の続行を望んだのである。しかし、そのメカニズムは破壊されており、我々にできたのは自分たちの優柔不断と誤謬の果実を収獲することだけだった。

プロイセン、ヴュッテンベルク、ハンブルクの選挙

私も友人たちもこの状況を不安の目で見つめていた。いっさいの行きがかりをすてて、闘争を続けるのが我々の義務だった。しかし遂行すべき任務は途方もないものだった。我々は多くの地盤を失っており、敵は前進を続け、優位に立とうとしていた。ドイツの多くの州で地方議会の選挙が差し迫っていた。

ヒトラーはドイツの要石たるプロイセンを占拠する準備をしていた。彼の「興行主」ゲッベルスは、ナチ党が「アメリカ的」規模のプロパガンダを続けるつもりであると国民に宣言した。これは我々の活発な攻勢への対抗措置だった。実際のところ、鉄戦線そのものがアメリカ方式をまねようとしている、と新聞で報道されていた。ゲッベルスはまた、プロパガンダに莫大な資金を投入すると断言した。このようにして自分たちが我々を凌駕しているということを中産階級の目に焼き付けるのがゲッベルスの狙いであり、彼らを目覚めさせようとしていた。

我々の状況の悲劇は、心理的闘争において一定の精神的成功を収めた一方で、具体的な優位性を示せていないということであった。我らの諸勢力を結集する機会は失われていたし、その指導者たちは相変わらず耳も聞こえず目も見えないままだった。彼らはあまりに大胆で斬新と見えることに対して、それが何であれ常に反対する傾向があ

り、それを中止させた。しかし、労働者階級組織のネットワーク全体を実際に制御するという成功の本質条件は、その資金力を含め、依然として彼らの手中にあった。

何をなすべきだったのか？　ヒトラーの脅威に対する闘争に一日たりとて無駄にできなかったが、すべてのことを最初からやり直さなければならなかった。私の任務は、何よりもまず、我々の幹部たちがプロパガンダを支持するよう、彼らにプロパガンダすることだった。ヒンデンブルクの選挙キャンペーンは、我が党の公式プロパガンダが不十分であることの深刻な証拠だった。ドイツ最大の政党であり、最もよく組織された政党であり、選挙の争点を決めることができたはずの政党が、その精神的武器を使用できず、プロパガンダにおいて無能であることが判明したことは、極めて屈辱的であった。

しかし、新しい国会選挙に期待すべき十分な理由もあった。もしプロイセンの選挙でヒトラー主義者が勝利すれば、国会選挙は避けられなくなるであろう。プロパガンダの視点から見て、状況は我々に不利ではなかった。それは敵と真剣勝負をする新たな機会を約束してくれるし、さらに時間を与えてくれた。いずれにせよ、そうなれば我々のアイデアを採用させることに成功するかもしれなかった。次の一つだけは確実だった。ひとたび我々が宣伝機構、そして諸組織のネットワークを自由に動かすことができるようになれば、数週間のうちに驚異的な活動を始めることができるだろうし、そうすれば計画全体が滞りなく進んだだろう。

しかし、どうすれば致命的な暗礁から、すなわち我らの責任ある指導者たちの暗愚な無理解から逃れることができるのか？　もし党大会を開くことができたなら、党執行部にいる受動的分子を排除する望みがあったかもしれない。指導者の誤った方針に不満を持ち、すぐに糾合できる党員は十分すぎる数に達していた。しかし、まさにこの理由から、政治的闘争の最中に党大会が召集される見込みはなかった。それゆえ、私にできたのは指導者の説得に努めることだけだった。

私が選択した三つの方法は、新聞掲載の啓発記事、個人的な説得、地方議会選挙の結果に基づく有効な証拠の作成である。私は新しいプロパガンダ、選挙における経験、労働者運動の「活性化」に関する一連の記事を発表し、我々の指導者たちに送りつけた。すなわち、フォーゲル、ブライトシャイト、ヒルファーディング、ヘルツ、グラスマン、キュンストラー、ハイルマン、レーベ、シュタンプファーなどである。私は面会に行き、彼らと何時間も話し合い、数字、図表、地図を使って説得しようと懸命に努めた。別々に話してみると、彼らは個人としては、執行部が多くの対応を誤ったことを認めるのもやぶさかでないように見えた。彼らは無気力やルーチンに立ち向かい、新しい方法の導入に助力することを約束してくれた。しかし、彼らが委員会に集まると、なんと全員が新しいアイデアを拒否したのである。彼らのせいで私は万策尽きたが、とりわけ党の最高指導者オットー・ヴェルスの責任は大きい。彼は次の台詞ですべての発言を締めくくった。「自分がこのアイデアに反対している以上、それについて議論するのは時間の無駄である。」

ただ一つなすべきことは、ヴェルスに直接掛けあうことだが、それは簡単な仕事ではなかった。彼が我々の新しいプロパガンダに徹底して反対であることは前もってわかっていた。当初、シンボルを用いた選挙運動というアイデアに耳を貸すことさえ、彼は拒否していた。「こんなナンセンスなことをすれば、我々が滑稽に見えるだろう」、さらに「警察との間でもめ事がおこるだろう。」革命的政党の党首がこのような意見を口にしようとは、全く信じられないことだった。

鉄戦線の指導部にいた同志の一人は、五時間を費やしてヴェルスの説得を試みた。すでに闘争で有効性が実証されている新しいシンボルに、彼の承認を取り付けようとしたのである。弁護士が作成し、警察当局が署名した公印のある特別文書がベルリン警察本部から提出されたとき、ようやくヴェルスは同意した。この文書には、その申し出に対して警察に異存はなく、社会主義労働者が壁にチョークで三本矢を描いても警察は介入しないと書かれていた！

それでも、私はヴェルスと直接話をすることを決めた。私は労働組合会議がある四月十三日に彼を国会ロビーでつかまえた。彼は私に対してぶっきらぼうにこう尋ねた。「あなたは選挙運動でどんな経験をしたのかね?」

「同志ヴェルス、あなたに申し上げねばなりません。我々の党で活動している三つの要素、すなわち大衆、党組織と労働組合、そして指導部のうち、第一の要素は特に優れている。大衆は知的で規律正しく、熱意と闘志に満ちている。第二の要素である組織の機構も特に優れている。それは当然のことでしょう。七十年間も続いた組織は良いものでなければなりません。党機構はあらゆる状況に対応し、あらゆる任務を遂行でき、また現在想定されている以上のことさえできるでしょう。しかし、第三の要素である指導部については、率直に認めなければなりません。頭が腐っている、と。これこそ、我々の弱点です。指導者が全てのもの、全ての行動、全ての闘志にブレーキをかけているのです。指導者は勇気がなく、大衆はおろか自分自身さえ信じていないのです。」

ヴェルスは顔面を朱に染めて怒った。この場面の目撃者は、暴風がまさに吹き荒れようとしていると驚き、目をみはった。しかし、これは私の心理的フェイントにすぎなかった。私は間髪入れず、こう続けた。

「しかし、ヴェルス同志、これを治すことができるのはあなたです。あなたはドイツのレーニンの役を演じることができます。できる限り速やかに足かせを取り去り、無能な指導者たちが犯した過ちを帳消しにするのです。彼らを押さえつけるのです!」

ヴェルスの顔は晴れやかになり、抜け目のない上機嫌の微笑で彼はこう答えた。

「ああ、よろしい! その件でお話しましょう。明日、党の事務所に来てください。たっぷり一時間あげますから。」

我々は希望を抱き始めた。同志たちは私を祝ってくれた。

「戦いは半分勝ったようなものだ。結局は、成功するだろう。」

次の日、私はヴェルスに会いに行った。彼は古参の党官僚たちに取り囲まれていた。私はあらゆる雄弁術を駆使して、ヴェルスその他を口説き落とすために全力をつくした。しかし、それは無駄だった——時間の浪費に過ぎなかった! 三十分後、ヴェルスは呼び出されていなくなり、残りの連中が私に食ってかかった。

「一体何を求めているのだ？　我々は、一生懸命に働き、あらゆることに細心の注意を払っている。あたなから学ぶことは何一つない。我々は、ほんのわずかな助けさえ必要としていない。」

　私はこの戦いに負けたことを悟った。

　第三の、つまり最後に残された可能性は、事実の力で指導者たちを説得することだった。ハンブルク、ヴュルテンベルク、バイエルン、プロイセンの四つの州議会選挙を我々は目前に控えていた。私はハンブルクでの勝利を確信していた。すでに大統領選挙の第二回投票のときに、私はこの地で催された党職員二千人の大集会で話しており、目覚ましい成功を収めていた。ここでは指導者の中にさえ、完全な理解と敢闘精神が見出せた。新しい方法がそこに浸透し、万事うまくいくだろうと感じた。バイエルンは離れており、その状況はかなり特殊だった。それゆえ私が選んだのは、ヴュルテンベルクだった。ヒンデンブルクの大統領選挙で第一回投票が行われた際、私は同地ですでにある程度の準備をしていたからである。

　指導者たちとの長い議論の後、私の計画は受け入れられ、新しい方法を大規模に実施することが決定された。私はいろいろな技術指導を行った後、大いに安堵してベルリンに向かった。ヴュルテンベルクは道理を受け入れたように見えた。いまや大きな問題はプロイセンだった。ベルリンは全く落胆すべき有り様だった。党機関紙でも公開集会でも美辞麗句があふれていたが、舞台裏ではすべてが混乱状態にあることがすぐ判明した。現実的な政治指導は存在しなかった。指導者たちはみな都市から出払い、取るに足らない小集会で演説をしていた。党事務所はいつものように忙殺されていて、宣伝組織は無能で、しばしば滑稽だった。新しいアイデアのいくらかは鉄戦線に浸透していたが、この組織は何もしていなかった。というのも、社会民主党は次のような建前を保持して、鉄戦線を無力化してしまった。

「地方議会選挙はすべての政党が互いにしのぎを削る政治選挙であり、鉄戦線には社会民主党だけでなく民主党や中央党の党員（一％！）が含まれているので、この組織が社会民主党だけのために活動することは許されない！」

党が自ら単独で選挙運動の「指揮」を行っていた。しかし、すぐに真の指揮などはどこにも存在しないことが判った。あらゆる場所で私はそれを探し求め、ある組織から次の組織へとたらい回しされたが、指揮については何ら発見できるきざしは見えなかった――その理由は単純である。そんなものはそもそも存在しなかったのである。鉄戦線の指導者たちは別のことに心を奪われていた――ナチ突撃隊の解散問題をめぐる国防大臣ヴィルヘルム・グレーナー将軍との確執、ヒンデンブルク大統領周辺の陰謀などである。

我々の最強の勢力〔鉄戦線〕は、この決定的な闘争の外に取り残されていた。彼らはどの地方でも自らの責任で動いていたが、すべてが調整連絡を欠いており、運まかせだった。その上、地区の党書記との対立によって、運動はいたるところで無力化していた。事態を改善し、真に組織的な活動をしようとした私の努力は、ことごとく徒労に終わった。プロイセンの闘争が負けることは予見できたし、実際に負けた。さらに、我々はヴュルテンベルクでも敗北した。ひどく動揺した私は、シュツットガルトに赴いた。そこで私が学んだことは何か？　計画のために開催した会議の決定事項は何一つとして実行されていなかった。ベルリンの党本部の指令で、ヴュルテンベルクでも印刷物が溢れかえっていた。いつものように、無益な活動にすべての努力が向けられていたのである。ここでもまた、鉄戦線は麻痺状態だった。新しい方法だけが効果的であることは再確認されていたが、ルーチンの方が優先されていた。かくして、我々は重要な拠点を失ったのである。

敗北しなかった唯一の拠点がハンブルクだった。そこでは真の闘争が行われ、その結果は私の予想通り、輝かしい勝利だった。新しい方法が使われ、誰もが賞賛の声をあげた。シンボルによる選挙闘争は、党内で、特に地方において人気を博した。人々は三本矢のバッジをつけ、三本矢を描いた赤旗がいまや至る所に現れていた。多くの人々が街頭で「フライハイト！」と挨拶を交わし、多くの党機関紙が第一面トップに三本矢を掲げていた。それをしなかった数少ない新聞の一つは、中央機関紙である『前進《フォアベルツ》』だった。同紙はかたくなにその採用を拒んでいた。

ヘッセンでの大勝利

ナチ党は［一九三二年四月二十三日の］プロイセン選挙での勝利の後、再び頭をもたげてきた。ヒンデンブルク大統領の再選後に禁止されていた突撃隊の再合法化をナチ党は求めていた［禁止令は一九三二年四月十四日に出され、同六月十六日に解除された］。彼らは国の将来を先導する勝者として肩で風を切って歩いており、プロイセン州当局はますます無力化していった。

ナチの時代は、実際、明らかに近づいていた。ナチ党のプロパガンダ指導者たちは、彼らが再び勢力を回復する道を開くためには、もう一度心理的な攻勢に出なければならないことを直ちに悟った。彼らはさらなる選挙の勝利を必要としており、ヒトラーは士気阻喪に陥った国家人民党の支持を得て、ヘッセン州で新たな選挙［投票日は一九三二年六月十九日］を強行した。

こうして我々は新たな闘争の前夜を迎えた。私は生き返ったような心地だった――ついに我々は真の好機を手にしたのだ。ここヘッセンでは、我々の新しいアイデアを支持する人々が最強の勢力を擁し、活動的人物が指導的地位を占めていた。一通の電報が、私を科学の仕事から再び遠ざけることになった。私は急いで現地に赴き、歓喜と自信を持って闘争に身を投じた。我々も敵も同じようにこの闘争の重要性を理解していた。それは心理的な一大決戦であった。もし私たちが勝てば、信頼できる唯一の武器である新しいプロパガンダを適用する道が開かれるかもしれない。もしヒトラーの権力への歩みが再び阻止されれば、我らの諸勢力に新たな自信の大波が押し寄せ、次なる闘争で多くのチャンスをもたらすであろう。だが、もしヒトラーがヘッセンで勝利したら、それは彼の権力掌握が確実になったことを意味しよう。これにより、引き延ばされた希望に嫌気がさしていた突撃隊の内部に見られた自壊の兆候にも、終止符が打たれるだろう。そのため、ヘッセンの戦いは精神的武器による死闘であった。すべての政党が総動員をかけ、小さな州に演説者、ポスター、パンフレットが押し寄せた。国会議員はほぼ全員がそこに集まっていた。彼らはこの州のすみずみまで巡回した。ヒトラーも全力を尽くした。ゲッベルスはヘッセンの全地区でヒトラーに屋外演説をさせた。太鼓の音を聞いてそこに集まった大群衆は、主に農民だった。あらゆる場所に騒動と興奮があり、花、旗、太鼓、行進、松明行列など、すべてのものが投入された。

今回は我々も眠ってはいなかった。まさしく選挙戦開始の夜、キャンペーン計画があらゆる合理的効率性の規則に従って作成された。それは徹底的に討議され、我が諸団体のネットワークに送り出された。地図を使った現代的な効果の検証が開始され、闘争の全過程が観察できるようになった。力強く書かれた小さなパンフレットがばらまかれた。それは大衆の脳裏にわがシンボルの威力への信頼を叩き込み、わが陣営に闘志と自信を目覚めさせた。そして何よりも我々が選挙運動で使おうとしていた三つの主要なスローガンが謳われていた――「活動の復活」、「鉄の規律」、そして「無産階級の連帯」である。このキャンペーンは、週ごとに緊張が高まるように、週単位に区分されていた。

また、ある仕掛けによって我々は大衆に期待感を抱かせた。例えば、ヘッセンの人気キャラクター「ショルシュ」の製作が公約され、「鉄のショルシュ」に対する人々の好奇心が広まった。それは［選挙前の］最終週にヘッセンで立ち上がるとされていた。それがいったい何を意味するものか、あらゆる場所でささやかれた。それが巨大な鉄の箒として、庭園や公共広場などあちこちに出現したとき、心の底からの笑いが起こった。ヘッセンからナチ党を掃き出す道具だったからである。これに加えて、幅広く掲示されたポスターには、大量の壊れた鉤十字を掃き捨てる精悍な労働者が描かれていた。窓からは三本矢のついた赤旗が吊され、みんなが三本矢のバッジをつけていた。ヘッセンで組織された社会民主党の党員は一万人に過ぎなかったが、このバッジは二週間で五万個も売れたのである。自転車愛好者は三本矢のペナントをひるがえして街路を行進した。あちこちで高く上げた拳と「フライハイト！」の叫びが挨拶として用いられた。こうしたシンボルがこれほど人気を博した以上、その効果はどこでも同じように際立っていた。

すなわち、こうしたシンボルは我々の支持者の精神を高揚させ、敵側にやり場のない怒りを広げ、大勢のブルジョ

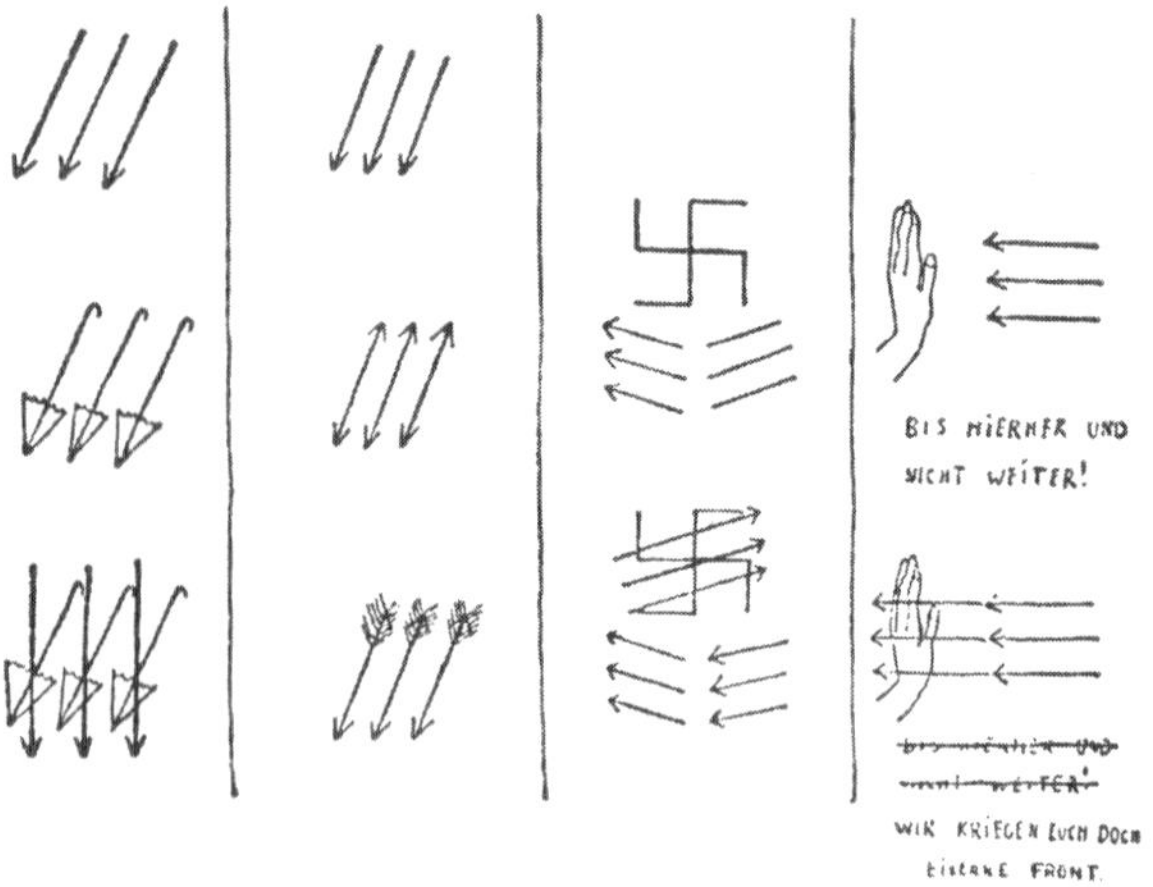

図８：シンボル闘争の具体例。

アと無関心者に完全な当惑と驚愕をまきおこした。印刷された三本矢は壁や掲示板のいたるところに見られた。チョークで書かれた三本矢は舗道にある鉤十字を貫いた。二行連句のスローガンがいたるところに掲げられ、我々の力を誇示し、あるいは敵を嘲笑した。こうした二行連句の押韻は人々の記憶に残り、急速に人気を獲得した。我々の支持者たちは、旗を掲げて軍楽を奏でつつ、長い列をなして街頭を行進した。我らの歌は意気揚々と合唱され、群衆の喝采を浴びた。

ついに我々の全力が発揮される時がきた。我々のチャンスは、またたく間に拡大した。これほど混み合った集会は空前のことだった。理論的な討議はほとんどなされなかったが、意識下の自我に作用するプロパガンダによって、我々の活動家にますます多くの自信と闘志が効果的に吹き込まれた。一方、意識に向けた訴えとして、忠誠の誓いが行われた。それは我々が「革命的体操」と呼んでいたものである。演説者と聴衆との間の応答であり、聴衆がときどき「フライハイト！」と叫び、握り拳を上げるように導いた。その目的は、集団的な意志的行為によって、人々の心に戦闘的な情熱を注入し、将来においてそのような熱意を呼び起こしやすくすることであった。どこにいても大衆の感情の高ぶり、その活気、力強さ、闘志を感じることができた。

ヘッセンではシンボルとイラストのゲリラ戦が激しさを増し、極めて特異な展開となった。この段階になってようやく、敵は我々のシンボルに対抗し、それを破壊し、嘲笑する手段を採り始めた。我々は即座に応じた［図8］。

敵はいくつかの場所で我々の矢を傘に変えようとした。傘は中流階級を表象するものと見なされていたからである。我々はそれに再び矢を書き加えて、シンボルを復活させた。敵は両端に矢印を書き加えて矢の効果を破壊したが、我々は新たな先端部を矢羽根に変更して、もう一度シンボルを復元した。敵は三本の折れた矢の上に鉤十字を上がきしたが、我々はその絵を鉤十字に矢が豪雨のごとく降り注ぐものに変えて、意味の決定権をふたたび取り戻した。敵は、矢に向かってかざす手を描き、その下に「止まれ！」と書いた。我々はその手を貫いて矢を伸ばし、その下にこう書いた。「どうしたって、我々が勝利するだろう！」

それに続いて、大衆の政治的ダイナミズムを最高に表現する示威行進が出現した。この間に、フォン・パーペン内閣がヒトラーの手助けもあって成立しており、その見返りとしてヒトラーのプロパガンダにとって最も重要なもの、すなわち突撃隊の復活が許された。制服着用の禁止が解除され、あらゆる政党の分列行進が認められた。我々の機関紙やブルジョア穏健派の新聞は、ヒトラーとフォン・パーペンのこの策動を強く非難し、さらにそんな些末な問題で気をもんでいる二人をあざ笑った。しかし、あざ笑う方が見識に欠けていたのである。ヒトラーは戦術的観点から正しく行動した。だが、彼にとって想定外のことが一つあった。自分が［制服着用の］独占権を保持していると考えていたからである。それは彼の主要敵である社会民主党が、それまで心理的洞察力を欠いており、プロパガンダ技術で一貫した稚拙さを示していたという事実を踏まえた判断だった。

しかし、ヒトラーが行進するとき、いまや我々もまた行進した――豪華絢爛に、楽隊に先導され、群衆の歓声に迎えられながら。我々の隊列は旗を翻し、新しい制服を着て、ダルムシュタット駅［図9］まで行進して、ハンブルクで勝利をもたらした三本矢の旗を受取ってきた。この象徴的行動は、我々がヘッセンで攻勢の準備ができていることを示した。この序曲に続いて、私は新しい原理に基づいてデモを編成した。それは以下の発想からはじまっている。

我々が目にしている公開の街頭デモでは、いわば二通りの投票者集団、つまり能動的な有権者たちと受動的な有

図9：ダルムシュタット駅における「自由の敬礼」。

権者たちが舗道添いに列をなして興味ぶかげに見物していた。このデモは、新しいプロパガンダ全体と同じく、受動的な多数派を魅了し、刺激し、我々に共鳴させることを目的としていた。そのため、この受動的集団の好奇心を最大限に利用して、我々の思想への共感を生じさせ、我々の力への信頼を膨らませ、デモに加わり我々と共闘するよう煽り立てる必要があった。

この目的のために、デモの行列は一種の書物のように表現されねばならなかった。それは挿絵のあるページが論理的に構成され、しだいに効果が高まるように設計された書物である。それは見物人を無意識のまま所定の思考に一気に引き込み、ついには「我らに投票せよ！」という、我々の最後通牒の言いなりにすることである。この「書物」は「章」ごとに分けられ、各章には国旗団、労働組合、スポーツ協会などの隊列で構成された象徴的なグループが、一定の間隔で配置されていた。各グループを見た後、見物人には短い休息が与えられ、その間に次に来るグループの意味をうかがい、理解することができた。四つの特徴的な「章」とは、①陰鬱なる現状、②それに対する我々の闘争、③敵に向けた皮肉、④我々の目的と理想であった。この各「章」が訴えた感情は、それぞれ同情、恐怖（敵の側の）、勇気（我々自身の間の）、笑い、喜びの順であった。このように感情の全域を見物人に体験させたのである。

まず最初に、その場の見物人は憂鬱と不安の感情におそわれる。このために、私は「三文オペラ」から葬式の場面を借用した。音楽を入れず、不吉な沈黙の中に、孤児、未亡人、負傷者などの戦争犠牲者が進んだ。車で運ばれる障害者、さらに資本主義的危機の犠牲になった失業者、ホームレス、飢えた人々が続き、最後にナチ党の犠牲となり殴られ負傷した人々が、松葉杖をついたり、頭や手足に包帯を巻いたりして進んだ。群衆の心は揺さぶられ、哀れみと反抗のため息がもれていた。

突然、一筋の光明、一縷の希望がひらめいた。人民の自由のために、またあらゆる社会的不正の撤廃のために闘う我々の活力と熱意を象徴する解放者が現れた。我らの制服を着た隊列は楽隊に先導され、軍隊行進曲の伴奏に合わせてリズミカルに足踏みして通り過ぎた。その真ん中にはわが同志の精強と闘志を具現する一連のシンボルがあった。その先頭では、十二名からなる制服を着た青年の一団が、太陽に照り輝く磨かれた金属製の巨大な三本の矢を頭上に掲げて行進した。音楽に合わせて、三十秒ごとに命令の言葉、「フライハイト!」のかけ声とともに、矢が前方へ発射された。これは、すべての人に途方もない力動的効果をもたらした。見物人は我を忘れて「フライハイト!」と叫び、熱狂的に喝采した。

それに続く大型トラックの上では、国旗団のハンサムな青年が左手に三本矢が描かれた旗を持ち、右腕を上げて「フライハイト!」の敬礼をしていた。そのトラックの周囲は三本矢の赤いペナントを吊した管状ビーズでぐるりと飾られていた。別のトラックは、動く肖像「ベーベルの面影」を載せていた。シーツの上に偉大な民衆指導者の横顔の、巨大な黒いシルエットが描かれており、トラックに置かれたプロジェクターで光が照射されていた。

もう一台のトラックは、赤い布地と緑の枝で飾られ、赤いドレスにフリジア帽を被った美しく若い女性、つまり「自由の女神」を載せていた。彼女は左手で三本矢のついた大きな赤旗を持ち、右手で剣を突き出して、じっと前方を見つめていた。彼女はパリ凱旋門の「マルセイエーズ」像をかたどっていた。けたたましいファンファーレが彼女の周りで吹き鳴らされ、彼女の後に続く社会主義青年団がもつ赤旗はまるで森のように見えた。そのあとに、三本矢の赤旗を身にまとい、右肩をはだけた可愛い少女の一団が続いた。彼女たちは赤い小旗を振り回し、夜になると松明をかざした。これが「生きている自由の松明」だった。

さらに見物人が無我夢中となる熱狂を呼び起こした集団がいくつか登場した。緊張を緩めずに安堵感を与えるためには、新たな情動に訴え続けることが必要であり、それが行列の第三「章」の目的であった。それは敵をあざけり笑う集団を含んでいた。いまや群衆の興奮は、別の方向に転じられていた。最初にやってきたのは死刑囚護送車を引く馬車であり、その端には突撃隊の制服を着てヒトラーの顔をした人形が逆さまに吊されていた。その護送車に従った男性集団は、こう歌った。

「さようなら、アドルフ、お別れは、悲しい」

同じような当てこすりの流行歌も歌われた。次は民族衣装を着た農民たちが、大きな鉤十字を突き刺した鋤を担いで来た。さらに、次のような替え歌で民謡を歌う集団が続いた。

「ただ一度限りの存在なのに、あいつはもう戻ってこない」

見物人は心から笑った。これらの集団の間には、スポーツ団体や各種協会、青少年団などが「フライハイト！」と叫び、拳を握り腕を上げて敬礼しながら行進した。大群集は熱狂してこの叫びに加わった。

行列の第四「章」は、社会主義の理念と要求を表象していた。太鼓が打ち鳴らされ、赤旗が広げられ、耳をつんざくようなファンファーレが響く中、社会主義青年団の隊列の先頭に「青年――人民の希望」と大書された旗が掲げられた。次の集団は「諸国民の友愛」を具現していた。トラックの上には、手を握った男女が異なる民族衣装を着て立っていた。別の集団は「労働の時代」と名付けられていた。そのトラックの上では、二人の屈強な労働者が音楽に合わせて重いハンマーで鉄床をたたいた。トラックの周りでは、さまざまな道具を持った仕事着の労働者が歩いていた。「労働者と農民の同盟」と呼ばれる集団がそれに続いた。職業の標章をつけた仕事着の職人たちは、大きな農耕馬に乗った農民を取り巻き、馬の手綱を引いたり、乗馬者に手を差し伸ばしたりしていた。同じタイプのいくつかの集団がこれに続いたが、最後の集団に「勝利せる三本矢」があった。花で飾った薄手のドレスを身をまとった二列の少女たちが、三人の美少女を取り囲んでいた。三人は社会主義のモットーである「光を目指して！」

を象徴する大きな金色の矢を持っていた。その矢は花で飾られ、矢先は天上を指し示していた。その間、楽隊は「兄弟よ、太陽へ、自由へ！」［ロシアの労働歌を一九一八年にヘルマン・シュレッヘンが訳詞］の歌、流行曲、ヨハン・シュトラウスのワルツを順番に演奏していた。

これは人間の神格化であった。音楽と大勢の労働者のリズミカルな行進が混じり合い、行進する隊列と見物人から絶え間なく発せられる「フライハイト！」の叫び声によって、群衆は感動し興奮していた。このすべてが、ぬぐい切れない感動を与えた。

そこへ「行動への勧告」という題された最後の集団が来た。大きなトラックの上にある巨大な数字の「1」は、赤色でおおわれ、「リスト1に投票せよ」との一文が添えられていた［比例代表制であるこの選挙で投票用紙のリスト1は社会民主党、リスト2はナチ党だった］。トラックの上に置かれた投票箱の周りには、特徴的な衣装を着た四人――農民、労働者、女性、そして知識人――が立っていた。彼らは投票用紙を表す白い紙を絶えず箱に投げ入れていた。これは選挙当日の見物人に期待される行動であり、いまや彼らは「ちらりと見る」だけのはずだったこの「書物」、すなわちこの行列のとりこになっていた。

このとき目にした思いがけない出来事が、このデモ行進の具体的な効果をよく示してくれた。実際の行列の最後尾には、旗も音楽もない「能動化された」人々の長い行列ができていたのである。興奮した見物人は、もう受動的でいられないと感じ、自ら行列に加わり、我々と行動を共にした。それは活性化の特筆すべき、議論の余地のない証拠であり、新しいプロパガンダ方法の勝利であった。

私はダルムシュタットで投票前夜に行われた松明の大行列を鮮明に覚えている。その夜、二万人の人々が濃い煙に囲まれながら、松明の光に照らされて行進した。大衆の中にあって、幻想的で絵のように美しい象徴的な集団が突然、揺れ動く光で照らされ、鮮やかな色彩の中で際立って見えた。真紅の旗、音楽、「フライハイト！」の叫び、そしてリズミカルに行進する数千人の靴音が混じり合って前代未聞の交響曲となり、群衆は激しい昂奮に包まれた。気がつくと、私は新聞記者や国会議員を乗せた自動車のそばにいた。国会議長パウル・レーベが立っていて、小さな女の子からもらった花束を両手で胸に押し当てていた。彼は行進しながら自分に歓声を上げる大衆をじっと見つめていた。この冷静で思慮深い政治家は、突如として、ほとんど空想的な別世界に運ばれていた。彼が心の底から感動していたのは明らかだった。行列が通り過ぎると、レーベは私のところに来て、暖かい握手をしてこう言った。「なるほど、君の言うことが全く正しいことが今日わかったよ。」彼と別れるとき、私はこう自問した。「彼は反対派を押し切れるだろうか？　その勇気はあるだろうか？」

ヘッセンでは、もはや我々の新しい戦闘方法の有効性を疑うものはいなかった。あらゆる場所で、こう語られていた。「ついに労働者階級は自らの力に気づき始めた！」、「ナチ党は守勢に立たされた！」我々の行列と集会によって呼び覚まされた情熱は筆舌に尽くしがたいもので、すべての観察者に計り知れない感動を与えた。自分たちの強さへの集団的確信、勝利への自信、より高尚で純化された人道的秩序への予感が、群衆の中で魔法のように生まれていた。それを示す極め付きの証拠が見物人たちの写真に映っていた。怒りや憎しみによって歪められた容貌ではなく、エクスタシー、幸福な解放状態にある男女の表情が示されていた。

奇跡が私たち全員の目の前で起こったのである。労働者階級の計り知れない潜在的エネルギーが活動的ダイナミズムへの転化したのだ。ヘッセンでの勝利は確実であると誰もが予想できた。そして六月十九日、勝利が現実のものとなった。敵も勝利を確信しており、職業的政治屋たちもそれと同じ見立てだったが、社会民主党が二議席を上乗せし、社会主義政府は政権を保持した。ヘッセン州の選挙は人々を麻痺させていた魔法の環を打ち破ったが、それこそ大衆政治の狂気であるヒトラー主義の大波の高まりには対抗するすべもないと人々をあきらめさせていたものであった。しかし、鉤十字に打ち勝つことが現実に可能であることが判ったのである。この選挙の絶大な意義はここにある。それは大衆の心理的回復だった。数ヵ月にわたり、共和国の最も積極的な支持者の間でさえ、次のような意見が一般的だった。長期的に見れば闘争はお手上げ状態であり、せいぜいヒトラーの政権獲得をしばらく遅らせることができるかもしれないと期待するのが関の山だろう。だとすれば、闘争を継続する本当の目的は、敵を消耗させ、大いなる災禍の後で回復への道を準備することである、と。つまり、現実にヒトラーの政権掌握を阻止するという希望は、完全に放棄されていたように見えた。しかしいま、結局はヒトラーを排除できることがわかり、どうすればそれが可能かもわかったのである。

事実と数字がこのことをはっきりと示していた。ダルムシュタットは我々が勝利を期待するのが最も困難な場所である。行政の中心であり、ほとんど産業と呼べるものがなく、将校と年金生活者が暮らす古い住居地、守備隊駐屯地だった。ヒトラー主義運動はその勝利を確信しており、ダルムシュタットで大人気だった。ヒトラー自身もこの地のキャンペーンに参加し、松明行列などを含む集中的なプロパガンダが展開されていた。それは「社会主義体制」の最期が迫っており、第三帝国の到来が目前にあることを住民に納得させるためだった。だが、すべては無駄に終わった。数字がそれを納得させてくれる。どの政党も、カトリック中央党でさえ、得票数を減らし、ナチ党は六百票も失った。唯一勝利したのは社会民主党だった。あらゆる予想に反して、ダルムシュタットでの得票数は千五百票に達した。

我々の勝因は、厳密に計算されたプロパガンダ手法を賢明に用いたことにある。それについては、まったく反論の余地のない証拠が手元にある。次の数字［**表3を参照**］がそれを示している。ヘッセンの四つの都市、すなわちオッフェンバッハ、ダルムシュタット、マインツ、ウォルムスでは党の活動家を「啓蒙」するための会議が開かれ、新しいプロパガンダ機構がそのまま導入された。しかし、私は第五の都市ギーセンを一種の統制実験のために意図的に選び、そこでの導入を見送った。そのため、他の四都市で相当な得票数の増加があった一方で、ギーセンだけは社会民主党が得票数を減らした唯一の都市となった。加えて、勝利がプロパガンダの程度に比例していることも明らかだった。四つの都市のキャンペーンの開始日は、オッフェンバッハが五月二十五日、ダルムシュタットが五月二十七日、マインツが五月三十日、ウォルムスは六月六日であった。我々の得票はこれに比例しており、オッフェンバッハは三千三百票、ダルムシュタットは千五百票、マインツは千三百票、ウォルムスは六百票を獲得した。ヘッセンの実験は完全な成功を収めた。いまや我々は自らの課題を解決する確実な手段を持つにいたったのである。

新たな希望と期待はずれ

ヘッセン州議会での選挙運動が最高潮に達していたとき、共和国の一般的な政治情勢が突如として急変した。フォン・パーペン首相は国会を解散し、七月三十一日に新たな選挙の実施を決めた。我が党の執行部は、いまや新たなキャンペーンに向けた態勢をできる限り早く整えなければならなかった。新しい方法によるハンブルクでの好成績とヘッセンでの明白な成功によって、党指導者たちの目が覚めることは期待できただろう。

ドイツ国内の敵側およびブルジョア的な新聞すべて、さらに海外の大新聞、とりわけ『マンチェスター・ガーディアン』は、ヘッセンにおける社会民主党の活動の復活に注目した。そして、その成果をはっきりと、シンボル利用のキャンペーン、および鉄戦線が採用した新しいプロパガンダ方法に帰していた。ついにベルリンの社会民主党指導部が目をこすり、新しい方法を採用する気配を見せていた。いずれにせよ、彼らもようやくそれに興味を持つようになったのである。私は友人であるヘッセンの著名な社会民主党代議士［カルロ・ミーレンドルフ］とともに電報でベルリンに呼び出され、新しい闘争方法について党の最高委員会で説明するよう依頼された。ふたたび我々は希望を抱き始めた。おそらく、ついにゴールに達成したはずだった。我々は威勢よく仕事に赴いた。ヘッセン州議会での選挙運動の経験をすべて考慮し、共和国議会選挙キャンペーンの組織計画を作成し、あらゆる活動と指示書や技術的改善を徹底的に検討した上で決定した。

それを済ませて、我々は党の最高委員会に顔を出した。だが、それは骨折り損だった。我々に同意する理解者など期待できないことがすぐに判った。委員会は新しいシンボルを受け入れ、それを選挙運動に使用するように命令するまでは踏み込んだものの、真剣に戦う意志はなかったのである。この古いボトルに新しいワインを入れるのは不可能だった！　また、彼らには闘争の指導を、若く新参だが非妥協的な勢力に委ねて、その責任を自ら取る勇気もなかった。老いたる指導部は、すべてを自分でやりたがり、この新しいアイデアで手柄をあげようと欲していた。いまや彼らは、まちがいなく効力を発揮する方法を自分たちの目的に利用したいと考えた。つまり、動揺した自分たちの権威を、それにより大衆に再認識させようというのである。彼らはその形式を採用し、新しいシンボルを身にまとったが、その中身は相変わらずだった。ずる賢く、臆病で、状況への対処力を欠き、新しい時代の速度に追いつけず、闘争の急場をしのげなかった。彼らは計画を持たず、計画の必要性すら理解せず、新しい方法を利用したときにも、時代遅れの非効率的な方法と混ぜ合わせて、その効力を破壊してしまったのである。

この問題全体を検討するために一つの委員会が組織された。その委員会は、我々が用意周到に提出した計画をすぐに研究する代わりに、時間かせぎのために、新しい「論点」を議論するべく数日後の再会合を提案した。これは全くの狂気の沙汰であり、貴重な時間の浪費だった。その指導者の一人が漏らした言葉は、この連中の物の見方をよく示していた。彼は私の友人にこう尋ねたのだ。

「なぜ彼（私自身）は、何についてもこんなに差し出がましいのだと思いますか？　彼はポストでも与えて欲しいのですか？」

こうしたやからを説得する希望を抱くなど、まったく無意味だった。残されたチャンスは、我々が自発的に、またさらに一生懸命に取り組むことで、彼らから主導権を奪うことだけであった。これはとても難しい問題であり、状況を複雑にした。実際、我々は強力な敵対勢力との睨み合い状態を続けながら、無能な指導者たちとの闘争を自らの陣地で行わねばならなかった。私は落胆してヘッセンに戻った。

同地で、崇高な闘争と目覚めた大衆精神の高揚にふれて、私はすぐに嫌気と一時的な落胆から立ち直った。我々は今、ヘッセンで闘争を最終的成功に導き、その教訓を示さなければならなかった。私たちは戦いを続け、ついにその勝利を収めた。

勝利後の数日間は熱狂的な興奮に包まれていた。しかし、新たな闘争、共和国議会選挙での勝利にむけて、直ちにあらゆる準備がなされた。選挙は六週間後にヘッセンでも行われる予定だった。むろん、すべては新しい方法で行われ、ベルリンの党中央本部の行動に悩まされることもなかった。彼らは相変わらず、古くさい宣伝材料を国中に氾濫させていた。党本部はシンボルの選挙運動、すなわちバッジや旗などの製造と頒布を一元管理したいと考えていた。これは当然ながら、さらなる遅延を意味した。一例を挙げておこう。ヘッセンでは、組織化された党員一万人に、二週間で五万個のバッジを配布した。共和国全体で計算すると五百万個に相当するが、中央委員会が「慎重を期して」発注したのはわずか百万個だった。本来なら十数社に注文されるべきものだが、バッジ一個で半ペニッヒを節約するために、ただ一社に発注された。その結果、全国各地から殺到した需要を満たすことはできず、いくつかの地方では最終段階になってバッジを自作せざるを得なくなった。横断幕や旗など、すべてが同じ状況だった。今回もまた、ベルリンの本部は全国に印刷物を氾濫させた。ひどい編集の役に立たないパンフレットが何百万部も届けられた。選挙の後、こうしたパンフレットはすべての地方本部で数千部も手付かずのまま残されていた。それは効果がないか、あるいは悪影響と目され、地方の労働者はそれに手を伸ばそうとさえしない場合も多かった。他の全政党は写真入りポスターを使用していたが、我が党だけはプロイセン州議会選挙で余った残部を配布することで満足した。積極的に評価できる前進があったとすれば、三本矢が公式に承認されてキャンペーンで採用されたことと、鉄戦線が再びシンボル選挙戦に参加したことだった。しかし、どこであれ党組織と鉄戦線との間には潜在的な対立があった。

こうした対立がすべて解消されねばならないことは明らかだった。選挙戦の間、私はドイツのさまざまな都市で鉄戦線が開催した大規模な「啓蒙的」集会で演説した。私はベルリンでも演説することになっていた。ベルリンの組織は準備万端に整えたが、私の講演は党指導部によって禁止されてしまった。

「指先を握る」計画

鉄戦線の指導部も、ようやく現状のままでは立ち行かないことを理解した。我々が選挙運動で実効的な指揮権を掌握するために、何か方策を見つけねばならなかった。そこで「指先を握る」計画を我々は練り上げた。党指導部はダルムシュタットのような大規模なシンボル行列をモデルとして、共和国内の四つの地区で組織することを我々に任せる予定だった。この四ヵ所には近隣地域の党所属の代議士が行列の準備作業を視察するために訪れることになっていた。その行列とシンボル選挙戦の全体は密接に関連していたので、この過程で我々はまず「指先」を確保した。そして、行動の活発化と一連の策略によって、短期間で「腕全体、そして全身」、つまりプロパガンダの全機構を掌握することを目指した。私は成功を確信していた。党中央本部での激論を経て、計略も功を奏し、ついに鉄戦線の指導部が主導権を握った。

このようにして、我々はまず「指先」を手に入れた。次になすべきことは時間を浪費しないことだった。できるだけ早く共和国全土にシンボル選挙運動の必須テクニックを知らしめねばならない。昼夜を問わず働き、四十八時間後には、『現代プロパガンダ必携』と題した、イラストや写真も加えた宣伝冊子を書き上げた。四日後に印刷され、配布を待つばかりだった。しかし、党指導部がこれを嗅ぎつけると、自ら私に執筆を依頼したこのパンフレットの配布を突如禁止した。最初、「すでに却下された計画の指示書をまとめても意味がないがない」という指導部の見解に私は抵抗した。すると彼らは、すでに完成し、印刷され、全国各地から求められたパンフレットを、ナチ党がそこから何かを学ぶかもしれないという理不尽な口実で破棄するよう命じてきた。長い議論の末、ようやく指導部は禁止を取り消し、パンフレットを配布することに成功した。

我々は模範的な行列を組織する権限を与えられ、この権限を利用してシンボル選挙運動の範囲を広げるために可能な限りのことをする覚悟だった。この仕事に取りかかるために出発すると、我々は党によって仕組まれた障害にいきなりぶつかった。党本部はいたるところで鉄戦線の活動を妨害していたのである。彼らは運動を主導しておらず、そのやり方さえ知らなかったにもかかわらず、主導権を手放すことに抵抗した。また、彼らは唐突に粘着シールの使用を強硬に反対してきた。それは見本さえあれば何百万枚もすぐに複製できるため、少ない経費で効果が明白な宣伝材料だった。我々はしばしば秘密裏に地方で印刷せざるを得ず、やがて手詰まり状態になった。その費用を賄うだけの資金がなかったからである。我々は党本部からの抗議や干渉に悩まされたが、それはうまく受け流そうと決めていた。

運動の高潮

この時もまた、優秀なドイツの労働者大衆はこの状況を切り抜ける解決策を見出した。彼らはその健全な判断力によって、指導者たちが犯した過ちを正したのである。彼らの行列は「フライハイト！」と叫びながら、軍隊式の歩調でドイツ中の都市を進んだ。我々は休むことなく都市から都市へと飛び回り、大衆を煽動した。誰もが我々のバッジをつけ、象徴的な三本矢が至る所で輝いていた。行列では、様々な形態の三本矢が運ばれていた。新しい記号の下で何百種類もの意匠が考案され、大衆はついに完全に目覚めた。夜になると、電飾をほどこされた巨大な三本矢が労働組合本部の壁を照らし、街路には三本矢のついた赤旗が美しく掲げられ、同じ形の紙吹雪がまかれた。七月の第一週頃には、我々の行列が催される日に鉤十字をつけたヒトラー支持者を目にすることは稀になった。敵のバッジと褐色のシャツは消えていった。ベルリンの突撃隊員たちは、繰り返し群衆によって共同住宅の路地に引きずり込まれ、そこで彼らは褐色のズボンを奪われ、できるだけ早く家に戻るように放置された。フランクフルトでは警官が突撃隊員を車で警察署に護送せねばならなかった。民衆感情の大波が抗しがたいほどに高まっていたからである。

七月中旬になると、ナチ党の敗色が濃くなっていることがわかった。彼らはどこでも守勢に立っており、攻勢の主導権は我々の手に移り、鉄戦線がそれを握っていた。ゲッベルスが署名した、以下の秘密指令書がドイツ全土のあらゆるナチ党組織と宣伝指導者に送付された。

「我々の機関紙と宣伝部の責任者は、できるだけ早急に、党を守勢から救いだし、マルクス主義者と中央党に攻勢をかけなければならない。」

この当時、バーデンの社会民主党機関紙は記事で次のように書いていた。

「こうした活動はすべて、わが党内で長らく忘れられていた情熱により遂行された。我々のデモに参加するために、ポケットに一ペニッヒも持たない失業者たちが数時間かけて歩いて来ていた。どこでも女性たちは自分の子供たちを群衆の中に立たせせた。子供が「フライハイト！」と叫ぶことでデモ参加者の熱狂に拍車がかかった。こうした煽動のすべてを目にした中産階級は動揺していた。この状況がどのようにして生まれたのかを理解できなかったのである。こうした人々にとって、鉄戦線がどのようにしてヒトラーのデモに歯止めをかけることができたのかは不可解であった。」

さらに、いくつか引用を重ねておこう。

「ファシズムがカールスルーエとその周辺の公的生活を支配していたという一般的な印象は、七月九日に鉄戦線がこの都市で巨大な勢力を誇示して以来、完全に消え去ってしまった。」

「金曜日に鉄戦線はオフェンブルクにおいて、共産主義者も参加するデモを組織した」、などである。

私の手許には勝利の明確な証拠がたまっていった。七月十二日、ゲッベルスの新聞『攻撃《アングリフ》』の第一面には、次の驚くべき声明が大きく赤枠で囲まれ印刷されていた。

「赤い殺人犯どもは、二万人を火中に投じようとしている！」

これでよい！　ついに、主役たちが以前とは違った口調で話しはじめた。「脅迫的プロパガンダを誤った方向に」用いるのは、彼らの番だった。いまや我々が彼らの神経を逆なでしており、彼らは我々がより強力な存在であることを世間に訴えてくれていた。それは彼らの陣営内で混乱が増大している徴候であり、これこそ私が待ちに待ったものだった。我々は前進し、戦いを続け、敵に一瞬たりとも猶予を与えてはならない！

ベルリンのある通りで私はナチ党のパンフレットを入手した。その冒頭には三本矢があり、太字体で「フライハイト」のロゴが印刷されていた。彼らは我々のアイデアを取り上げ、我々のシンボルをコピーしていた！　彼らのあらゆる機関、彼らの新聞も漫画も「三本矢」への攻撃で溢れかえっていた。射かけられた矢の下で毛虫のように七転八倒し、あらゆる手を尽くして我々のシンボルの勝利への進軍を止めようとしていた。

この種の証拠は急速に増大した。七月十七日、私はマンハイムで目にした大きなナチ党のポスターに、防御的ですすり泣くような調子があることに気づいた。彼らはもはや勝利を確信する絶対的権威者ではなかった。今度は彼らが嘆き悲しんで、呪詛の言葉を壁に並べ、我々の勝利が何を意味するのかを人々に「考える」よう哀願する番であった。初心《うぶ》な子羊は今や彼らであり、危険な狼は我々なのだ！

彼らが自らそう言ったのだ。上出来じゃないか！　なんと素晴らしいことだろう！

我らの陣営では絶えず自信が増大していた。みんな歓声をあげて、その話題でもちきりだった。これまでとは響きがまるで違う声が聞こえてきた。ついに中央機関紙『前進《フォアベルツ》』でさえ、「我々は攻撃している！」という修辞的な叫びとともに、我々の三本矢をフロントページに掲げたのだ。

だが、これと並んで、同じ紙面に別方向の通信文があったのも事実だ。すなわち、「デモは禁止！」という大見出しの下に、「理性にしたがって？」という小見出しがあり、この機関紙の本当の心理的傾向を図らずも漏らしていた。

デモの禁止

予想外であり説明し難いことなのだが、社会民主党の指導者たちは各地で沸きたっていた民衆的昂奮状態に、絶えず奇妙な警戒を示していた。彼らはまだ目の前で起こっていることの重要性に気づいていなかった。もちろん彼らが大衆との接触を欠いていたためである。彼らが恐れ憎んだナチ・プロパガンダの手法が、制服やデモと共にナチ党に対して突然向けられているという事実、加えてこの大成功が我々によるものだという事実を前にして、彼らは途方に暮れていた。いまや、ヒトラー率いるナチ党は、ヒンデンブルク大統領とフォン・パーペン首相に対して、すべてのデモの即時禁止を求めるヒステリックな電報を連発していた。我々の前進はあらがい難いものとなろうとしており、何としてもこれを阻止せねばならない、と。「褐色の英雄」は、にわかに弱気になっていた。ナチ党幹部たちは誤算していたのであり、自分たちの独占が破綻しつつあることに気づいた。

このとき、我々の指導者たちがナチ党に同意し、彼らの要求に賛成していることを知って、みな仰天することになった。七月十八日、プロイセン州議会は、カトリック中央党と社会民主党の賛成票を得て以下の動議を可決した。「州議会は、デモの自由を制限する法令に加え、制服着用の禁止を再導入することが不可欠であると認める。」七月十七日、我が党の指導部は、実際に、ヴェルスとブライトシャイトが連名で発した電報により、デモの禁止を布告するようヒンデンブルク大統領に要請していた！

この二日前、私は状況が二つの重要な方向に進展していることをはっきり読み取っていた。ナチ党指導部は守勢に事実上追い込まれており、攻勢の主導権は我々が握っていた。それなのに、社会民主党の指導者たちは恐怖症を患っていたのである。

この状況に対して、直ちに以下の行動を取る必要があった。我々が勝利した躍進を、あらゆる機会に発表しなければならない（それが我々のプロパガンダに有利な主題だからである）。また、あらゆる海外報道機関にできるだけ早く知らせなければならない。このニュースを裏付ける事実や文書が、全世界に配信されなければならない（これはヒトラー主義運動へ心理的なダメージを与えるだろう）。我々の攻撃を推し進め、シンボル行列の回数を増やし、その攻撃性を高めなければならない。我々は、選挙運動の最終地点に向けて大きく前進しつつあった。選挙の必要はないかもしれない、選挙がなくても決着はつけられるという確信は、ますます広まっていた。

我々は七月十八日に大規模な記者会見を予定していた。この目的のために、すべてが用意周到に準備されていた。我々のデモをイラスト化した展示、我々のシンボルの陳列、我々とヒトラーのプロパガンダの特徴的スタイルの開示、それらが体系的に配列されていた。ヒトラーを守勢に立たせたことを証明する文書もそこに含まれていた。十七日、私はマグデブルクの行列に参加することになっていた。その準備のために私はそこへ行っていた。十八日目の朝、私はマンハイムで巨大な松明行列を準備していた。その日の夕方には、報道機関の助力を得て、ベルリンでヒトラーを確実に追い詰めるはずだった。私は飛行機でベルリンに向かった。テンペルホーフ飛行場に着いたとき、私はデモの禁止について知ったのである。

これは我々にとって大打撃であり、それで利益を得たのはヒトラーだった。ぐずぐずしている暇はなかった。何があろうと、報道キャンペーンは最後までやり通さなければならない。だが、我々の本部では、同志たちはまったく意気消沈していた。指導者たちも落胆し、もはや報道キャンペーンに本気で取り組もうとはしなくなっていた。すべてが徒労だった。実際、私は自分の責任で何かしようとしたが、それに対しても脅迫的な警告を受けた。結局、我が運動の舞台裏を報道機関に覗かせることは、当面不可能だということがわかった。この状況では、どうしようもなかった。嫌気がさした私は、キャンペーンをあきらめざるを得なかった。希望は何一つ残っていなかった。すべてが失われたのである。

とはいえ、やはりすべてが失われたわけではなかった。運命は、我々にもう一度だけ息をつく余裕を与えた。労働者階級の強靭な本能は、出口を示してくれた。行動の可能性がまだ一つ残っていた。［公共空間での］デモ禁止は、我々にとってひどい打撃であり、ナチ党は息を吹き返した。彼らは従来通りの激しさで、我々に対する機関紙攻撃を開始した。彼ら自身は私立公園や乗馬学校でデモを続けることができたのだ。それは政府によって許可されており、彼らの財政的支援者、つまり地主貴族や産業界の大物たちのおかげで、こうした私有地を高額な賃料で借りる資金があったからである。デモ禁止令によって無力化されたのは、労働者階級だけであった。

すぐに私は対策を講じた。我々は街頭で闘争精神を高揚させるために、禁止令のすき間をくぐる必要があった。我が同志たちには「シンボル遊歩」と名付けられた、不断の分散デモを行うよう指令が発せられた。大通りでは三本矢を描いたペナントで飾った自転車に乗って、我々の活動家たちが大勢で動き回った。人々は一人あるいはカップルで小道を往来しながら、「フライハイト！」と叫んで、お互い同士、または自転車の人に挨拶した。こうして通行人たちは、我々がまだそこかしこにいて、怖じ気づいてなどいないのを知ることができた。

七月二十日、「指導者たちのセダン」

何があったにせよ、わが陣営の昂奮と熱意は上昇を続けた。七月十九日にベルリンの鉄戦線は大行列を催す計画だった。各隊は五つの郊外から市中央に集まる予定で、このときベルリンで初めて我々のデモの強大さが理解されるはずだった。私は見物人と参加者とで百万人を見込んでいた。このデモは壮大なクライマックスの前奏曲となるはずだったが、その計画はデモの禁止によって頓挫してしまった。

これに匹敵する効果を挙げるために、鉄戦線は会館やハーゼンハイデ運動場で大集会を開いた。午後七時には会場全体が群衆で溢れかえった。各所の演壇で熱弁がふるわれていた。最高潮に達したのは、イギリスの同志エレン・ウィルキンソン下院議員が、友愛的連帯の証しとしてイギリス労働者が我々に贈った三本矢の赤旗を、ベルリン市民に手渡した時だった。運動場を埋め尽くした三万人の間には素晴らしい昂奮が生まれた。「フライハイト！」の叫び声が絶えず響き、革命歌が合唱された。夕方になると、群衆は「フライハイト！」と叫びつつ、「裏切り者ヒトラー《ヒトラー・ユーダス》」や「ヒトラーを倒せ！」などのスローガンを唱えて街頭に繰り出した。このスローガンは、党指導部の一人である大胆不敵な弁士が群衆に投げかけ、復唱するよう求めたものだった。群衆の昂奮は非常に大きく、もしもこれがベルリン中に広がれば、数日のうちにすべての人の心に燃え広がり、革命が起きることは明らかであった。私は不安にとらわれた。「フォン・パーペンは介入するだろう。フォン・パーペンは攻勢に出るにちがいない、さもなくば自滅である。」

その夜、ヒンデンブルク大統領はフォン・パーペン首相に、この事態に終止符を打つべく、「プロイセン・クーデター」に向けた全権を与えた。

翌朝、フォン・パーペンはルビコンを渡った。警報は午前九時半に我々の本部に届けられた。［社会民主党員である］ゼーヴェリング内務大臣とグレッェズィンスキ警察長官が逮捕されたというニュースを我々は受け取った。我々とわが党に対する実力行使がいつ行われてもおかしくないと考える十分な理由はあった。もしフォン・パーペンがその気になれば、ものの半時間とたたないうちに我々の全中央機関が占拠され、活動停止に追い込まれることになっていた。

革命的な行動を起こす時機が到来した。状況は危機的だった。党と労働組合と鉄戦線の指導者たちが、リンデンシュトラーセ三番地の本部に集まった。「いまだ、チャンスは二度とない！」と、私は土壇場で鉄戦線の代表にこう迫った。

「我らの武装した四人を同伴して、党幹部たちに面会し、最後通牒を突きつけなさい。〝議論の時ではない、我らの防衛組織が行動する時だ〟と。もし党の指導者たちがこれを拒否したら、彼らの逮捕を宣告して、自分たちで行動するのです。戒厳令下にあるベルリンを急いで脱出し、他の都市から我らの全勢力を総動員する命令を発するのです。同時に、フォン・パーペンにも最後通牒を送り、その詐欺行為すべての即時撤回を要求するのです。」

しかし、私の言葉は空しかった。ところが、予想外のことが起こった。最後に一息つく猶与が運命によって与えられた。フォン・パーペンは躊躇し、憂慮していた。彼は脅すだけで、何もせず、まるまる七時間が経過するのを許したのだ！　半時間後、我々は最初のニュースが誤りで、ゼーヴェリングとグレッェズィンスキは何事もなく、二人とも事務所で、自由で安全なままであることが判った。我々も行動を妨げられることなく、我が指導部の代表者たちが状況を討議していた場所も、警察に包囲されていなかった。フォン・パーペンが思い惑い、我々、そしてリンデンシュトラーセ三番地で開かれている幹部会を恐れ、強力な労働者政党の反応を見極めようとしていたのは明らかだった。彼は迷っていたのだ。第一歩を踏み出して、大混乱を引き起こすのはあまりに危険にすぎるのではないか、と。そこで躊躇したまま、七時間が経過するに任せていた。

だが、この「強大な政党」の幹部連中は、議論や討議のために果てしなく会議を重ねていた。午後三時頃、彼らはついに結論に達し、人々にこう告げた。「冷静に、規律を守ろう！　私たちが先に挑発してはいけない。七月三十一日に、我々の回答は、投票を通じて、電撃的に示されるだろう。」

賽は投げられた。ベルリン中が大騒ぎになった。労働者たちは拳を握りしめ、その多くは涙を流していた。フォン・パーペンは恐怖から解放され、行動することに決めた。国防軍の将校一人と兵士二人が内務大臣［ゼーヴェリング］を訪ねた。内務大臣は警察を所掌しており、数百万の支持者と独自の防衛組織「国旗団」を持つ強力な労働者政党の党員でもあった。さらに機関銃、自動小銃、装甲車などで十分に装備した、統制された警察隊を擁していた。到着した兵士たちから「出て行け！」と命令されたとき、強大な政党以外でも多くの役職にある大臣閣下は劇的にこう宣言した。「私は暴力に服する！」――そして彼は家に帰った。一九三二年七月二十日の午後五時にベルリンで起こったことである。それはドイツ社会民主党、すなわちベーベルとリープクネヒトを擁した巨大政党、ラサールという天才の創造物、その崩壊が公式に記録された時間である［小見出し「指導者たちのセダン」には、普仏戦争において最高司令官・ナポレオン三世が捕虜となり、フランス第二帝政が崩壊したセダンの戦いのアナロジーが込められている］。

これ以後、時間を押し止める希望はすべて失われた。プロパガンダという手段を使わない以上、ドイツを救うためには莫大な犠牲が必要だった。いまや内戦の恐怖が成り行きとともに高まっていた。我々の指導者たちは、ついに受動的態度を捨て、腹をくくって新たな勢力［国旗団や鉄戦線など］により大きな自由を与えるという決断ができただろうか？　労働者大衆はそれを実現するよう指導者を動かすことができただろうか？　その組織はまだ無傷のままでであり、情勢全体を保持することはできたものの、いまや敵に対して肉体的暴力だけが有効であることは明らかであった。これは労働組合を含むドイツ労働者運動が直面した大きな難題であった。しかし、これまでの体験から私自身が感じていたのは、その「指導者たち」には指導者たる資質がなく、指導者として行動し指揮する能力もないということだった。いま彼らは勇気を失い、これを最後に冷静さも失うだろう、と私は考えた。

いまやすべての希望は、あらゆる革命的行動を導く精神力という、計測不能な要素と結びついていた。何十年もかけて労働者階級の組織で体系的に蓄積されてきたエネルギーが、いまこそ根源的な力によって爆発的に急成長するかもしれない。それを誰がわかるというのか？　過去の歴史でしばしば見られたように、たとえ犠牲を伴ったとしても、解放されたエネルギーは正しい道を見出すかもしれないのだ。

半分勝利

七月二十日以降、いたるところで目撃された光景は、理解できるとはいえ、たいへん嘆かわしいものだった。どの労働者組織も意気消沈しており、誰もが無気力に見えた。特に指導者たちが冒されたこの麻痺状態は、労働者大衆が全国各地でなおも続けていたアジテーションにとって致命的であった。大衆の戦闘意欲を力強く駆り立てる代わりに、また直ちに議会外闘争の組織化に着手し、革命の不可避性を人々に明示する代わりに、「指導者たち」とその機関紙は奇妙なジェスチャーを続けていた。もちろん、革命は犠牲を要求するが、それは確かな勝利を意味するものだった。一方で「指導者たち」が絶え間なく唱えたのは、もはや誰も真面目に受け取らない、陳腐で古びた文句——「さあ今こそ、もっと勢いよく、前へ進もう！」、「前進！」、「敵陣を突破しよう！」、「攻撃せよ！」など、だった。

大衆の意気消沈は極めて深刻だったので、その心理的影響はすぐに観察できた。たとえば、「フライハイト！」の挨拶を交わす人々の数は著しく減少した。行われたとしても、もはやかつての自信にあふれた挨拶ではない場合が多かった。三本矢のバッジの着用数も減少した。

デモは閉鎖された場所に限定されたので、それ以前の効果の、かすかな残影だけが残った。実際、デモはその存在理由の大部分を失っていた。もはやデモが街頭の群衆の目の前で行われない以上、群衆に影響を与えようもないからである。

カオスとパニックが中央の組織全体を支配していた。誰もが一切の活動から身を引くことに全力を尽くしていた。もはや行動計画をめぐる議論はなく、情報や意見や憶測の交換だけが行われていた。どこでも人気の話題は、「まさか、カトリック中央党がこの事態を我慢することはないだろう！」という神頼みだった。労働者政党の幹部たちが頼るのは、労働者階級や自らの勢力ではなく、聖職者たちだったのである。すべてが失われたことは明らかだった。

それにもかかわらず、シンボル選挙運動がもたらした七月の民衆的アジテーションの大波は、まだ消えてはいなかった。ヒトラーとフォン・パーペンが抱いたあらゆる期待に反して、七月三十一日の選挙で彼らが夢見た勝利を、彼らが手にすることはできなかった。六月と七月の闘争について、私は興味深い情報を入手していた。その情報は我々の工作員から提供されたが、敵組織から流出したものだった。それによれば、六月中旬、ヒトラーは投票総数の五四%を獲得すると予測していた。その後、数字は徐々に減少して、五一%、さらに四七%、四四%となった。七月中旬までには三七%に落ち込んだ。これはナチ党の意気消沈を示す驚くべき証拠であり、我々の新しい闘争方法の良い効果を反対側から示す結果だった。だが七月二十日以降、ナチ党支持者の数が党員数と同じように急速に増えるだろうと私は見ていた。しかし、同盟関係にある国家人民党［五・九%］と合わせても、結局は全投票数の四四%［ナチ党は三七・四%］だけにとどまった。再びヒトラーは選挙で敗れ、彼の夢の実現は延期された。最終局面でヒトラーはフォン・パーペンを口説いて、我々に大打撃を加えたにもかかわらず、この無様な結果である。彼らの対策は手遅れだった。我々のプロパガンダの効果はあまりに深く浸透しており、十日間で我々を追い詰めることはできなかったのである。

とはいえ、負けたのはヒトラーだけではなかった。我々の指導者たちもまた敗北していた。新しい闘争方法を採用すればヒトラーを完全に打倒することはできたはずなのだが、その目的は達成されなかった。七月二十日の心理的な急変は、再びヒトラーに有利に働いた。予想されていた通り、我々の敗北は［選挙結果に］精神的影響力を及ぼしたが、それは最近の出来事の檜《ひのき》舞台であるベルリンにおいて特に顕著だった。ベルリンでは我々の票が減少して共産党が票を伸ばしたが、それこそが大衆の反乱の兆候だった。他方、郡部では、これほどまで事態が発展する時間がなかったため、我々が失った票は少なかった。

このように、七月三十一日の選挙の即時的な結果は我々の半分勝利だった。ヒトラーは再び権力の座から遠ざけられた。しかし実際のところ、この曖昧な結果は我々にとって大きな危険を含んでいた。その理由を知っており、七月二十日以降に生じた状況をはっきりと見ていた人々なら誰でも、その後の成り行きをすぐに予感できることは自明だった。

我々は、自分たちのチャンスが減少し、支持者が勇気を失い、最も熱烈な分子が共産党に移ることを予想せざるをえなかった。労働者階級の目から見れば、我々の指導者たちの権威は七月二十日の敗北によって相当に弱まっていた。青年はあからさまに彼らを軽蔑し、古参党員は将来を不安視した。しかし、なおも皆が望んでいたのは、奇跡が起こること、労働者階級の強度をはかる最終的な試練である大決戦の到来であった。その闘争では犠牲を避けることはできないこともようやく理解されてきた。我々の武装した防衛組織［国旗団や鉄戦線］の隊列に志願者が殺到し、武器を調達し、何かが起こるかもしれないと期待し、その何かに備えていた。

ヒトラーの陣営内でも何かが起こっていた。解決策の継続的な先送りはその陣営に士気低下をもたらし、ヒンデンブルクが八月十三日にヒトラー運動に与えた打撃も彼らを混乱に陥れた（フォン・パーペン政権下でヒトラーを副首相にする提案が示されたが、ヒトラーは首相の職以外は応じないと宣言し、大統領の提案を即座に退けた）。フォン・パーペンはヒトラーと決裂した。ナチ党指導者たちはフォン・パーペンを激しく非難し、二人の提携者は互いに睨み合っているように見えた。フォン・パーペンも自らヒトラーに対する攻撃を企てた。彼はヒトラーの成功の秘訣を見つけたと確信し、政府宣伝の組織化をところ構わず宣言し、それを自分の手で大規模に展開しようとした。ドイツ国家人民党と鉄兜団［保守主義の在郷軍人組織］に支援されて、彼はヒトラーと同じような成果の獲得を望んでいた。

パレードや横断幕、その他のプロパガンダ技術を使って、鉄兜団の集会が組織された。状況はフォン・パーペンに有利に見えた。社会民主党は七月二十日のクーデターに際してとった戦術のために道義的信用を失っていた。それを最も激烈に攻撃したのは、共産党のプロパガンダだった。一方で、ヒトラーの党にも分裂の兆しが見えていた。フォン・パーペンは、いまや単独で行動できると信じていた。プロパガンダこそが重要であるという固定観念を心に刻み、彼はすべてにおいてヒトラーを模倣した。彼は自分の演説のためにラジオを独占し、これをヒトラーに対する切り札とした。彼はまた、ヒトラーが伝家の宝刀として常々重視していた方策——新たな選挙の要求と選挙運動における自己宣伝の最大化——を、自ら担うことができると考えた。

フォン・パーペンは個人的な多数派の形成をのぞみ、カトリック中央党がそれに賛同するだろうと期待していた。そうすれば、ヒトラーに代わって「議会」に基盤を得て、全権を掌握し、憲法を修正し（彼は絶えずこのことを口にしていた）、ついには議会を解散して、白らの独裁政権を樹立できたであろう。それは分をわきまえない夢だったが、いずれにしてもフォン・パーペンは再び国会を解散し、新たな選挙を十一月六日と決めることに成功した。

その帰結——十一月六日の再敗北

しかし、フォン・パーペンのプロパガンダには効果がなかった。彼は国家の人材と物資を意のままに使用し、莫大な金額をプロパガンダに投入したが、何の役にも立たなかった。ここで再び示されたのは、政治的基盤を欠くプロパガンダはそもそも使い物にならないという教訓である。政治プロパガンダと商業パブリシティは、結局のところ別物なのだ。

十一月六日にフォン・パーペンはヒトラー主義者の票を喰って得票を伸ばしたが、それほどの数ではなかった。他方で、ヒトラーは今度こそ完全に敗北し、二百万票以上を失った。もちろん、フォン・パーペンの勝利でもなかった。それはただ単に、七月三十一日の選挙以前からヒトラー陣営で続いていた分裂の結果であった。その敗北をさらに助長したのは、ヒンデンブルクが彼を取り込もうとしたときに「指先を握る」機会を逃した、八月十三日におけるヒトラーの政治的失策だった。

十一月六日の真の勝利者は、社会民主党とヒトラー党の双方から票を奪った共産党であった。これは明らかな兆候の一つだったが、実際には大きな意味はなかった。

真の敗北者は、再び我々自身の指導者たちであり、初めて［社会民主党は］百万票を失った。大衆は七月二十日に始まった意気消沈に感染していた。我々の支持者の多くが、我々の敵陣に移るか、投票を棄権した。今度もまた、党のプロパガンダは前進しなかった。政治闘争でシンボルは使われたし、公認のものとなった。しかし、党のスローガンや闘争能力に、熱意も気迫も信頼も見出すことはできなかった。それでも党がより完全に分裂しなかったのは、ただ長年にわたり組織をつなぎとめてきた団結力、大衆の頑強性と忍耐力、そして何がどうあろうと奇跡は起こるかもしれないという信仰心があったからである。明らかに、情け容赦のない最後の闘争が近づいており、各党とも本分を尽くす用意をしていた。したがって、求められていたのは、連立政権を作ることであった。

七月末以来、私は政治から身を引いていた。何ら有益なことはできないと十分に認識したためである。まず必要なのは、労働者運動そのものを手術することだった。失敗した古い指導者たちは、一掃されねばならなかった。彼らが運動の先頭にいる限り、何もできなかった。私はいまや、このために尽力していた。私は機会あるごとにこの問題について労働者に講演した。不幸なことに、もはや私は自分の考えを十分に広める手段を何も持っていなかった。我々の集会の聴衆はますます少数になり、そのほとんどが党と労働組合から高給を得る専従職員たちになっていた。彼らに我々の敗北の真実を語り、その指導者に対する攻撃に参加を求めても、彼らは敗北の張本人のための弁明に努めた。そこで私が遭遇したのは、ただ悪意と猜疑心に満ちた拒絶だけだった。実際、彼らはこの指導者たちに経済的に依存していたのである。十一月の敗北の後でさえ、彼らは自分の頭で考えることを拒否し続けた。彼らが抱く唯一の希望は、ただ単調な生活を続けることができればいいというものだった。

このとき、『日誌《ダス・ターゲブーフ》』に「ヴェルスとその一味を倒せ！」という記事が掲載され、社会民主党の指導者とその敗因について大変まっとうな意見が表明された。党指導者の取り巻き連中は、私が記事を執筆したのではないかとすぐに疑った。私は執筆者ではなかったが、そこに書かれた考えには完全に同意していた。私への攻撃はその後も続いた。

十月、私はプロパガンダの専門家として、十一月六日の来るべき選挙に向けたプロパガンダの効果的な手段は何かと尋ねられた。この期に及んでなお、もしかしたら大衆の勇気と希望を取り戻せるかもしれない唯一の方法を、私は次のように回答した。まず指導者が革命的勇気を出して、活動家に訴える声明文を出し、そこで自らの犯した過ちを告白し、まだ疲れ果てていない新しい勢力に、キャンペーンの責任を譲り渡す用意があると宣言すること、以上である。これは英雄的な方法だろうが、浄化と純化という心理的効果を生み出す可能性がある唯一の方法であった。レーニンは何度かそれを採用し、過ちを公然と認め、その責任を承認し、二度と繰り返さないと約束した。このプロパガンダには胸に響く効果があり、意気消沈の状態をしばしば新しい勇気と活力をもたらす精神状態に変えた。しかし、ドイツ社会民主党にレーニンのごとき人物はおらず、それゆえ私の提案を真面目に受け取ることはできなかった。

崩壊—ヒトラーの勝利

この後、次々と事件が起こった。まず、フォン・パーペン内閣が倒れた。彼の計画はことごとく水泡に帰し、情勢は混沌としていた。ヒンデンブルクの側近たちの意見は、世論へ一定の譲歩をするか、軍隊に頼るか、この二つに割れていた。事態がどう収束するのかはまったくわからなかった。クルト・フォン・シュライヒャー将軍は両方の意見を合体させようとしたようだ。彼は過去において同僚や上役——ヘルマン・ミュラー［首相］、ヴィルヘルム・グレーナー［国防大臣］、ハインリヒ・ブリューニング［首相］がその好例だが——を切り捨てることを繰り返してきた。今度はフォン・パーペンを切り捨てて、その席に自ら腰を下ろした。彼は、ヒトラーと交渉したり、また労働組合とも会談したりと、二股をかけていた。二つの党派の中間で立ち回っていたが、ヒンデンブルクもいい加減にうんざりしており、ついにヒトラーと新たな取引を始めた。ヒトラーは八月十三日の教訓に学び、今度は機会を逃さなかった。彼は自分の運命が風前のともし火であることをよく知っていた。十一月六日選挙の敗北はヒトラー陣営に大打撃を与えていた。グレゴール・シュトラッサーとの決裂は不吉な兆候であり、あらゆる種類の陰謀がヒトラーの周辺で企てられていた。ヒンデンブルクの申し出を受け入れ、ヒトラーは共和国の首相になった。

この時は、ヒトラーは計算ミスを犯さなかった。突撃隊や何百万人ものブルジョア支持者の目には、ヒトラーの就任は、心理学的に見て勝利であった。ゲッベルスが巧みに整えた新しいプロパガンダの波が、大衆を歓喜に満ちた熱狂の渦に巻き込んだ。彼らは繁栄の時が来たと信じたのである。

すぐに憎むべき敵に対する追撃戦が展開され、攻撃が繰り返された。共和国議会の解散、宣伝謀略および選挙期間中にテロを行う口実としての国会放火、共産党の弾圧、ユダヤ人の逮捕や迫害、有名な「腐敗撲滅キャンペーン」、メーデーの「労働祭」、労働組合の破壊、そして社会民主党の解散と完全な解体が行われた。ついには、彼と連携していた鉄兜団とドイツ国家人民党も攻撃され、フーゲンベルクは失脚し、カトリック中央党、バイエルン人民党、民主党が最期を迎えた。

まるで映画のように、我々の目の前で次々に事件が起こった。このプロセス全体が、ソビエト・ロシアでもイタリアでも、かつて見られなかった独特のテンポをとっていた。それは、完全に度を失ったドイツ中産階級による狂気の疾走だった。哀れな社会民主党「指導者」は、ナチ党指導者のもとへ連れて行かれ、完膚無きまでに打ちのめされ、面皮をむかれた。彼らはナチ党との協定を哀願したが、その報いとして追放されることになった。彼らはにわかに「完全に国民主義的」な見解に転向したにもかかわらず、叩き出されてしまったのである。ナチ党大臣は彼らに以下の墓碑銘を与えた。

「彼らは口を開く必要などない。自らを恥じるべきなのだ。歴史のネメシス［報復の女神］は最後の言葉をこう語った。彼らは自分たちが蒔いたものを刈り取ったのであり、真の社会主義者なら彼らの運命に同情などしない、と。」

第八章——世界規模の心理的暴力

その発端

ヒトラーはドイツを征服した。ヒンデンブルク元帥の死後、彼が総統兼首相としての最高権力へのぼることは論理的な帰結だった。彼の戦術は正しかったことが証明された。なぜなら、反ヒトラー派は大衆に対する「心理的暴力」行使の独占権を彼に委ねており、同じ武器を使って彼に抵抗することができなかった、あるいは、したくなかったからである。

ひとたび政権についたヒトラーの最初の行動は、ゲッベルスを大臣とした宣伝省の設立であった。心理的暴力はいまでは国外に向けられている。欧州における覇権という政治目標は、あらかじめ『わが闘争』で発展段階の順に策定されていた。

ザール住民投票

ドイツ国境の外への最初の一撃は、［ベルサイユ条約により一九二〇年より国際連盟の管理下に置かれていた］ザール地方で行われた。ドイツ国家への復帰に関する住民投票で、ゲッベルスとヒトラーは彼らの方法を大規模に用いることができると考えた。ドイツ社会民主党内の反ナチ勢力は、その多くがザール地方に亡命していた。彼らはドイツでの敗北の教訓を生かして、一時はヒトラー自身の手法を使ってヒトラーに対抗しそうに見えた。指導者のマックス・ブラウンはパリに赴き、現代的方法で住民投票キャンペーンを行うことを議論したが、それは議論だけで終わった。この指導者とフランスの友人たちは、一種の無気力状態に陥っていた。

しかし、たまたま我々が入手したこの計画の細部にふれることは有益である。なぜならこの計画は、前章までで紹介した考え方に完全に一致したプロパガンダ戦術を明らかにするからである。大衆にたたき込むべき中心的な考え方は次のようなものであった。

「ヒトラーの政策を支持するのは気が狂っている。その政権は存続できず、その勢力は衰えつつあり、経済・政治状況は悪化の一途で、彼が救われる要素はない。その一方で、反ヒトラー派はますます強力になっている。だから、結集せよ！」

これは群集の九割が理解できる最適の言葉だが、それを暗示的に提示することが必要だった。また、ザール地方で一般的な宗教感情にも訴える必要があった。［一九三五年一月実施の住民投票を前に］三ヵ月間のキャンペーン計画は、次のように区分されることになっていた。

①十月……プロパガンダの動員――煽動拠点ネットワークの設置、アジテーターの準備、キャンペーンの技術的プランニング。

②十一月……その展開――プロパガンダの戦術的展開、情報・監督の作業、宣伝材料の蒐集蓄積。

③十二月……その戦闘――元日から住民投票日の一月十三日までの期間に、活動は最高潮に達するように各週ごと徐々に強化される。この計画の下で、最後の二週間はいわゆるプロパガンダの集中砲火に充てることになっていた。敵に反転攻勢の機会を与えないように、土壇場で火蓋は切られる。

ヒトラー主義者たちは、これまで通り、その常習的な戦術に忠実であること、つまりその地域にシンボルを氾濫させた後、脅迫に訴えるであろうことが予想されていた。住民投票の直前、彼らはザール地方でクーデターを実行する、また「秩序維持のため」軍隊を投入すると脅してきた。この威嚇が、例の如く、事の成り行きを決してしまった。右に述べた計画は実行されなかったので、ヒトラーはいっそうたやすく勝利を得たのである。

ラインラント再武装化

こうしてヒトラーは、国際的舞台での最初のプロパガンダ戦争に勝利し、ザール地方でフランスを破った。次の奇襲攻撃は一九三六年三月のラインラント進駐だった。民主主義諸国が［エチオピア戦争で］対イタリア制裁の適用に逡巡したこと、ジュネーブでの混乱、フランスとイギリスの不和をヒトラーは十分に考慮した上で、強烈な一撃により最初の大きなリスクを取った。彼は自分の虚勢と威嚇の使用法が効果的だと確信していたので、部隊には弾薬をほとんど持たせずにラインラントに進駐するよう命令した。ジュヌヴィエーヴ・タブアはその著書『恐喝か戦争か』で、ヒトラーと将軍たちが進駐前夜に行った討議をまるで見ていたかのごとく描写している。ドイツが冒しているリスクに注意を促した将軍の一人に対して、ヒトラーはこう答えている。

「言っておこう、フランスは一インチも動くまい。我々は少しも恐れずに進めるだろう。実際、貴官の部隊に弾薬を供する必要はない。ただの一発も打つ必要はないだろうから。」

それでも将軍はまだ満足せず、再びこう異議を唱えた。

「しかし、フランスが攻撃をしかけてくるとしたら？」

ヒトラーは次のように答えた。

「わが軍がラインラントに進入した夕べ、もしフランスが何らかの対抗措置をとれば、私は自殺しよう。そして、貴官は退却命令を出すがよかろう。」

ドイツ軍のラインラントへの進入はスムーズに進んだ。ケルン在住のフランス人により個人的に以下の事実が確認できた、とタブア女史は述べている。

「一発分の装弾も歩兵に支給されておらず、一発の砲弾も砲兵は持たなかった。飛行機には機関銃が装備されていたが、銃弾はなかった。」

再び虚勢が国際舞台で勝利を得たである。それ以来、同じ事態が繰り返されることは明らかだったはずなのだが、民主主義諸国の指導者たちはヒトラーの行動原理を直視することをかたくなに拒んだ。彼らは依然として、小細工と時代遅れの伝統的な外交術で勝つことを期待していた。ドイツが経験した悲劇は、ヨーロッパ規模で一部始終が再現された。虚勢や心理的レイプが理性に打ち勝ったのだ。報復政策だけが悪循環を断ち切ることができたはずなのだが、それは無力化されていた。

アビシニア戦争

そのため、暴力的方法は続けられ、その成功に独裁者の欲求は刺激された。ムソリーニは自分の出番が来たと感じ、過度の危険を冒さずに成功が期待できそうな、アビシニア〔エチオピアの旧名〕を攻撃していた。演劇的な身振りや激烈な演説、そして世界を炎上させるとの脅し、さらに保有するすべての現代的軍事力——自動車化部隊、爆撃機、機関銃、毒ガス、そして最後に述べるが決して軽んずべきでない、ジャーナリストや映画カメラマン——を使って、彼は歴史あるアフリカ民族に対する戦争に踏み切った。西洋文化への同化を始めたアビシニア人は、すべての希望を国際連盟の正義に託しており、旧式の小銃と槍以外に防御手段を持っていなかった。

この民族は自分たちが国際的な実験でモルモットとして扱われているとは知るよしもなかった。ファシズムの威力について、ヨーロッパ人が学ぶ実地授業の時間がおとずれていた。その課題は、外交家を威嚇すること、すなわち恐怖の絶対反射たる流血で興奮させて、服従の条件反射を強化することにあった。また新兵器も生体による演習実験によって検証される必要があった。どの人間集団がモルモットとして使えるのか？　その答えが見つかったのだ。こうしたイタリアの独裁者のシニシズムは、「英国の老婦人と厳格な司教」にしか意味のない瑣事〔人道的問題〕によって邪魔されるものではなかった。アビシニアは打ち負かされ、イタリア本国で急速に衰えていたムソリーニの名声は再び高まった。

なんとも悲劇的なのは、まさにムソリーニが統治権を失いかけていたからである。エチオピアの抵抗は予想されていたよりも強いことがわかった。「自動車化」にもかかわらず、依然として人的要因が大きかった。一九三五年の冬から三六年にかけて、イタリアの軍事情勢は非常に不安定で、二月にはあちこちで抗議デモを伴う反乱の兆候がイタリア国内で見られた。だが、「フランス首相」ピエール・ラヴァルのはっきりしない行動が英仏関係を悪化させ、ジュネーヴでは「国際連盟の」弱体化が見られた。ヒトラーはラインラントへの奇襲を敢行してポイントを稼ぎ、イタリアではムソリーニは苦況から「解放」された。彼は救われたのだ！

この例は、虚勢、心理的暴力と、いわゆる「現実政治」の相互作用を明確に示している。しかしながら、民主主義諸国はここでも教訓から学ぶことができず、「日和見」政策をかたくなに貫いた。自分たちに対して使用されている心理的兵器の価値を、なおもまだ認識できなかったのである。

戦争危機の恐喝

しかし、フランスで一つの激変が起こった。一九三六年五月の選挙で反ファシズム派が勝利し、人民戦線が政権の座についたのである。世界中が新たな希望に満たされていた。独裁体制の行く手には障害物が立ちはだかっているように見えた。独裁者は最初はそれに苛つき、不安さえ感じていた。その数週間で、フランスと民主主義諸国が蓄積した心理的資本は莫大であった。だが残念なことに、誰もその使い方を知らなかった。それは論争や内部対立、おなじみの陰謀劇で無駄遣いされてしまった。

しばらくの間は、次のことが可能であるように思えた。それは集団心理現象の大規模な利用という、ソビエト・ロシア、ドイツ、イタリアでの実例によって示された教訓をに学んで、その手法を平和と民主主義という、人類の偉大な理想のために採用することである。以下は、この当時「未知の力」というタイトルで『パリ・ソワール』紙に連載されたジェローム＆ジャン・タローの記事からの抜粋である。

我々はいま、ロシア、ドイツ、イタリアから得た教訓を生かそうとしているところだ。先週、ヴェロドローム・ディヴェール〔パリ郊外の冬期自転車競技場〕で開かれた人民戦線の有名な集会に出席していた同僚の一人が、それを報告してくれた。そこでは私がさきほど述べたばかりの威力〔未知の力〕を生み出すため、その日使用された様々な手順を非常にはっきりと目撃することができた。まず第一に、集会のために選ばれた場所の純然たる大きさである。その屋内には膨大な群衆がいたが、なお相当の群衆が外でラウドスピーカーに耳をそばだてていた。ホールが突然暗くなり、ジュール・ゲードとジャン・ジョレスの巨大な肖像画に照明が当てられた。死亡したピエール・ルナデルが聴衆に語りかけた蓄音機レコードの効果は絶大で、たとえルナデルが生きて演壇にいたとしても、ありえないほど感動的だった。それは、ルナデル自身がその暗殺の目撃者だった、もう一人の犠牲者ジョレスの、最期の瞬間にも劣らぬほどの感動だった。そして終わりには、薄暗がりの中で何千人もの人々が全員で「インターナショナル」をささやくように歌い、照明が戻ると高らかに声をあげて歌った。……これを聞いていると、ベルリンに戻ってヒトラーやゲッベルスが組織した大集会に出席した時のような、あるいはローマのヴェネツィア宮殿の前にいてムソリーニがバルコニーに出てきた時のような気持ちだった。

しかし、守旧派の連中がすべてをぶち壊すべく介入してきた。この連中は一定の教養を信じるようたたき込まれており、経済学、政治学、社会学の理論書を大量に読み込み、統計学で数字を操り、学者ぶった儀礼的秘跡のかぎりを尽くして防御を固めていた。彼らは次のように考えて動揺していた。自分たちの「聖書」が時代遅れになり、科学が進歩して、生物学における真の科学が人間科学となるのではないか。そして、自分たちが神聖と思っていたものがすべて拒絶されるのではないか。彼らが恐れていたのは、彼らが「集団的発狂」とか「取るに足らない方法」などと呼んだものがさらに推し進められている領域だった。そのため、毒ガス攻撃に対して唯一効果的な同じ兵器の使用で対抗しようとする人々の健全な反応を批難した。民衆の熱狂は打ち砕かれ、つまらないルーチンに戻り、ついに好機は潰えてしまった。もちろん、それは敵を大いに満足させることになった。

スペイン戦争

敵は再び頭をもたげ、しばらく抑えていた攻撃を再開した。今度は戦争の脅威を伴う本物の恐喝が始まった。この計画は、イギリスを地中海で脅かし、フランスに対しては第三の戦略的国境をピレネー山脈に創出するものだった。スペインが攻撃されたのは当然の成り行きであり、想定内と言えるだろう。当時、そこが最も抵抗の少ない場所だった。オーストリアは『わが闘争』で構想された合邦の舞台だが、まだ機が熟していなかった。オーストリアの現状維持という政策にイタリアがまだ執着しており、ブレンナー峠の出来事［一九三四年七月のドルフース暗殺事件でイタリア軍が国境に展開した事件］はあまりに生々しく記憶されていた。ヒトラーにはイタリアのご機嫌をとり、我慢することが必要だった。チェコスロヴァキアに手を出すのはまだ危険が大きすぎた。ソビエト・ロシアを相手にせねばならないが、そのゲームで虚勢が通じるかどうか知る術がなかったからである。ゲームに精通しているソビエト・ロシアは、虚勢で人後に落ちることはなく、加えて十分な軍事力を持っていた。慎重に構えることが必要だった。

しかし、スペインにはチャンスがあった！　スペイン共和国は生まれたばかりで、まだ弱く、紛争が党派間に満ちており、その軍隊内には早くからファシストのプロパガンダが浸透していた。ロシアは遠く離れていたので、共和国を効果的に支援することは難しかった。スペインの混乱の中心は、まさにフランスへの入口［北のバスク州、南のカタルーニャ州］に位置していた。そのフランスは平和主義に染まっており、その行動はどんな場合でもイギリスにより牽制されていた。最後に、スペインはイタリアの航空機の飛行圏内にあった。つまり、敵が武力侵略を強く求めるような状況だった。そのため、フランス人民戦線が実効ある力を喪失していることがわかると、すぐに侵略は開始された。

スペインのクーデターは成功し、脅迫も十分な効果をあげた。名高い「不介入」政策という罠が仕込まれたが、実際には純然たる心理作戦によって一方的な介入となった。フランスは国境を閉鎖したが、ファシスト諸国は軍需物資、部隊、技術者において全面的にフランコ将軍を支援し続けた。マドリッド〔共和国政府の首都、最期の首都はバルセロナ〕の驚くべき抵抗は、ほとんど信じがたいことだが、ほぼ二年近くも続けられた。長きにわたり攻撃者とその共犯者を寄せ付けなかった軍事力をもたらしたのも、特殊な心理的要因だった。

確かに、本書で説明した条件反射理論に基づく現代プロパガンダの原理は、スペイン戦争にも適用された。それを促したのは、戦争とは大衆や群衆の行動が重視される領域であり、また感情が優勢な領域であるという事実であった。というのも、我々が第一本能と呼ぶ本能闘争は感情の所産である。ここスペインでは恐怖や熱狂が最大限までかき立てられ、思うがままに導かれた。

スペイン戦争に関連して、熱狂、勇気、抵抗を喚起するプロパガンダ的手法がどれだけ効果的だったかについてはすでに言及した。その形式は、ドイツの一九三二年における闘争から得られた実例で見出されたものとほぼ同じであった。しかし、恐怖――第一本能の別の側面――に基づく条件反射は、現実の紛争や戦争の前にヒトラー主義プロパガンダで広く用いられていたが、いったん戦争が起こると、その有効性の大半は失われてしまう。とはいえ、グアダラハラにおけるイタリア師団の大敗で、共和派のプロパガンダ手法がイタリア軍を襲ったパニックの原因となったのは事実である。ロシアの航空機が到着したと共和国軍の拡声器が発表したため、その幻影におびえたイタリア軍は無秩序に逃げ出した〔マドリード北方のグアダラハラで一九三七年三月にイタリア軍は大敗し、多数が捕虜となった。イタリアは正規兵の投入が露見したため、国際的な非難を浴びた〕。

「総力戦」の思想

しかし概して、危険がすでに存在しているときには、威嚇の原理を行使してもそれほど効果はないものである。

最もわかりやすい例は、フランコ軍の飛行機が頭上を飛んでいたマドリードやバルセロナで、住民が平静を保ったことである。彼らは慣れっこになっていたのである。逆説的に言えば、威嚇的なプロパガンダは脅威がすぐそばにないときに最も効果的なのである。この理由から、虚勢に基づくプロパガンダはヒトラーお気に入りの手段なのである。また、同じ理由から、ルーデンドルフの偉大な着想である「総力戦」思想は、戦争で絶大な効力を発揮する心理的要因ではなく、ただ戦争準備としてのみ作用するのである。ヒトラーは初期にルーデンドルフと密接な関係をもっていたが、その有効性については彼の老練な先達よりもよく理解していたようである。この思想がヒトラーのすべての活動を支配していた。そして今や、彼の正当な対戦相手、つまり民主主義の命運を握っている人々が、もうこの事実を自覚してもよい時なのである。

まるで映画のように起こった出来事に話を戻すことにしよう。スペイン戦争で勝利の女神が両軍にきまぐれな微笑を向けていた間に、三つの新しい要素が国際情勢――現実には心理戦争の一形態――を複雑化させた。新たな要素とは、日本ファシズムの軍国主義が起こした中国侵略［一九三七年七月・日中戦争勃発］、ベルリン・ローマ枢軸の正式な表明とその東京への延長［一九三七年十一月・日独伊防共協定］、ソビエト・ロシア国内の出来事［一九三七年六月・トハチェフスキー元帥ほか赤軍幹部大粛清など］である。これら三つの要素は、それぞれ潜在的な国際戦争において心理的にかなり重要な役割を演じた。三要素ともファシスト枢軸を有利にしていた。もちろん、戦争の脅威をかざす恐喝の攻勢を促したからである。しかし、こうした要素の効果はすぐに減退した。中国が示した予想外の抵抗で日本の国力は疲弊し、極東で日本がソビエト・ロシアと刃を交えようとする企ては、その四半期には何ら期待できないことが示された。ハサン湖［ソビエトと満州国の国境地帯にある湖。一九三八年七月の張鼓峰事件をソビエト側はハサン湖事件と呼ぶ］は、ソビエトの広大な領土の中で最も脆弱な場所である。というのは、ハサン湖はソビエト中心部から最も遠く離れており、日本にとっては軍事拠点から最も近く、最も有望な攻撃地点だからである。しかし、ソビエトの対応は当初こそ緩慢だったが、数日のうちに漸進的な兵力の集中によって強大になり、日本軍は退却して敵対行為をやめた。

全体主義体制に敵対する者に有利な心理状況が、ここでは完全に回復した。今回は虚勢がきかなかったのである。

第二の要素である「枢軸」の虚勢も、何の役にも立たなかったので腰砕けとなった。スペインは抵抗し続け、ムソリーニが緊急の援軍を求めたとき、ヒトラーは言葉を濁すだけだった。そのときスペインにいたムソリーニの副官は、両国の不安定な状況を報告している。イタリアとドイツの確執はスペインで拡大していた。ドイツの専門家は、イタリア司令部とイタリア軍の士気について低い評価を下していた。あらゆる事実は枢軸国の結束を謳った有名な声明が虚勢の一つにすぎないことを示していた。極東では、日本との枢軸関係にもかかわらず、ドイツは中国に武器を供給していた。ビジネスはビジネスなのである。一方、日本は相変わらず反共主義ではあるものの、枢軸への関係は概ねプラトニックであることを示そうとしていた。中国での軍事行動が他の方面では上手く立ち回ることを必要としていたからである。

第三の要素、ソビエトの裁判と赤軍粛清は、確かにヨーロッパで心理的衝撃の後遺症を残した。ドイツが赤軍を弱体化しようとしていたと考えるのは、十分に論理的である。ファシストおよび親ファシストのプロパガンダはこれを巧みに利用して、ソビエトの軍事力が破壊されたこと、仏ソ協定の価値が疑わしいことなどをほのめかした。

独墺合邦

一方、ヒトラーは自らの計画の新しい段階である「合邦」に駒を進めていた。イタリアはスペインに深入りしすぎて動こうにも動けないと見ており、フランスでの深刻な政権危機も利用できた。さらなる好機は、アンソニー・イーデン英外相が辞任して、一九三七年末にパリ・ロンドン枢軸で取り決められた対独強硬策が破棄されたことで訪れた。チェンバレン首相は再び恐喝への抵抗を放棄したように見えた。

ドイツは突如としてオーストリアに圧力を加えたが、これに対してクルト・シュシュニック首相は直ちに国民投票を行うことを宣言した。ここでヒトラーの方法とそこで彼が決定的に重視している要素が再び明らかにされた。

ヒトラーは、いつもながらの大規模プロパガンダを行うために、国民投票までに一定の期間をおくことを欲していたのである。シュシュニックは宣伝技術をほとんど何も知らず、それに不可欠な威嚇的要素でも力量不足だったので、ヒトラーと競い合うことなど出来ようはずもなかった。漠然と感じていたのは、ヒトラーにプロパガンダを行う時間的余裕を与えなければ、大衆はヒトラーに反対票を投じるだろうという希望だった。そのため、国民投票を即時実施することにしたのである。ヒトラーとその方法を知っている人なら、ヒトラーがどんな犠牲を払ってもこれを阻止することは自明だった。そして、ヒトラーは実際にそうしたのである。

一九三八年三月十三日、ドイツ軍はオーストリアに進軍し、一発の銃撃もなくウィーンを占領し、シュシュニックを逮捕し、イタリアとブレンナー峠で国境を接することになった。民主主義諸国は、啞然としたまま、抗議さえしなかった。

チェコスロヴァキアへの攻撃

ヒトラーは、鉄がまだ熱いうちに攻撃を再開した。オーストリア合邦が終わると、直ちにチェコスロヴァキアに対する軍事的・宣伝的行動を始めた。この軍事的に包囲された、中央ヨーロッパにおける民主主義者の最後の牙城に対して、侮辱と要求と脅迫を含む強引な新聞キャンペーンが展開された。ヨーロッパは最悪の事態になることを恐れた。フランスは、いざとなれば同盟国の救援におもむくとの声明を繰り返した〔一九二四年にチェコスロヴァキアはフランスと相互防衛援助条約を締結していた〕。だが他方で、フランスの悪名高い親ファシスト系新聞が不協和音を生みだし、フランス政府の警告が外国に与える印象をぶちこわした。そのため、ヒトラーは側近に「フランスはブラフをかけているだけだ」と断定し続けた。一九三八年五月二十一日のチェコ軍の動員がこの状況をさしあたり終わらせ、脅威はすぐに消えた。ヒトラーは歯ぎしりして呪いの声をあげたが、この小国の大胆不敵な抵抗の前に躊躇し引き下がった。列強にとって何たる教訓だろうか。だが、それは何の役にも立たなかった。ソビエトは列強の協調行動によって秩序を回復し、ヒトラーの挑発に終止符を打つことを提案した。しかし、協調行動の代わりにチェコスロヴァキアには圧力がかけられ、ズデーテン地域でいつもの威嚇的プロパガンダを目にした列強は優柔不断となり、ヒトラーの野望と自信過剰を蘇生させてしまった。最終的にヒトラーの野心を燃え上がらせたのは、ランシマン卿［対独宥和派のイギリス下院議員］のプラハ派遣団《ミッション》だった。なんたるミッションか！　それはヒトラーのブラフに対する抵抗力を弱める使命であり、民主主義諸国が当時進行していた策動のからくりをまったく理解できていないことを改めて証明する任務だった。これまでに行われたすべての実例や決定的な証拠を見た後で、何たるふるまいか！　時局が不可避の戦争へと狂った方向に加速していったことは、何ら不思議ではない。

ミュンヘンでの屈伏の瞬間に至るまで、一九三八年九月に全ヨーロッパを揺さぶった危機の変遷は、本書が政治生活に関して明確に述べた諸原則の見事な実例である。あの悲劇的な日々の出来事を思い起こせば、すべての運命を握っていた四大国［英仏伊独］間の協議は以下の問題に関する交渉プロセスにほかならなかった。つまり、独裁者がその目的にかなう条件反射の更新によって、プロパガンダの威力を増強するのをもう一度認めるべきかどうかという問題である。条件反射の更新とは、現実の暴力を行使すること、つまり絶対反射に訴えることによってもたらせる。

これこそ世界が見守る中で行われたポーカーゲームが意味するものの全てである。ヒトラーにとって必要だったのは、その増強された威力を世界に示し、世界を恐怖に陥れ、将来にわたって抵抗の意志を打ち砕いておくことだった。これに加えて、彼は自国民に感銘を与える必要があった。それにより再び倦怠の兆候を見せ始めたドイツ大衆の行動を、支配する力を取り戻すためである。それゆえ、彼は大規模な軍事的デモンストレーションを行う口実を探していた。鳴り響く銃声の中、ドイツ空軍が空を覆う下に、チェコスロヴァキアに進軍する口実である。［九月二十二日に］ゴーデスベルクでチェンバレンはヒトラーに対して、イギリスとフランスは彼の要求を原則的に承認し、その履行を保証することだろうと伝えていた。だが、ヒトラーはこの保証を信じないふりをして、ズデーテン地方への進軍と要塞の占領を主張した。それはほとんど最後通牒というべきものであり、回答期日［九月二十八日］を定めて、いかなる先延ばしにも応じることを拒否した。

だが同時に、ヒトラー自身にも懸念はあった。彼は事態が深刻化することを望んではいなかった。全面戦争が自らの破滅を意味することをヒトラーはよく知っていた。国防軍指導部の態度は、このことをはっきりと示していた――もしもの場合、彼らは作戦行動を拒否しただろう。それゆえ、ヒトラーにためらいはあった。だが、チェンバレンがあまりに高齢で、どんな代価を払っても平和を欲しているため、自らがフランスと交わした約束に当惑し、ソビエト・ロシアに対する嫌悪感がドイツへの恐れや全体主義への反感を上回る、とヒトラーは見込んでいた。それゆえ、ヒトラーは粘り強くカードを切ることで、最後にはチェンバレンの抵抗に打ち勝ったのである。

一方のチェンバレンは、自国内で高まる反戦世論を考慮しなければならなかった。二つの民主主義国家は、ヒトラーの本当の動機が何であるかをほとんど気にしていなかったし、いずれにせよ、それを理解できない彼らの心性のために、ミュンヘン会談以前でさえ、ヒトラーの要求に屈していた。九月二十七日夜から翌二十八日未明にかけて、英仏は方針について合意し、二十八日朝、ベルリンのフランス大使がヒトラーを訪れて、要塞を含むズデーテン地方の大部分をドイツ軍が即時占領すること、残りの地域では人民投票を行うことに同意したと伝えた。同時に、モーリス・ガムラン将軍［フランス陸軍総司令官］が、パリのチェコスロヴァキア駐仏公使ステファン・オススキーに次の助言をするよう命じられたことも、ヒトラーは報告を受けた。「チェコスロヴァキア軍はヒトラーの定めた期日以前に、チェコの〝マジノ線〟から撤退すべきである。」

このように、一撃も加えることなく、ヒトラーはそのプロパガンダ計画、すなわち絶対反射（軍事独占）と条件反射（絶対反射の力で彼のプロパガンダを発動できる人民投票）を実行することに成功したのである。次のアルフレッド・ファーブル・リュスの発言は正鵠を射ている(42)。

一九三八年九月のヒトラーの立場は、一九三五年九月のムソリーニの立場に似ていた。もしその日にアビシニアが銀の皿でムソリーニに供せられていたら、ムソリーニはそれを拒絶しただろう。戦争における第一目標は征服ではなく勝利、「アドワの復讐」だったからである。このような思考は、民主主義的政治家の心理とはあまりに異質なので、それを計算に取り込むことなど彼らにはとてもできないのである。

ヒトラーにとってズデーテン地方は単なる口実にすぎなかった。「我々ドイツ同胞の受難」とか「ベネシュ〔チェコスロヴァキア大統領〕の血に飢えた加虐的活動」などといった彼の謳い文句はすべてレトリックだった。周知のように、模範的な民主的制度を持つチェコスロヴァキアよりも大きな自由、より良好な社会条件を与えられたドイツ人マイノリティは存在しなかった。他方で、友人ムソリーニによる南チロル人への深刻な弾圧に耐えること、あるいはヨゼフ・ベック大佐〔ポーランド外相〕との友好関係維持に顧慮する限りポーランド在住ドイツ人への弾圧を我慢することは、ヒトラーにとって何ら難しいことではなかった。

ズデーテンの口実は、ヒトラーにとって目障りな存在だった仏ソ協定の解体をもくろむ彼の計画にも、うまく適合していた。そのため、ミュンヘン会談後で彼が最初に配慮したのは、いわゆる「ヨーロッパの宥和政策」計画を策定することであった。この計画の骨子は、ソビエト・ロシアとの間に協定を結ばないことを、ドイツ、フランス、イタリア、イギリスが約束すること、東欧におけるドイツの完全な行動の自由を認めることにイギリスとフランスが同意することだった。実際、ヒトラーはこの大成功の後、公然たる覇権を目指した。これと引き換えに、フランスの国境を「保証」し、「現存する大英帝国の領土的基礎はドイツの利益と一致する」と宣言することをヒトラーは用意していた。

一九三八年九月の危機

ズデーテン危機に関連するヒトラーの計画と彼が採用した戦術をもう少し詳しく見てみよう。ズデーテン・ドイツ党のコンラート・ヘンラインを、彼の代弁者としてチェコスロヴァキア政府と交渉させることによって、ヒトラーはヨーロッパに次のような認識が浸透する精神状態を生み出した。すなわち、ヒトラーの主張には正当な理由があり、ズデーテンの騒擾《そうじょう》を鎮めるために、プラハの政府は何か対策をとるすべきである、と。もちろん、実際はヒトラーがいつも通りのやり口でその騒擾を裏で操っていたわけである。

特にイギリス世論を狙って仕込まれたプロパガンダは、この騒擾を終わらせようとする民主主義諸国のあらゆる試みを無力化することを目的としていた。プラハ側の申し出はすべて「不十分なもの」と宣告され、プラハ側が懐柔に努めれば努めるほど、騒擾は拡大した。ヒトラー主義のプロパガンダに影響されたイギリス保守党グループはランシマン特使を派遣したが、そうした国際的調停は、チェコスロヴァキアという国家の心理的統一をますます攪乱した。ズデーテン騒擾は混乱の拡大を利用して、偽装した内戦のごとき様相を呈した。

ヒトラーがニュルンベルクでの演説で、軍隊によりズデーテン域内の「同胞」を救助すると宣言して以来、最後の偽装は取り払われた。この演説をスデーテン・ドイツ党は反乱を直接に勧奨するものと解し、それに従って行動した。この間にヒトラーはすべての軍備を整え、演習の実施という名目で百五十万人を動員したが、民主主義諸国は介入しなかった。今度もヒトラーは機先を制した。たとえ彼らが動員を知っても何もしないことを熟知していたので、ヒトラーは「警告」を無視することができた。実際のところ、いかなる種類の行動も伴わない警告がそれまで乱発されてきた以上、新たな警告がヒトラーを阻止すると期待することなどできただろうか。絶対反射によって更新されない条件反射は「消滅」するという現象の明らかな実例がここにある。

この結果、決定的な一撃が可能となった。その小さな共和国の併合である。この血なまぐさい教訓は局地的なものであるにはちがいないのだが、世界全体に集団的恐怖をよみがえらせ、覇権への次の一歩へ道を拓くのに十分なものであった。たとえヒトラーが「軍事的勝利」なしでチェコスロヴァキアの占領を許されていたとしても、それでも彼は戦時対応の完全装備をみごとに施した部隊を投入し、要塞を占領し、軍事力の印象を生みだし、暴力の恐怖をたたき込んでいただろう。言い換えるなら、心理的レイプは成し遂げられ、条件反射が「復活した」ことになる。

これこそヒトラーの計画であり、それはもう一度完全に成功した。もし民主主義諸国がもっと賢明に振る舞い、自分たちに加えられている圧力のメカニズムをもっとよく理解し、断固としてその停止を叫んでいたなら、それは失敗していたかもしれない。その言い訳として、各国の指導者はヒトラーに屈した後、「もし自分たちが道を譲らなかったら戦争が起きていただろう」と断言した。また弁明のために、十月三日にヒトラーがヘプ〔ズデーテン地方の都市・ドイツ名エーガー〕で新しい国民に発した声明、「諸君のために剣を抜く用意はできていた」のような、後付けの宣伝的大言壮語を引用したのである。

こうしたことを率直に指摘されると、ミュンヘンの屈伏の責任者やその擁護者は立腹する。だが、それを屈伏といっても誇張ではないことは、いつも言葉を選ぶ議員たちの下院における演説を読むだけで十分に理解できるだろう。例えば、クレメント・アトリー少佐〔労働党首・戦後首相〕は「ここ数日、この国あるいはフランスがかつて経験したことのない最大の外交的敗北の一つを目にした。それはヒトラーの偉大な勝利だ」と発言した。またジョン・アメリーはこう述べた。「かつて軍国主義が勝ち取った最も安価な勝利の一つにほかならない、と歴史に刻まれるだろう。」

アルフレッド・ファーブル・リュスはこう言っている(42)。「とにかく会談が行われたため、連合国政府は成功を収めたと思われた。だが、この会談の本質は敵側の提案の受け入れにあった。」しかし、それが実際には途方もない完敗だったという事実は、ヒトラーがミュンヘン協定で取り決めたすべてを完全に無視したことによってさらに裏付けられた。例えば、合意から数週間が経つと、新たなチェコスロヴァキアを民主主義諸国が保証するという話は、もはや口にされなくなった。しばらくして同国をさらに完全に飲み込むべく、それを「保護」したのはドイツ自身だった。人民投票を実施しても、これ以上に得られるものは何もないという見解では、民主主義諸国とドイツは一致していた。各国大使の国境画定委員会はドイツが要求する以上のものをドイツに与えた場合もあり、世界を唖然とさせることになった。

この屈伏が最初から多少なりとも意識的に想定されていたことを直視すれば、この事態を理解することは可能になる。直接の交渉にあたった関係者たちは、心理的に見れば、あらかじめ軍事的脅威の前に屈する用意をしていた。チェンバレンはドイツがイギリスの利益を脅かすことに驚くこともあったが、その不安はすぐに鎮められた。彼は何よりも平和と安寧への欲求に支配されていたので、受動的なオプティミズムに陥りやすかった。彼はこの態度を追認する議論を好んで繰り返した。例えば、プラハに特使として派遣したランシマン卿が、ズデーテンのドイツ人とチェコ人は同じ屋根の下で暮らすことはできないと断言したときがそうである。さらに一九三八年九月二十六日、フランスが動員令を発し、「フランスはゴーデスベルク覚書を承認できない」とフランス首相が断固たる宣言を行った後にも、チェンバレン氏は同じことを繰り返した。フランス総司令官の来訪を受けた後でさえ、彼は平和至上主義という自らの個人的信条を守ることに固執していた。彼は誰にも知らせずに顧問のホレス・ウィルソン卿をベルリンに派遣し、ふたたび総統に会って、交渉に努めさせた。確かに、ゴーデスベルクで彼は突然に断固たる態度を取ってホテルに引き返し、世界を驚かせた。彼はヒトラーに手紙で所信を伝えるだけで、再会談を拒否したのである。しかし、これはイギリスで反対論が明らかに増大しているのを見て、急に不安になったためだった。

ヒトラー主義のプロパガンダに囚われた人々は、この当時のフランスとイギリスはともに好戦派と和平派に分裂しており、ヨーロッパの危機はこの両派の闘争に支配されている、とほのめかしていた。これはまさにムソリーニとヒトラーが主張したことであり、それをほのめかすことは彼らを手助けすることだった。実際には、その軍事力に幻惑された人々もいれば、現実に独裁政権と提携した人々もいた。それとは反対に、その逐次的譲歩の帰結を直視して明確に理解し、戦争（誰がのぞむ？）ではなく強硬政策をのぞんだ人々がいた。ヒトラーに戦争を始めるつもりがないことを彼らはよく知っており、ヒトラーの行動の精神的な原動力を理解していた。

宥和派と強行派の分断状況をもっとも良く示すのは、その心理的な差異が政党間の境界も超越していたことである。たとえば、フランスでは、アンリ・ド・ケリリス［右翼組織「火の十字団」幹部］が共産主義者と意見をともにしていた。反対に、ピエール・エチエンヌ・フランダン［左翼共和派で一九三四〜三五年に首相、のちヴィシー政権で副首相］は、ヒトラーに同情的な電報を送ったが、それまで徹底してヒトラーに反対した著名な平和主義知識人の見解に支持を表明していた。

ミュンヘンの屈伏に対する最大の責任は、チェンバレンが率いる保守党の多数派にあった。彼らは一貫性のない支離滅裂な政策を続けてきた。ときにドイツに「警告」を発して介入の威嚇を行う一方で、同時にフランスにも和解の枠組みを提案していた。またフランスに強硬な立場を取るよう促す一方で、同時にそれを深刻に受け取る必要はないとヒトラーが考えることを許していた。たとえば、イギリス外務省が九月二十六日夜に「イギリスとロシアがフランスに助力することはまちがいない」という有名な宣言を発表したとき、チェンバレンは翌朝ダウニング街で次の声明を出した。「私はドイツ総統の演説を読み、平和を守るための私の努力に言及してくれたことに謝意を表する。私はその努力を捨て去ることができない。」

この声明によって、宣言のすべての効果は失われた。ヒトラーがこの言葉に勇気づけられたことは言うまでもない。

矛盾は、宥和政策の特徴の一つである。この声明の翌日、チェンバレンはラジオで演説を行った。その演説中に、本書の冒頭に引用している［H・G・ウェルズの］一文があり、それはヒトラーの真意を彼が理解し始めていたことを示している。加えて、ヒトラーが軍事力の誇示により威信を高めること、すなわちヒトラーが世界を服従させつつある集団的条件反射を強化することは、どんな犠牲を払っても阻止せねばならないと彼も考え始めていた。

しかし、ますます危険になりつつあったこの疫病神を撃破する唯一の方法が、そのやり方を真似ることであることを、チェンバレンは理解しなかった。なおも彼はヒトラーに譲歩することで行動を押し止めることができるという幻想を抱いていた。だが、それはヒトラーにチェコスロヴァキアの要塞を軍事的に（「象徴的に」とチェンバレンは婉曲的に表現したわけだが）侵略する機会を与えた。チェンバレンが分かっていなかったのは、このような方法では何も阻止できないということであり、ヒトラーが目的を達成したことだった。さらに、最終的衝突が先延ばしにされただけであって、より不利な条件の下で後にそれと直面せざるをえないことも彼は分かっていなかった。

海軍大臣ダフ・クーパーは、下院でミュンヘンの屈伏後に自らの辞任を発表する演説を行い、こうした過ちを率直かつ敢然と指摘した。彼は、煮え切らず、それゆえに危険きわまりない方法を次のように攻撃していた。

「我々は決してヒトラー氏をいらだたせてはいけない、といつも言われた。彼が公の場で演説をする前に、いらだたせるのは特に危険である、と。なぜなら、もし彼がそんなにいらだっていたら、退《の》っぴきならない恐るべきことを口に出すかもしれないからだ、と。だが、私が思うに、ヒトラー氏はかなりいらだっている状況でなければ演説をしないわけであり、新たにもう一つ刺激が加わっても大きな違いは生じないであろう。他方で、厳粛な事実を伝えることは、覚醒させる効果をもたらしたであろう。そう考えねばならなかったはずなのである。（中略）

私は来る日も来る日も艦隊の動員を主張していた。この方が外交上の慎重な言い回しや公務員の条件節話法よりも、ヒトラーには理解しやすいと思ったのだ。首相がベルヒテスガーデンに行く前の八月末に、その方向で何ごとかが行われるべきだろうと私は主張していた。（中略）

首相は、ヒトラーに優美で合理的な言葉で語りかけることの必要性を信じていた。私は、彼が武力の言葉の方をより受け入れやすいと信じていた。」

このように、民主主義諸国のすべての非難と警告がヒトラーの目にはただの見せかけとしか映らなかったことは容易にわかるだろう。ファーブル・リュスがうまく表現しているように(42)、宥和政策全体の外観はただの張り子の虎であった。ズデーテン危機の間、ヒトラーが不安と躊躇の兆候を示したことは二度あった。最初は九月二十六日の夜で、チェコスロヴァキア侵攻の準備をしていたポーランドに、ソビエト連邦が警告を発したときである。ヒトラーは敢えてポーランドにそれを無視して攻撃を進めるよう勧告しようとはしなかった。二回目は九月二十八日、イギリス海軍の動員を知った時である。ダフ・クーパーは演説で次のように述べている。

「水曜日の朝、初めて……、ヒトラーは一インチ、いや一エル［四五インチ］だけ、ともかく多少ともイギリス代表に譲歩しようとした。しかし議員諸君、次のことを思い出していただきたい。彼がその朝受け取った最初のニュースは、イギリス首相からのメッセージではなかった。まず夜明けに彼はイギリス艦隊の動員を知ったのである。」

このように、この重大な危機の全経緯は、ここで独裁者の行動の決定要因として述べた原理の戦術的な妥当性を示している。この危機の心理的特徴の中で特に目立つのは、スピード感である。ラジオ放送の広報技術のおかげで急速に反射が形成され、行動を決定する反応がすばやく生み出された。民主主義諸国におけるヒトラー主義者およびヒトラー支持者のプロパガンダは、特に虚偽のニュースを広めたり、虚偽のニュースを真実であると公表することによって、こうした新しい可能性を十分に利用した。これは国際政治の危機的状況における闘争の新たな側面であり、将来において考慮を要すべきことの一つである。それは全く想定外の効果を生み出す可能性を秘めている。

当時の大衆および群集の行動は非常に興味深い。危機のクライマックスに先立つ九月後半の二週間、不安を生む興奮状態がいたるところに広がった。この興奮状態はヒトラーのラジオ演説によって引き起こされた精神の変調とともに高まった。それに動員が続いた。信号を受け取ったかのように、すぐに印象的な静寂が訪れた。この集団的抑制は数時間で広まり、九月二十八日午後六時まで、数日間も続いた。その後は一般的「緩和」が起こり、歓喜の波、新たな興奮が続いた。そのとき初めて、多くの人々は身近に迫っていた個人的な危険を認識し、本当の恐怖の兆候を示した。これは、それまで抑制されていた条件反射の脱抑制現象である。動員の際には次のように冷静に自問した人々は少なくなかった。「もしあの国［チェコスロヴァキア］が独立を守ろうとするならば、全体主義国の態度に耐えることはできないのでないか。最悪の場合には、奴隷にされるよりも戦う方がましなのではないか。」まさにそう自問していた人々の多くが、その後は熱烈な平和主義者となり、際限なき楽観主義の波に押し流されてしまい、過度な楽観主義を戒めた自制的な人たちを批難したのである。

だが数日後に起こった出来事は、こうした楽観主義者たちに冷や水を浴びせかけた。緊急戦闘配備の必要がいたるところで叫ばれた。その後、チェコスロヴァキアの独立が完全に破壊され、ドイツで反ユダヤ主義者の大虐殺[一九三八年十一月九日からの「水晶の夜」]が起こった。またイタリア議会では独裁者の意を受けて、領土回復主義のファシストによるフランスへの中傷攻撃が行われた。そしてついにポーランド侵攻に至った。このすべてが、避けられない衝突の瞬間が近づいていることを示していた。

ドイツにおける大衆の反応は、民主主義諸国での反応と同じような明確な特徴を帯びていなかった。もちろん、ドイツ国民が事件を知らされずにいたためである。彼らは、例えば、イギリスの動員について知らされていなかった。フランスの動員は「戦争を求めて叫んでいる共産主義者」に対する反論として説明されていた。ルーズベルト大統領の最初の親電は、受け取ってから二十四時間後にヒトラーの回答と同時に公表された。第二の親電の公表は、ミュンヘン会談の招集後まで引き延ばされた。

ミュンヘンの帰結は重大であった。それは、三つの大きな見出しにまとめることができよう。「中欧のドイツ覇権ほぼ確立」、「フランスの孤立」、「ムソリーニ、立場を強化。」ムソリーニはスペインでの失望とオーストリアの喪失によって追い詰められ、イタリアでの影響力はひどく低下していた。そのため、ヒトラーが動員を要求したときも、ムソリーニは動員に踏み切れなかった。イタリア国民が進軍を拒否するだろうことがよくわかっていたからである。彼はイタリア北部の都市を巡視して一日二回演説を行い、「時局を論じ」、曖昧な言葉(「我々は地歩を得た」)でイタリアの立場を表明することで満足するほかなかったのだ。民主主義諸国が自分に「調停」を求めたことを、ムソリーニが自らの地位回復として歓迎したことは明らかである。

ミュンヘン会談後のフランスの孤立は、ヒトラーの植民地回復要求に関する噂が繰り返されたことからも明らかだった。消息通のジュヌヴィエーヴ・タブアは、十月二十日付『ウーヴラ』でこう書いている。「この場合、旧ドイツ植民地の返還によってドイツ帝国をなだめなければならないのはフランスだろう、と彼（チェンバレン）が考えていることは再三耳にしていた。」貪欲なヒトラーへの贈り物がイギリスの勢力圏からもたらされることがないのは、どの党派であれイギリス議会の全議員の態度を見れば明らかだった。

ミュンヘン協定成立で有頂天になった人々の間では、屈伏した当事者たちの無実を立証する詭弁がいまだによく試みられている。曰く、世界にはファシスト国家と民主主義国家が共存する余地があり、そこにイデオロギー紛争のごときものはありえない、と。独裁者の存在そのものがこの二つの国家類型の共存可能性を否定するものだが、その点にはこだわらずに、ウィンストン・チャーチルが一九三八年十月十六日にアメリカ向けのラジオ演説で述べた次の言葉に注目しておきたい。

「ナチ支配体制と民主体制の理論的対立に引き込まれてはならない、とよく言われる。しかし、対立は今ここにあるのだ。（中略）この対立は戦争を呼び起こすものだろうか？　これこそ平和を保証する唯一のものだと私は断言する。」

軍事力に屈する際（実際には、多くの場合、ほんものの軍事力というよりも、その脅威に過ぎなかったわけだが）、道徳的要素を無視しようとしても無駄である。道徳的要素は、生物学の観点から見れば、身体的要素と同じ次元にあり、それ自身が一つの身体的要素である。そうした道徳的要素を現在も含んでいる人間行動は根絶できないのである。この観点から見て、ミュンヘン協定を道徳的行動とみなすことは決してできないだろう。それは心理的レイプを聖別し、いつも良心的に自らの人道的・社会的義務を果たしていた小国の民衆を犠牲にして結ばれたものである。チェコスロヴァキアは、自らの運命について議論に加わることさえ認められず、その宣告を知らされただけだった。同国政府の以下の抗議は、反駁の余地のないものである。

「チェコスロヴァキア共和国政府は、同政府を排除し、その意に反して行われたミュンヘン会談の決定を検討したが、それを受諾せざるを得ず、何一つ付け加えるものはない。」

しかし、チャーチルがラジオ放送の中で述べたように、「自由の大義には、不幸から新しい希望と新しい力を引き出すことができる回復力と美徳がある。」

この新しい希望は、いまや来たらんとしている。そして運命の皮肉により、独裁者自身が絶えず傲慢さを強めることで、その希望の到来を早めることになったのである。

第九章——行動的社会主義

自由

二つの原理［独裁と自由］の闘争は続けられており、どちらか一方が完全に勝利を収めるまでは幕が降りることはないだろう。それは人類の運命全体に関わっている。だが、闘争には目標と目的が含まれている。周知のごとく、闘争で争われているのは、人間と国民の自由である。その自由とは、人間生活の本質であり、人間が追い求めて当然のものである。パブロフは、生物に共通する自由への生得的反射にも言及し、その純粋な生理学的特徴を確定できると考えていた。だが私たちは、むしろ自由は人間の獲得物であり、より高次の条件反射の一つであり、文化の所産であると信じたい。しかし、文化への志向は人間の集団性の特質なので、この反射は並外れた強度を持っている。なぜなら、その特質から発生するとともに、その特質を条件づける反射だからである。このことは容易に理解できるだろう。というのも、すでに本書の分析を通して見てきたように、その反射は第一本能、すなわち闘争本能に由来するものだからである。闘争本能こそ、生物学的観点から見て、すべての本能の中で最も重要で最も強力な本能なのである。

しかし、闘争の究極目的である自由について述べるだけでは十分ではない。この自由に含まれる具体的な目標を理解しようとすることは非常に興味深いが、それは部分的にはプロパガンダに役立つためである。こうしたことを理解するために、まず人類の一般的な状況を考えてみたい。現在の状況を社会的・経済的・文化的・政治的に見て、何が一般的傾向と言えるだろうか？　人類の解放のために続けられている闘争——その手段としてプロパガンダも利用されているにすぎない——で作用している支配的な大思想とは何なのか？　プロパガンダの合理的内容とは何なのか？

プロパガンダは最後の切り札として、一〇分の九の受動的人間に影響を与えるために、既に述べた精神的方策を行使しなければならない。しかし、この仕事は残りの一〇分の一の活動的分子、つまり感性的プロパガンダに免疫のある、思索的で論理的な人々によって遂行されねばならない。そのために、理性的プロパガンダも必要なのである（実際、いかなる種類のプロパガンダであれ、その背景をなす思想を欠いたまま、ただ適当なテクニックとして有効に使えると助言するつもりなど毛頭ない）。

この「一〇％」は、教化されており、何らかの思想に導かれていなければならない。たとえファシズムの場合のように、それが限定された利己的な関心であるにしても、そうである。九〇％を動かすためには、活動分子はその指導的な思想を理解し承認していなければならない。それゆえ、その指導的思想の意味を明確にする必要がある。本書ではこの基本的思想を、スローガンとなっている以下の言葉で定義したい。それは資本主義、マルクス主義、国際連盟、平和主義、社会主義である。ごく簡単にこれらの思想を分析しておこう。

資本主義の最期

支配原理としての資本主義の全盛期が終わったことはまちがいない。人類の進化はこの段階を通り過ぎたのである。これはもはや議論の余地はない。資本家の支持によって権力を掌握した独裁者の多くも、資本主義が死の床にあることを否定していない。彼らは社会主義の勃興と労働者階級組織の力を前にして、当惑した金融権力を巧妙かつ無節操に利用している。資本主義は自ら生み出した仕組みの矛盾の網に必然的に絡み取られている。

カール・マルクスは、『資本論』で経済現象の法則を分析したとき、この段階を予見していた。たぶん、これほど早く到来するとは予想外だったろう。それは理解できることである。というのも、科学と技術は放物線状に成長し、その加速度は絶えず高まるからである。さらに、一九一四年から一八年の戦争がその加速度を大いに高めた。それは資本主義の終末が近づいている主要因の一つである。トラストや政府の手に資本が集中するのは、近代化され、活性化された資本主義の一形態にすぎないと言われてきた。しかし、計画経済や統制経済の思想が基本的に資本主義と対立し、その存在と相容れないものであることはもはや疑いの余地もない。トラストが先進国の経済システムを長期にわたって支配し続けることが可能だとは考えられない。なぜなら、世界で最も高度にトラスト化が進んだアメリカにおいてさえ、国家の側からの反発を引き起こしているからである。

それとは逆に、資本主義的心理への回帰を次のような事実から読み取る向きもある。ロシア革命も数年経つと経済政策が緩和され、個人に一定の私有財産権を認めるようになった。また、「戦時共産主義」の初期に見られたように、物質的必要に関して全市民を平等に扱うことは、もはや行われなくなっている。とはいえ、社会的災害や戦争の時代には、すべての国で個人の最も神聖な権利さえ制限する措置が取られることも忘れられてはならない。

社会主義が抽象的原理を純粋に好むからといって、必然的に生まれる豊かさの中でも、社会主義がなお制限を課そうと企てるだろうと想像するのは馬鹿げている。社会主義が教義として掲げているのは「人間が同じ人間を搾取することは許されない」ということであり、まさにそれこそが資本主義と社会主義の違いである。

「マルクス主義」の黄昏

カール・マルクスは、特に科学者の視点で資本主義を研究した。その分析の後、マルクスは次のような見解を述べている。この人間社会［資本主義社会］の生活形式は事実の論理からして失敗の運命にあり、人類の存在を可能にするために消滅せねばならないだろう、と。

政治家としてのマルクスは、この不可避のプロセスを加速することで、その達成に伴う痛みをより小さくする手段を求めた。彼の行動と学説は「マルクス主義」と名付けられ、その理論的名称がなし崩しに政治闘争のスローガンになっていった。今日私たちが「マルクス主義」を語るとき、自らの目的について明確にされねばならない。第一義的には、マルクス主義はマルクスの作品と教義である。しかし、第二義的だが主要な意味として、今日では労働者政党の綱領を基礎づけているマルクス門下の経済的・政治的理論の集大成を示している。そして最後に、第三義的にそれはファシストが民主主義的思想一般を指して叫ぶ純粋なデマゴギーのスローガンである。このスローガンは誠実さに欠けている。いわゆる「反マルクス主義者」のほとんどは、問い詰められるとマルクスの書物を一行も読んでおらず、彼の思想をまったく知らないことを認めなければならないはずだ。

マルクスは、彼が生きた時代の科学の視点で経済学的・社会学的問題を考察しようとした最初の一人であった。このことはマルクスの仕事を不朽のものとするだろう。それは生物進化の思想を確立し、その普及に大いに貢献したダーウィンの仕事と同じである。しかし「ダーウィニズム」、すなわち進化の事実を説明可能にし、またそのコースを決定する因子を確定しようとするダーウィンの試みでさえ、今日の科学的批判にはもはや耐えられない。同じようにマルクスの考えのいくらかは、もはや現代科学の水準には適合していない。マルクスの時代には想像もできなかったことだが、経済社会学は実際には生物学の一部門であり、したがって生物学の分析法や綜合法を可能な限り採用しなければならない。さらに言えば、科学的社会主義の必要性を主張していたマルクス自身でさえ、彼の学説をあたかも一点の誤謬もない聖書ように扱って紛糾する現代マルクス主義の聖書解釈学的論争を見れば、恐れを抱いたであろう。マルクスの仕事とは、同時代の科学の視点から説明しようとする試みだったからである。

人間行動をもっぱら唯物論的な視点で評価した誤謬に責任があるのは、マルクスよりも彼の注釈者や「マルクス主義」に新局面を与えた現代の預言者たちである。それは人間行動を本書でいう第二（食欲）本能に由来するものと見る視点である。その考えによれば、経済的因子が何よりも重要となる。だが、「科学的唯物論」という彼ら自身の視点から見ても、その理論は支持できないように思える。本書の見解［表1・四本能システム］は、それ自体として実証的かつ実験的な科学研究の成果である。通常の人間行動は複合的な現象であり、経済的因子以外にも、実際にはより強力で重要な因子が存在する。しかも、これらはいずれも純粋に生理学的、したがって物質的な因子である。

このことは、最近の経済学的・社会学的な経験によって裏付けられている。例えば、一九一四年から一八年までの戦争が勃発したとき、経済学者はこう断言した。「戦争は数週間しか続かないだろう。なぜなら戦争の継続は世界の経済構造を完全に崩壊させることになるからである。」また、かつて次のように言われていた。「ボルシェビキのロシアでの経験は経済的に不合理である。五ヵ年計画は荒唐無稽であり、飢餓と経済的困難がその実現を妨げるだろう。」

しかし、私たちが目にしたのは、最も過酷な物質的犠牲に何年間も耐えた人民であり、それに屈するどころか、最終的にはそこから恩恵を引き出した人民であった。その理由は、ソビエトの指導者がマルクス主義理論家の予言を無視して、経済的な影響を受けない人間の、魂の弦をかなでることを学び、この「奇跡」を可能にする反応を確保したからである。

現代の科学的データが示すように、この奇跡は奇跡ではなく、まったく自然な生理学的効果によるものであった。ここでは民衆的プロパガンダが決定的役割を演じた。同じことは、ドイツについても言える。ドイツ国民に幸福感と満足感を与えるために必要なのは、週に一度は軍楽を演奏し、それに合わせて行進させることだけである、とユーモア作家が実際に述べている。

「マルクス主義者」理論の今日的価値についてはこれくらいで十分だろう。社会生活における経済的評価システム全体が、生物科学のデータと照らし合わせて修正されねばならないことは明白である。この点で、特にフランスにおける計量経済学者、ジュルジュ＆エドゥアール・ギヨームの研究は大いに興味深い(44)。

国際連盟の権威失墜

大戦以来、特に重視された第三の要素は、国際連盟の思想である。過去二十年間、欧州と世界の国際政策はすべて連盟を中心に展開してきた。しかし、その理想は申し分のないものだったが、最初から損なわれていた。ドイツが排除され、アメリカはよそよそしく、ソビエト・ロシアを防疫線内に封じ込めようとしたため、その精神的価値も実際的価値も低下した。その後、真の民主主義国、特にフランスの努力によって連盟の威信が高まった時期があったのは事実である。ドイツ共和国が加入し、ソビエト・ロシアは連盟を忠実に支持した。一時は建設的な事業が成し遂げられるように思われたが、その幻想はすぐに打ち砕かれてしまった。満洲での日本の攻撃によって、連盟に対する最初の恐るべき一撃が加えられた。ジュネーブにおける活動の、官僚的で臆病な性格が露呈したのはこの時であった。列強の疑心暗鬼と他国の信用失墜を狙う策動のただ中にあって、優柔不断のまま議論で時間が空費された。独裁者たちはいかなる合意の可能性も破壊しようと全力を尽くしたが、これは彼らの立場として完全に論理的であり、予期されてしかるべきことであった。しかし、民主主義諸国はその挑発に断固として対抗しようとせず、何もしなかったので、次第に小国の支持を失った。ピエール・ラヴァル［フランス外相］の方針は、もちろん連盟にとって手痛い打撃だった［特に、アビシニア戦争での対イタリア宥和政策］。今日、連盟は道徳的に崩壊している。軍事同盟政策が再び開始された。ファシズムが妨害されることなくその政策を推し進めることが許されたとき、それは不可避となった。連盟の死滅は政治的事実であり、それがまた現在の状況を規定している。

似而非《えせ》平和主義

世界政治情勢におけるもう一つの重要な要素が、往々にして「絶対」を冠する、自称平和主義の出現である。実際には、ファシスト独裁者の利益に沿った行動により、平和を土台を掘り崩していたものである。この運動の推進者をもって自任した人々は、ファシズムの生存法則が戦争の推進であり、さもなくば戦争の脅威による恐喝であるという事実を無視した。ジョージ・ランズベリー〔イギリスのキリスト教平和主義者である労働党党首〕は、独裁者たちが自国で「平和誓約」を許可するとでも思っていたのだろうか？〔ランズベリーは「ノーモア・ウォー運動」議長、「国際反戦運動」議長、「平和誓約ユニオン」会長をつとめ、一九三七年にはヒトラー、ムソリーニを直接訪問して平和を説いた〕

社会主義の再活性化

社会主義運動のような民衆的な政治運動でまず必要なのは、楽観的エネルギーと行動への熱望である。多くの民主主義的指導者の大きな欠点は、自分たちの支持者の心理状態にあまり関心を持たず、いつも批評にこだわりすぎる傾向があることだ。この過剰な批評が、大衆だけでなく活動家からも気力をしばしば奪っていようとは、彼らには思いもよらないことなのである。弁士が次のような聴衆の状態に気づかず、一時間、二時間、あるいはそれ以上に議論や数字を重ねるという事態がどれだけ頻繁に起こっているだろうか。聴衆は生理的に疲労しており、浴びせられた多くの言語的刺激で頭が飽和状態となり、したがって弁士が訴えている行動を全く実行できなくなっている。だが、弁士が演説を行う唯一の理由は、特定の行動のために人間を動員することなのである。

社会主義の再活性化は、大衆にとって大事業である。また、それは主権簒奪者の専制的な意志への屈従を退け、より良い時代を勝ち取るために前進しようとする民権の擁護者にとっても大事業である。しかし、以下のような場合には、建設的な進歩はありえず、状況は日々に悪化して、ついには戦争による破壊か、人間が生きて戦う目的である自由を喪失するか、そのいずれかに至るだろう。それは、人々が問題は時が解決するだろうと願い続ける場合であり、また時代遅れの教義（生命と生命科学から取り残された教義）の不変性にしがみついている場合である。あるいは政治生活に積極的に参加しようとする人間の傾向が抑制され続けている場合であり、辛抱強く待たせた人々に指導者の無気力による結果を甘受させようとする場合である。最後は、政治闘争の新しい形式と新しい科学的データに目を閉ざしている場合である。そうしたデータは絶え間なく更新されており、今日では政治の基礎となっているはずなのだが。

再生

行動的社会主義――それが再生の目的でありスローガンである。むろん、建設的な社会主義の積極的綱領のいかなる部分も私が拒否しないことは自明である。それは多様な要素を含んでいるが、生命そのものに由来し、また人間の生物学に基づいた、健全な伝統の維持を少しも妨げるものではない。とはいえ、伝統が科学や社会の発展に応じた人類の進歩を阻むことがあってはならない。

結局、行動的社会主義は、人間を心理的奴隷状態から解放し、いまも絶えず続いている心理的レイプの脅威に対して人間を保障することを目指している。そのためには、権威主義的毒素に抗して人類の免疫を高める方法を見つけなければならない。それによって「五千人」が五万五千人になり、「五万五千人」は五千人にならねばならない。だが、そのためにはどうすればよいのだろうか。この問題には三つのアプローチがあるように思われる。それは教育、厚生、心理的予防である。本書の前半で、条件反射が青年において容易に形成されること、そして、いわゆる遅滞反射が特に内的条件抑制を行う能力を発達させる機会をもたらすことを見てきた。この能力は、日常生活で「意志」と呼ばれるものの基礎である。つまり、それはある反応を抑制して、抵抗の「意志」を行使する能力である。これこそが、他人の意志に誘発されることなく反応を統制するために必要なものである。この能力が体内にしっかりと植え込まれていればいるほど――そしてこれは教育の仕事であるが――人間はいっそう確実に「五千人」のグループに入るであろう。

生物科学としての政治

これまで見てきたように、過労、病気、飢餓にさらされている人は、神経系が混乱するか衰弱しており、比較的容易に暗示の力に屈してしまう。それゆえに、肉体的・精神的な国民の奴隷化を目指す敵勢力に対して民衆的抵抗を急速に強化するためには、厚生策、すなわち生存条件の改善が求められる。つまり、十分な賃金、休息の保証、家庭の悩みや就労の不安を取り除くこと、合理的で衛生的な物質的生活の要素すべてを保証することである。

精神的な暴力の危険から人間を解放する第三の、そして最後の方法は、心理的予防である。すなわち、主に明示的で説得力あるプロパガンダ実践によって、社会がその全構成員に以下の三つを絶えず教え込むことである。真善美の理想、人間進歩の理念、その実現手段である社会的義務の原則への信念である。こうした理念が条件刺激となって、人間行動のメカニズムに固く組み込まれれば、外部から容易に影響を受ける危険、さらに利己的な山師に心を奪われてしまう危険にも、この理念は警告を発してくれることになるだろう。

しかし、これらはすべて時間を要するのも事実である。教育・厚生・説得的プロパガンダは、すぐには達成しえない事業である。それには科学に導かれた地道な努力を続ける必要がある。また、この努力は国家の関与も要求する。これこそ、共同体の利益を守ろうとする熱意にあふれる行動的民主主義者に、それを実現する第一要件として権力を付与せねばならない根本的理由である。

以上が行動的社会主義の目標である。これを達成するためには、それに向かって進む手段を確保するためにも、闘争が必要である。現在は勝ち誇っているように見える過去の［ファシスト］連合勢力からの攻撃に対する抵抗も必要である。その勢力に打ち勝たなければならない。ここに行動的社会主義の決定的な重要性がある。まず破壊活動のために組織されなければならない。ファシズムを破壊し根絶しないわけにはいかないからである。たとえ実力行使に踏み切らないとしても、精神的行動により、いっそう確実に、犠牲を限りなく少なく実行することができるだろう。

実験政治学

これまで見てきたように、この行動は第一本能、すなわち闘争本能に基づいてのみ可能である。それは一方では威嚇を、また他方では熱狂を用いる現代プロパガンダの効果形式によって作動する条件反射をその手段としている。その説明は現代の客観心理学、すなわちパブロフの条件反射理論から学べる。また実際のテクニックは、大規模な民衆運動の実践から得ることができる。なすべきことは、これを学習し、追求する目的に適用することである。この二つの事業は、二つの新しい活動領域あるいは学問領域に属している。一つ目は生命科学として扱われる政治学であり、二つ目は単に実験政治学とだけ言っておこう。後者はただ前者で発見された法則に基づき、可能な行動形態を政治実践に慎重に応用するのみである。その応用は科学者が研究室で実験を行うようになされねばならない。すなわち、データや情報を蓄積し、作用する諸要素を集め、行動の様式を整理して時系列に並べ、さらに実行して効果を観察し、結論を導き出すのである。これにより政治行動やキャンペーンの目標は、求められた結果を出すこと、言い換えると、既定方針の通りに、目的を目に見える形で達成することになる。かくして、政治生活を成功の保証を得て営むことが可能になる。第七章では、一九三二年のヘッセン州における選挙運動の叙述において、この種の実例を挙げている。このキャンペーンでは、ヒトラーが十八番とした行動方法を科学的指導の下で使用した。そして対抗不能な強敵と目されていたヒトラーを打ち負かしたのである。

道徳要素の組織化

行動的社会主義は、以下の点で「マルクス主義」体系とは区別される。それは実証主義の立場から逸脱することなく、実際に最新の生物学的データに基づいて、人間行動の道徳的要素を、観念論の派生物ではなく身体的要素の等価物と見なしている。実際、道徳的要素は他の要素と同じメカニズム、つまり条件反射システムを通じて作用するので、他の要素に劣らず身体的である。したがって、平和の理想のように、この道徳的要素に由来するすべての理念も、決して抽象的概念ではない。それは他のあらゆる現実と同様に、実証的に確立された生理学的現実であり、同じ手続きで扱われることになる。

強迫的平和の理想とそのプロパガンダ

こうした理想が、本当の強迫観念になるまでプロパガンダで人々の心に叩き込むことは、「心理的レイプ」と同じ手法で達成できる。しかし、この方法はヒトラーとムソリーニが国際的孤立と戦争という、否定的で反人間的な目的のために用いたものである。だが、もしも社会主義によって採用されれば、人類が直面している危険から救うために不可欠であるという、正当な理由を持つことになる。社会主義と真の民主主義を速やかに構築するためには、この同じ強迫観念の調達方法を用いる必要があるだろう。もっとも、この場合に働きかけるのは恐怖ではなく、情熱、歓喜、愛情である。すなわち、非暴力の暴力的プロパガンダである！

集団防衛協定

これは可能である。何百万人もの人間を結集させたヒトラーのプロパガンダ、たとえばドイツの攻撃的偉大さ、反ユダヤ主義、ヒトラー自身が神から授かった使命などの思想に比べれば、さらになお容易である。道徳性、社会主義、平和という人道的な思想のほうが、どれほど効果的で、どれほど魅力的だろう！　しかし、そのためには行動が必要である。

そして、他のすべてを開く鍵として、まず最初になすべき行動は、平和のプロパガンダを組織することである。その矛先にいるのは、平和を破壊してきた連中、すなわちファシスト独裁者どもである。訴えるべきは、平和の円卓会議の理念、集団防衛の協定、自由と人道の理念に忠実なすべての国の同盟である。それは効果的で行動的な同盟である。もし必要なら、それは警告と威嚇の同盟であるだろう！

行動には二つの要素がある。意思決定と行動への意志に加えて、行動の組織と技術である。現状を逆転させ、世界に正義を再興し、服従への暴力を減らし、人間性への精神的安定と希望を回復させる、そのすべてを実行するために必要なのは何か？

フランスの役割

万人の目が、百五十年前の自由の擁護者、数十年前の人間進歩の擁護者、そして今日の危機に際しては人道主義思想の強固な丸盾であるフランスに注がれている。この国が統合されていないことがしばしば示唆されている。なんたる誤解だろう！　人民戦線は埋もれているが、ファシストの危険に対する防衛手段として、まだフランス国民の大多数の心の中にその記憶は生き続けている。行動的な指導者が登場すれば、呼び覚まされた大衆は、最も献身的な英雄的行為をなしえるだろう。

何を、どうする？

ひとたび行動への意志が指導者によって示されたなら、第二の問題が生じる。大衆の行動を指導者の指示に従って実現するにはどうすればよいか？　現在の状況下で、何がなされるべきか？

本書ではいかなる普遍的な政治綱領も、ましていかなる限定的な政治戦術も提案するつもりはない。それは、しかるべき組織、政党または協会のなすべき仕事である。本書で試みるのは、あらゆる反ファシズム運動を共通目的のために組織化する一般原則を、具体的に描き出すことである。この仕事は、反ファシズム運動のプロパガンダを現代科学に基づいて組織化することであり、まず一国的な規模、ついで国際的な規模に発展させることである。

教義

本書では、プロパガンダ活動に二つのタイプがあり得ること、そして二つに分けねばならないことを示した。すなわち、主に活動家に向けた説得によるプロパガンダと、大衆に向けた暗示によるプロパガンダである。前者にとって、教義は大衆操作の技術的指南とともに必要不可欠なものである。後者にとって重要なことは、教義に代わって、それを神秘的に示すもの、すなわち神話や儀礼、シンボル、スローガンなどの暗示的表現を見出すことである。

反ファシズムの説得プロパガンダ

反ファシズムの教義は、発明される必要などない。それはすでに存在しており、何もしなくても日々発展する。否定的プロパガンダでは、敵側からより多くの明白な素材がもたらされている。すなわち、ファシストの残虐行為、人種的・宗教的迫害、知識人や労働者に対する迫害である。さらに領土併合、外交政策で増長する傲慢さ、絶え間ない脅威と貪欲、そして政治的、経済的な思想や理論の薄弱さである。

建設的プロパガンダ

しかし、ファシズムの否定だけにプロパガンダを限ってはならない。反ファシズム陣営で建設的な要素が欠けているわけではないのだから。たとえば、フランス人民戦線を構成した大政党の政治綱領には、独裁政権と比較して、本質的自由を保護し一定の経済的繁栄を保証する、十分に積極的な要素が含まれている。さらに、フランス人民戦線の綱領に含まれている諸規定が、まだ実行に移されていない。それはこの体制の一時的な崩壊を喜んでいる反動主義者の悪意ある批判から免れているため、建設的プロパガンダの不足を補うべく上手く活用できるだろう。

民衆向け感性的プロパガンダ

極めて重要であるにもかかわらず、民主主義諸国でほとんど完全に欠落しているのは、感性的タイプの大規模プロパガンダである。それは本書で示したように、国民の大多数に対して、現代の客観的心理学の科学的データに基づいて作動するものである。これは今日、不幸なことに、独裁体制の独占するところとなっており、まさにこの理由により、独裁体制は成功している。時間を無駄にすることなく、これを研究し実施する必要がある。

フランス革命の神話

すでに述べたように、このタイプのプロパガンダを実施するために必要な条件は、その教義に照応する神話の創造である。アルチュス博士は『神話の起源』[45]の中でこう述べている。

ある種のイデオロギーや神話は破壊不能に思える。その衰退を目の当たりにすることなく何世紀も時は過ぎていく。それは人間の心にある「不変なもの」に基づいており、そのため常に反響を呼び起こしている。

我々が感性的プロパガンダに必要とする神話は存在している。それは民主主義の教義と完全に適合しており、実際にその教義は神話から力を得ている。これは人類の自由の素晴らしい神話、つまりフランス革命の神話である。フランス民衆運動の根底にあり、世界の民衆にとって灯台となり進路を示しているのは、この神話ではないのか？この神話は本質的な感性的プロパガンダに必要な基礎である。これほど反ファシズム運動の教義と合致するものはないだろう。このような理由から、フランス革命の神話は特別にダイナミックで暗示的な力を持っている。

同調シンボル

このタイプのプロパガンダの技術的な詳細は、この神話の原理から容易に導かれる。神話に由来する図画的シンボルは簡単に見出せるが、本書で述べたように、それは感性的プロパガンダが成功するために最も重要なシンボルである。必要な条件は次の通りである。

一、暗示的でなければならない。つまり、それが体現する思想を直接伝えなければならない。その形は個性的で、容易に記憶されなければならない。

二、ダイナミックでなければならない。つまり、闘争本能に関連した感情を喚起しなければならない。それは戦闘行為への意志を刺激しなければならない。それゆえ武器を表象するのもよいだろう。

三、極めて単純なものでなければならない。あらゆる場所で大量に、また誰でも複製することができるように。これらシンボルは徽章として使用され、可能な限りあらゆる場所に描かれ、旗、ポスター、パンフレット、新聞に表示されなければならない。

これに加えて、音響と運動（例えば敬礼）を使ったその他のシンボルも絶対に必要である。なぜなら、こうしたシンボルは、大衆の神話に対する忠誠を公然と示し、その運動に支持者を惹きつけ、彼らの勇気を喚起する機会を与えるからである。民主主義陣営の大衆に広く行き渡っている敬礼の形式は、腕を伸ばして拳を握りしめることである。だが、この敬礼は目いっぱい元気に行う必要がある。その方が生理学的に見て合理的だからだ。さらに運動の理想の極みを表現する、短く暗示的な叫び声が伴っていなければならない。これは「自由《フライハイト》！」以外にはありえない。

結局、感性的プロパガンダについて本書で述べてきたことからすれば、自由を求める闘争の神話にとって、適当な形式のスローガン、儀式、デモの詳細、出版物、集会などを見つけるのに困難はない。

反ファシズム宣伝の技術的組織化に向けた準則

しかし、特定の状況への適用には組織化が必要である。特に重要だと考えられる若干の準則を示しておこう。

一、活動は統合されていなければならない。この目的のために特別な中央機関が設立されねばならない。その中央機関はフランス革命の神話的思考に帰依する諸政党が形成した連合の下で活動する。

二、この感性的プロパガンダには、風刺や皮肉を適宜使用しなければならない。それは闘争本能に基づく行動、特に積極的な構成要素である熱狂の創出に基づく行動に、上手く混合されるべきである。

三、この感性的プロパガンダにおいて、あらゆる不誠実な形式、あらゆる美的または道徳的に堕落した形式、すべての観衆にショックを与える野蛮さは、絶対に避けなければならない。これは通俗的な表現、特に大衆にアピールする表現が使われるべきでないという意味ではない。

四、このプロパガンダは、新たな出来事にすぐに対応できるように仕上げられねばならない。それが出来てはじめて、効果的な恐るべき武器になる。

五、科学的に計画されなければならない。政治キャンペーンの計画を作成し、必要な修正を速やかに行うために、その準備、実施、結果を管理し、検証しなければならない。

民主主義諸国が、人間活動の基礎に関する科学によって示される道を進むならば、人類の差し迫った危険の悪夢が消え去るだけでなく、人間文化の崇高な目標に向かっての前進が保証されるだろう。強奪者による大衆の「心理的レイプ」の危険は取り除かれ、民衆煽動《ディマゴギー》に真の精神教育《サイカゴジー》が取って代わり、人間を平和、幸福、自由のある明るい未来へ導くだろう。

終章——結論

本書は、いま人類が冒しつつある大きなリスクを感じながら執筆された。その感覚に導かれて、人間の行為と、それに起因する社会的事実、というよりはむしろ、人間の行為から構成された社会的事実に密着した観察を試みることになった。厳密な科学的分析が、この分野でも可能だというだけではない。それは私たちの幸福と存在理由そのものを左右する現象を理解するためにも必須の条件でもある。

理解するということは、何をすべきかを知り始めることを意味する。これを知ることは、健全な人であれば、それに従って行動したいと望むことを意味する。そこで、本書の意図は、まず人間の政治活動を決定するメカニズムを明らかにし、次に、この活動が合理的にたどるべき道筋を示すことにあった。

人類がさらされている大きな危険は、次の三つの事実から生じている。

第一に、ほとんどの同時代人が見ている前で、自らの目的（必ずしも物質的目的や利益でない）に利用するために、彼らを操作できる人間が目撃されたことである。一言で言えば、「心理的レイプ」で人々を支配できる人間が存在する。この人間たちは必要な手段を駆使し、その適用の法則を学び、良心の呵責もなくそれを使用したのだ。

第二の事実は、「心理的レイプ」の可能性が人間の本性そのものに存在していること、それに屈服する人間と多少とも抵抗を挑める人間の比率が、驚くべきことに一〇対一であるということである。

第三の事実は、集団的な「心理的レイプ」は強奪者によって何の抵抗もなく行われたことである。監視すべき者がその危険を認識していないか、もし認識していたとしても、それにどう対処すべきかが理解されていないということである。

人間社会は次々と「心理的レイプ」に屈服してきた。喫緊の課題は、それに待ったをかけ、事態の進展を注視し、それを終わらせるために迅速かつ効果的に対処することである。

もちろん、社会有機体にも、個体の場合と同様に、自己防衛のメカニズムがある。それは危険に直面したときに発動し、危険に抗して自己を破壊から救おうとする。しかし、その自動機能は安全を保障するには十分と言えない。病人には自分の生体が熱に反応し、それと闘っていることを示す体温がある。しかし、これだけでは病人を救うのは不十分であり、医術が必要となるだろう。同様に、ファシズムによって困窮や戦争に追い立てられた民衆は反乱を起こし、ついには自らの自由を回復するかもしれない。しかし、この闘争は長引くかもしれず、莫大な人命の損失をもたらすかもしれない。さらに今日では全体戦争という恐るべき災禍がもたらされ、過去に亡びた他の文明のように、文明全体が滅びるかもしれないのである。現代科学はこの危険を避けることができると教えてくれる。破壊のエンジンを発明した科学は、我々に最悪の事態を回避する手段も示している。科学に耳を傾け、それが示す教えを活用し、迅速に実際的な効果をあげなければならない。

危機的状況から回復する兆候が現れてきた。必要なのは、それを支援することだけだ。一九三二年のヘッセンにおける選挙運動で、何が必要なのかは明確になった。それ以来、おおよそ着実だが、まだ遠慮がちに様々な試みが他の場所でも行われ、良い結果をあげている。例えば一九三七年のベルギーの選挙では、「レックス党《レクシスト》」〔カトリック系反共政党〕の指導者でヒトラーを摸倣するレオン・ドゥグレルが、総統の後ろ盾を得てヒトラー主義のプロパガンダを用いた。これに対して、反レクシズム派は同じ手法で応じ、激しい感性的プロパガンダが行われ、ドゥグレルは打ち負かされた。ここで採用された方法の例をいくつか挙げておこう[32]。レクシズムの講演者が群衆に演説する場所では、どこでも若い社会主義者やカトリック教徒の集団が「ベルリンへ行け！ ベルリンへ行け！」と連呼し、「レクシズムは戦争を意味する」などのスローガンがいたるところに貼られていた。ドゥグレルが姿をあらわす場所では、いつもロバやラクダ、ヤギの行列が次のプラカードを首から下げて練り歩いた。「ドゥグレルに投票するのは私が間抜けだからです」、「すべてのシャモーはドゥグレルに投票する」（シャモーは「ラクダ」だけでなく「汚い犬」も意味する）などである。投票日には「レクス」と書かれた棺が街路で引き回されていた〔ラテン語Rexは通常「国王」を意味するが、レクシズム運動では「救世主」を意味した〕。

安全保障の状況

もう一つの決定的な実例はスペインである。そこでは非常に感性的なプロパガンダが、政府側によってあらゆる種類の物質的困難にもかかわらず、巧妙に行われた。それは国民全体を機敏にし、勇気を高め、あらゆる種類の厳しい試練に耐える力を増強し、情熱を爆発させ、英雄的行為を生み出した。結局、共和国スペインは民主主義諸国からはずかしめを受け、武器を取り上げられ、いわゆる「不介入」委員会によって封鎖されて敗北した〔フランコ政府による内戦終結宣言は一九三九年四月、翌月アメリカがフランコ政府を承認した〕。しかし、ヨーロッパの一角で、レジスタンスに参加している民主主義派を心理的に鼓舞する高貴な試みがなされたという事実を改竄することは決してできない。

最後に、ドイツでさえもプロパガンダの勇敢な試みが現れ始めているのだ。なるほど、一九三二年なら可能であったような、反体制的で大規模な合理的プロパガンダが実行できる可能性は、今や根こそぎ破壊されている。それにもかかわらず、特に二八・九メートルの波長を使った秘密放送局は、全ドイツで熱心に毎晩聴取されており、ナチ指導者を不安にさせている。

再覚醒は、あらゆる場所で明らかに観察できる。これは希望に満ちた状況であり、本書で述べたタイプのプロパガンダには絶好の機会であり、急速な成功が記録に残されるだろう。その傾向はますます強まっている。というのも、独裁権力は闘争本能に基づいた大衆プロパガンダの手法を巧みに利用しながらも、政治的誤ちを犯し、このタイプのプロパガンダを独占する優位性を損なっているからである。例えば、ナチ宣伝の虚偽的性格はナチ体制に不利に作用している。また同様にヒトラーが労働者、カトリック、プロテスタント、ユダヤ人、さらには一部の軍人たちの激しい反感を買ってしまっているという事実もある。

イタリアでは、独裁者の没落の素地がより良く整えられているように見える。暴力による「強制的同一化《グライヒシャルトゥング》」（「服従させること」のドイツの婉曲表現）は、直ちに結果をもたらすが、その結果は持続しない。それは闘争の期間にのみ有効である。「強制的同一化」の苦しみを味わった者はその恨みを忘れることはなく、それが暴力となって爆発する日がいずれ来るだろう。

ヒトラーの独裁は少なくとも一つの積極的な結果をもたらした。それはドイツ国民の分裂していた党派を糾合した。たとえば、かつて互いに激しく戦った社会主義者、共産主義者、民主主義者が、一つのドイツ「人民戦線」に至る道を用意したのだ。さらに言えば、ドイツの労働者階級を、その敗北の事実上の責任者である無能な指導者から解放した。

イタリアでも、ムソリーニが有益なことをした。彼はイタリア国民に秩序が必要であることを教えたが、これこそ社会主義を達成するための第一条件であった。

行動するしかないのである。ファシズムは撲滅されねばならない。しかし、ナチ党とファシスト党の運動を禁止し、警察手段で抑圧すれば十分だと考えてはいけない。これではただ殉教者を作って火に油をそそぐことになるだけだろう。ただ一つ効果的な方法は、暴力的プロパガンダで彼らに対抗することである。つまり、ファシストの心理的レイプ志向に対抗すべく、虚偽に頼らないが大衆の軽信性に向けた同等の行為を行うことである。人間社会の基本である道徳的原則を破ることなく、暴力的プロパガンダを行うことは可能なのだ！

しかし、現下のファシズムと闘って、それを滅ぼすだけでは十分ではない。これから必要とされるのは、人間の精神性において、またその行動メカニズムの機能的構造において、いま人類が必死に苦闘している状態に後戻りできなくする反射作用を築き上げることである。自由、平和、あらゆる人間的なものへの愛、そうした偉大な理念が、我々の本性と不可分なものとならなければならない。すなわち、すべての人間に深く根ざした反射作用にならねばならない。これは如何にして実現できるのか？

パブロフのおかげで、私たちは現在その方法を知っている。それは適切な条件反射を慎重に形成することによって、またプロパガンダによって、そして何より教育によって実現できる。ソビエト連邦の無数にある学校すべてで、数百万人もの子供が「あらゆる人間は平等である」という思想、つまり「黒人も黄色人種も白人も、生命と幸福に対する同じ権利を持っている」という思想を最年少クラスからその脳内メカニズムに植え付けられてきた。この事実だけでも、すでに世界を一変させるほどの大きな影響力をもっている。平等の思想は、いまや反射の条件刺激として、約二億人の男女の行動を生涯にわたって決定するだろう。これが私たちの歩むべき道である。もう一つの理念である平和も、右に劣らず重要である。戦争は嫌悪すべきもの、犯罪であるとして幼い子供たちに説明するべきであり、ファシズムのようにそれを美化してはならない。最後に、フランス革命の崇高な理念である、自由の神話を広めなければならない。その火花が百年以上の時をへだてて、ロシア革命の偉大な解放の炎を点火したのである。

人間文化と生物学的健康との拮抗

そうしたことはユートピアだ、とよく言われる。また、こうした社会的な思想は、社会主義とは言わないまでも、人工的で、人間本性に反しており、それゆえ有害であるとも主張されている。青年たちは次のように教えられている。人生は残酷な闘争であり、人間を信用してはならず、万人が万人に対して打倒する機会をうかがっている競争者であり、自分たちも同じことをする覚悟が必要である、などである。称賛されているのは、社会道徳を超越した「超人」なのである。

そこに一抹の真実があることは認めよう。人生は実際に困難で、多くは敗者となり、文明が進むにつれて、人生はより複雑で落ち着きのないものになる。人口が密集した都市の住民は、あらゆる危険にさらされて、寿命はより短くなる。たとえば、事故、感染症、空気や日光の不足、ほこり、工場や自動車の排気ガス、神経にさわる騒音などである。彼らの睡眠時間は短く、過剰労働とひどい食事、過度の飲酒を繰り返し、いつも目まぐるしい出来事に悩まされており、緊張した神経がしばしば互いに衝突している。こうした影響はすべて、彼らを必然的に消耗させ、衰弱させ、寿命を縮める。これは生物学的に否定的な状態である。

これに対して、次のように応じても十分な回答にはならない。技術と文化の進歩につれて生活条件はより衛生的になり、人々はより安全になるのだ、と。それが事実だとしても、同時に生活環境はますます複雑で困難なものになっている。つまり悪循環なのである。私たちは絶えず様々な放射線に被曝しており、無線電波は気づかないうちに絶えず私たちに届いているが、それが身体や神経系に及ぼす影響についてまだ正確にはわかっていない。科学と衛生の進歩によって生命の安全性がより高まり、寿命が延びていることも事実である。だが、これは文化に伴う容赦のないプロセスの一時的中断、あるいは遅延に過ぎないという事実に目を閉ざしてはならない。それが生命に及ぼす破壊的な影響を完全に除去することはできないのである。

人類が進歩すればするほど、生物学的見地から見て有害で人工的な状態にますます没入していくことは否定できない。例えば、右に見た新しい要素〔放射能や電磁波〕が、体内にあって将来世代となる生殖細胞にどのように作用するかはわかっているのだろうか。人間文化は生物学的には否定されるべきであり、人類を究極的な破滅に導くものである。ルソーはこのことを深く信じ、自然に戻ることを説いた一人であった。思うに、今日の反社会的な運動、ファシズムの内部には、こうした事実に関連して考えなければならない思想がある。それは、自己の生物学的救済を要求する、単純で原始的な集団の反乱なのである。彼らは自身の直接的な生物学的要求を満たすことができる限り、道徳的、社会的考慮を無視することをいとわない。そのため、生物学的に最も重要で強力な闘争本能を、彼らは偏愛するのである。

人間文化は道徳や社会的義務の観念を生み出してきた。生物学的により健康な穴居人の視点で見ると、そうした観念は有害である。それにより身近な利益を放棄し、他人のために自らを犠牲にする可能性が生じるためである。利他主義は生物学的に不適当である。だが文化は利他的な思想を生み出す。したがって、文化は生物学的に否定されねばならない。これこそペシミズムの冷徹な三段論法である。

代償的ペシミズムの思想

しかし、だからといって私たちは文化を断念するだろうか？　私たちの人生を彩り、生きがいを与えるように見えるすべてのものを放棄するだろうか？　文化の階梯を高くのぼればのぼるほど、私たちの反射作用を特徴づける目的はますます本能的基盤から離れていくだろう。新しい反射作用は既存の反射作用に継ぎ合わされていくのである。哲学的関心は、本書の見解［**表1**を参照］では第二（食欲）本能に由来する。それは知識を十分に得たとき、おいしい食事をとったときの満足よりも大きな喜びを与えてくれないだろうか。また、偉大な社会的功績を見て感じる昂奮は、相手を打ち負かしたという原始的感情より強烈なのではないだろうか。後者の満足に後悔と慚愧の感情が伴うことがいかに多いことだろうか！　この例は、本能と社会的感情の不一致をわかりやすく示している。

しかし、より高次の快楽を味わうためには、自分自身、その物質的幸福、その人生の一部をもってあがなう必要がある。もし長く生きることが文化と両立しえないなら、犠牲にされなければならないのは寿命である、と言い切る心構えがなくてはならない。文化から享受する精神的至福を手放すくらいなら、完全な生物的健康状態を棄てる方がましである。これがいわゆる「代償的ペシミズム」の哲学である。

文化は私たちを究極的には破壊に導くが、それは代償を与えてくれる。そのおかげで人生はより豊かになり、より人道的になる。たとえこの代償があらゆる場合に得られるわけではないとしても、それに代わる何かが生じて、私たちに闘争への新たな勇気を与えてくれる。それは私たちが挫折することを防ぎ、目標を追求し続けるように導いてくれる何かである。それこそ、人間の本性に反するもの、すなわち犠牲を常に求める神話なのである。だとすれば、私たちは社会主義、人類愛、自由という偉大な神話に導かれ、科学に基づいて行動しようではないか。科学こそ、いつの日にか、この神話を現実に変える唯一の方法を私たちに提供するものである。

解題——「ファシスト的公共性」を体現した古典

一、戦後民主主義で封印された「反ファシズム教本」

「ナチスの手口を学ぶ」などと、分別ある大人は公の場で口にしないものである。ヒトラーあるいはナチズムは、二十一世紀の今日でも比較を絶した「悪の象徴」である。それゆえ、二〇一三年七月二十九日、麻生太郎副総理が都内のシンポジウムで述べたコメントは舌禍事件を引き起こした。

ある日気づいたら、ワイマール憲法が変わって、ナチス憲法に変わっていた。誰も気づかないで変わった。あの手口に学んだらどうかね。（二〇一三年八月一日付『朝日新聞』）

もちろん、ヒトラーは憲法に反する法律を制定・施行できる「全権委任法」によって憲法を有名無実化したのであって、「ナチス憲法」が新たに制定されたわけではない。前段の発言内容そのものも事実誤認だが、多くの人が注目したのは後段の「あの手口に学んだらどうかね」だった。その発言は瞬時に世界中に伝えられ、在米ユダヤ人人権団体などから厳しい抗議が寄せられた。麻生副総理は、憲法論議は喧騒の中でおこなうべきでないとの真意が十分に伝わらなかったと釈明した上で、ナチズムを例示としたことを不適切として発言全体を撤回している。

しかし、「あの手口を学んだらどうかね」は、そうあっさり不適切と片付けてよい発言なのだろうか。むしろ、反ファシズムの姿勢を貫こうとする側においてこそ、「敵の手法に学ぶ」必要があるのではないか。本書は、そう問いかけて世界に衝撃を与えた古典、Serge Chakotin, *The Rape of the Masses; The Psychology of Totalitarian Political Propaganda*, George Routledge & Sons, Ltd, 1940. の全訳である。本書が提示するプロパガンダの「新しい方法」に複雑な理屈はいらない。理性ではなく、大衆の感性あるいは認知に直接働きかけるプロパガンダの提唱である。ただし、「平和主義的プロパガンダ」のような言葉に形容矛盾の違和感を抱く読者にとっては、やや刺激が強すぎる「取扱注意」図書かもしれない。タイトルの「レイプ・オブ・マッセズ」は「大衆の凌辱」と直訳すべきかもしれないが、このプロパガンダの技法を国際政治にまで応用しようとする本書の射程を考え、敢えて抽象度を高めて『大衆の強奪』とした。

原著はセルゲイ・チャコティン（一八八三〜一九七三年）の亡命先であるパリで、第二次世界大戦が始まる二ヵ月前に刊行された（*Le Viol Des Foules*, Gallimard, 1939）。英語版は新たに戦争勃発後の出来事を記述に反映した改訂版であり、一九四〇年にまずロンドン（Labour Book Service）、さらにニューヨーク（Fortean Society）で刊行された。

なお、チャコティンは亡命先での緊急出版という性格をもつ本書を、戦後に大幅増補したフランス語版（一九五二年、全六〇五頁）をガリマール社から刊行している。慌ただしい亡命で十分に記述できなかった条件反射理論の説明などが詳細に記述され、参考文献の数も三倍以上に増えている。本書では、この増補版の序文も著作権者の許諾を得て訳出し、そこで使われた図版の一部を掲載している。

チャコティンの作品は、今日ではメディア研究、コミュニケーション理論、集団心理学のコースのための大学の読書リストに頻繁に登場し、条件反射、洗脳、全体主義的な集団教化のパブロフ理論の研究の標準的な参考文献となっている。

こう指摘するニール・マクマスターは、一九五二年版の重要性を指摘しているが(Neil MacMaster, *Serge Chakhotin's The Rape of the Masses (1939): the development of European propaganda c.1914-1960 and the Algerian War of Independence*, 2011, University of East Anglia)、「大学の読書リスト」に多く登場するのは、一九五二年フランス語版ではなく「古典」となった一九四〇年英語版である。

また、本書の圧倒的な迫力は、チャコティンがナチズムとの「シンボル闘争」を自ら指揮した報告書(第七章「ヒトラー主義に対する抵抗運動」)にあり、時局に対応すべく「フランス語版テキストを改訂している」英訳本こそ定本とみなすべきだろう。さらに言えば、十一ヵ国語を使いこなすエスペランティストのチャコティンがフランス語に固執したとは思えず(滞独中はドイツ語で執筆しており)、その影響力でも学術的引用数でも、英語版が圧倒的であることは無視できない。

英訳者E・W・ディックスの本名は、ジョナサン・ディッキーズ(一八七六〜一九五七年)であり、当時は『マンチェスター・ガーディアン』の記者をしていた。英仏語からの翻訳をふくめ七十冊以上の著作を刊行している。第一次世界大戦前にディッキーズはイギリス海軍省に勤務していたが、戦時中は良心的兵役拒否により二年間服役し、エスペラントを含む数ヵ国語を修得した。ジャーナリストになった後も、エスペランティストとして反戦平和主義を貫いた。チャコティンと同じ国際主義者によって本書が英訳されたことも重要なポイントだろう。

また、後述するように本書は戦時下の日本でも内閣情報部嘱託・鍵本博訳『大衆は動く』(霞ヶ関書房・一九四〇年)として刊行されているが、それも同じ英語版に依拠している。日独伊三国同盟の盟邦とその指導者を糾弾する著作が当時刊行されたことだけでも意外に思えるわけだが、そこで何が意訳され、何が削除されたか、今回の全訳により欠落箇所を確認することも、メディア史研究者として意義を覚えた。

二〇一七年に英語版が「古典」として復刊され、新たにロシア語版も登場した。その背景には、その前年のブレグジット（英国EU離脱）国民投票やトランプ米大統領選出といった出来事の衝撃があるのだろう。いずれにせよ、戦後長らく封印されていた本書が、二十一世紀の情動社会化で甦ることに私は必然性を感じている。

二、セルゲイ・チャコティン、「越境する」科学者の宣伝学

今回の日本語版では、チャコティン本人がフランス語初版の困難な成立事情を回顧している戦後の増補版（一九五二年）の序文に加えて、著作権者ピエール・チャコティン（セルゲイの孫）によるイタリア語版（二〇一八年）の解説「著者と作品についての一考察」も収載した。ピエール氏の解説と写真提供のおかげで、これまで不明だったチャコティンの経歴のいくつかが明らかになった。生物学者、心理学者、平和運動家としての生涯については、まずピエール氏の文章をお読みいただきたい。

もっとも、既に本書を読了された方は、本書そのものが「チャコティン自伝」であることにお気づきのことだろう。第一章でパブロフの助手としての研究者生活から始まり、第二章の「ロシア革命の事例」、第三章の「戦闘用マスク」、第五章の「ロシア革命」での革命と反革命との間で目まぐるしい政治体験、第四章の「ジャーナリズム」などでの亡命者としての執筆経験、第六章・第七章の反ナチ「シンボル闘争」での活躍、さらに第八章、第九章から読み取れるフランス人民戦線への傾倒まで、その記述が真実味を持つのは、それがチャコティン自身の体験に裏付けられているためである。

トルコのコンスタンティノープルでロシア人の父、ギリシャ人の母の間に生まれ、モスクワ大学に入学し、

ハイデルベルク大学を卒業し、イタリア、ドイツの研究所で働き、デンマーク、フランスに亡命し、帰国してモスクワで没し、コルシカ島で散骨された、越境する知識人のエネルギッシュな活動には圧倒される。その越境は国境だけでなく学問領域にも及んだ。科学者としてのチャコティンの名前は、本書のプロパガンダ研究とはまったく別の文脈で、戦前の日本においても広く知られていた。先述した『大衆は動く』（一九四〇年）に続く戦時下の翻訳書として、セルジュ・チェコチン『研究と組織』（稲村耕男訳、白水社科学選書・一九四二年、原著は Serge Tchakhotine, *Organisation rationnelle de la recherche scientifique*, Paris: Hermann, 1938）がある。本書の第四章で「政治気象図」を論じる際にも（本書一三一、一五六頁）、チャコティンは情報の組織化の重要性を強調している。その方法論を実践的に示す同書を訳したのは、東京工業大学講師（無機化学研究室）の稲村耕男《やすお》（耕雄とも表記）である。ソルボンヌ大学への留学中にチャコティン論文に出会った稲村は、科学言語としてエスペラントを主張する国際主義者チャコティンの取り扱いに困惑したことを序文（昭和十七年三月）で正直に告白している。

　昭和十五年の秋、新体制の祖国の土をふんで間もなく、この翻訳を思ひたつた。ところが、あの頃の空気ではたとへ僅かでも国際主義的な色彩をもつたものを紹介するのは難しく思はれた。そこで研究技術のみを抄訳して、わが国の事情に適応させた「日本版」を書いてみた。併しできたものはいかにもきはもので、これでは反つて科学者たちの関心をひきさうもなく、自分でも気がすすまない。考へてみればこの本が対象とする知識人には原著のまま提供しても、適当に批判して読まれるに違ひない。そこで再び全訳を企てた。［中略］訳者が全面的にチャコチンの立場をとるものと誤解されたくないので、第二部に「研究」、「研究と協力」といふ小論を加へた。

このような翻訳者のためらいは、科学者の非政治性に由来するものではない。稲村自身も総力戦体制下の科学動員においてチャコティンの主張する「科学研究の合理化」が不可欠だと考えていた。その意味では、『大衆の強奪』は「科学研究の合理化」の政治分野での応用編と考えるべきだろう。稲村は『研究と組織』の内容を次のように要約している。

特色とするところは知的活動の科学化ともいふべき点で、単なるテイラリズムではなくパヴロフの条件反射論に基く心理技術をとりいれてゐる。思考の機械化とか直感の組織化は、文化科学傾倒の研究者、更に一般の知的生産に携はる人にも興味深い問題である。科学はもはや個人的な企画ではないといふ立場から集団的な研究の技術を説いてゐるが日本の科学技術者が最も考へるべき事柄がここにあると思ふ。

我が国では「研究の組織化」にカード利用を訴えた著作として梅棹忠夫『知的生産の技術』（岩波新書・一九六九年）が有名だが、チャコティンは『研究と組織』でその三十年以上前に同様のカード利用法を提案していた。同書が戦前日本における国際十進分類（ＵＤＣ）受容史で重要な意義をもつことは、書物蔵「カードと分類で大東亜戦争大勝利！――もうひとりの稲村さん、国際十進分類に挺進す」『文献継承』第二十二号（二〇一三年）に詳しい。なお、稲村はこの翻訳以後、戦時下の科学動員についてチャコティンの影響を強く受けた多くの著作を刊行している。『祖国愛と科学愛―フランスの科学者達は語る』（緒方富雄編、朝日新聞社・一九四二年）、『研究と条件』（生活社・一九四二年）、『研究と動員』（日本評論社・一九四四年）などである。戦後、稲村は『色彩論』（岩波新書・一九五五年）などを著したが、そこに本書のシンボル論などは引用されていない。

このように、科学者チャコティンの業績は日本の科学史や図書館情報学においても確認できるわけだが、ここではワイマール共和国末期にドイツ社会民主党が展開した反ナチ「シンボル闘争」の理論家として、その経歴をまとめておきたい。今日までチャコティンに関する日本語文献としては、拙著『増補　大衆宣伝の神話――マルクスからヒトラーへのメディア史』（ちくま学芸文庫・二〇一四年）の第六章「鉤十字を貫く三本矢」しか見当たらない（図1）。その執筆時に私が依拠した主要文献は、リヒャルト・アルプレヒト「一九三二年ドイツのシンボル闘争――セルゲイ・チャコティンとナチズムに対する三本矢のシンボル戦、ドイツにおける反ファシズム労働者運動の防衛闘争のエピソードとして」（Richard Albrecht: Symbolkampf in Deutschland 1932: Sergej Tschachotin und der Symbolkrieg der drei Pfeile gegen den Nationalsozialismus als Episode im Abwehrkampf der Arbeiterbewegung gegen den Faschismus in Deutschland. in: *Internationale wissenschaftliche Korrespondenz zur Geschichte der deutschen Arbeiterbewegung*.Bd. 22,1986）である。このアルプレヒト論文を超える研究は今日も見当たらないので、ピエール氏の小伝との重複をいとわず、本書との関連からチャコティンの政治的経歴を要約しておこう。

＊　＊　＊

図1:『大衆の国民化』ちくま学芸文庫版カバー。

一八八三年、つまりヒトラーより六年早く、セルゲイ・チャコティンはロシア帝国外交官の息子として生まれた。一九〇一年、モスクワ大学医学部に入学したが革命運動に加わり国外追放となっている。翌年ミュンヘン大学に入学し、さらにベルリン大学に移ったが、そこで社会学者ゲオルク・ジンメルの講義も聴講している。ジンメルが説いた「生の哲学」とチャコティンの四本能に基づくシンボル理論の関係は検討されてよい社会学的課題だろう。一九〇七年、ハイデルベルク大学に蝸虫の平衡器官に関する生物学の博士論文を提出して学位を得、イタリアのメッシーナ大学で研究を続け、一九一二年にパブロフの助手としてサンクトペテルブルク軍事医学アカデミーに招聘された。そこでは下等生物の条件反射を検証するかたわら、研究組織の合理化に取り組んだ。

第一次世界大戦の勃発後は戦争支援の組織を設立し、一九一七年の二月革命後は自由インテリゲンチャ委員会に参加、ケレンスキー臨時政府を支持した。第二章の「ロシア革命の事例」では、一九一七年三月五日にサンクトペテルブルクで起きた、防毒マスクをつけた百人の非武装兵士による群衆制圧の成功体験などが回想されている（本書五九—六〇頁）。精神労働者ソビエトの活動を通じてメンシェビキに加わったチャコティンは、ボルシェビキが政権を握った十月革命後にドン川流域の白衛軍支配地に亡命した。そこで白衛軍情宣組織ＯＳＶＡＧの責任者、すなわち「ヨーロッパの最初の宣伝大臣」に就任する政治的冒険の顛末は、第五章の「ロシア革命」で詳しく描かれている（本書一五六—一五七頁）。

一九二〇年初頭、パリに亡命したチャコティンは、生物学研究のかたわら政治活動も続けた。一九二二年には亡命ロシア人の拠点だったベルリンでロシア語新聞の編集者となったが、翌年からは「親ソ派」亡命者としてソビエトのベルリン通商部で働き始めた。このときアメリカのテーラー・システム（科学的管理法）を調査し、それを効率的な組織管理に応用する研究を始めた。その成果は一九二四年、レニングラードで『組織—工業・商業・行政・政治における原則と方法』として刊行された。一九三〇年、アメリカの研究財団から三年間資金支援を受け、ハイデルベルクのカイザー・ヴィレヘム医学研究所（現在のマックス・プランク研究所）の客員研究員となった。当時、ドイツでは世界恐慌の影響により、大量失業を背景にナチ党が急速に台頭していたが、チャコティンは自然愛好クラブや労働者エスペラント運動を通じてドイツ社会民主党に入党した。

一九三〇年九月の国会選挙でナチ党は十二議席から百七議席に大躍進し、社会民主党に次ぐ第二党となった。ナチ党の突撃隊と共産党の赤色前線兵士同盟はそれぞれ「鉤十字」と「ハンマーと鎌」のシンボルを掲げて街頭で激しくぶつかったが、ワイマール共和国の議会主義を支えてきた社会民主党はこうした街頭公共性への参入には消極的だった。民主主義を守るためにナチ突撃隊に対抗する準軍事組織の結成を求める声は、若手の戦闘的改良主義グループや共和国防衛組織「国旗団―黒赤金」（一九二四年設立）から上がっていた。そうした要求を党首オットー・ヴェルスなど社会民主党執行部が受け入れたのは、一九三一年十二月十六日のことである。一九三二年三月、チャコティン創案の「三本矢」シンボルを掲げる準軍事組織「鉄戦線」の創設である。外国人研究者のチャコティンをプロパガンダの専門家として重用したのは、ヘッセン・ダルムシュタット選出の社会民主党国会議員カルロ・ミーレンドルフである。本書で描かれた三本矢シンボルが誕生したハイデルベルク（本書一一二頁）、そのシンボル闘争の効果が実験されたヘッセン州は（本書一三一―一三二頁）、いずれもミーレンドルフの地盤だった。ミーレンドルフはゲッベルスと同じく一八九七年に生まれ、博士号もゲッベルスと同じく一九二一年にハイデルベルク大学で取得している。「社会民主党のゲッベルス」ともいうべき宣伝家だったミーレンドルフは党機関紙『ヘッセン人民の友』の編集部を経て、一九二六年に国会議員団書記局次長、一九二八年に党選挙宣伝本部責任者に就任していた。党内では右派改良主義グループに属した最年少の国会議員であり、党国防委員会委員のほか、国旗団や鉄戦線など準軍事組織でも要職にあった。チャコティンの「新しい方法」のマニュアル『政治プロパガンダの原則と形式』（本書では『現代プロパガンダ必携』とタイトルが改変されている。二一三頁）は、ミーレンドルフとチャコティンの共著として印刷されており、党内でシンボル闘争は「チャコティン＝ミーレンドルフ方式」と呼ばれていた（Carlo Mierendorff & Sergej Tschachotin, *Grundlagen und Formen politischer Propaganda*, Magdeburg,1932.)。一九三二年六月十九日のヘッセン州議会選挙においてはこの方式が全面的に採用され、チャコティンはその効果の実証実験を行っている（本書二〇八―二一〇頁）。それが可能であったのも、ミーレンドフルが社会民主党首班のヘッセン州政府で内務大臣ヴィルヘルム・ロイシュナーの報道官を兼ねて

Freiheit
Das ist unser Gruß, hochgereckt die Faust gegen Terror und Reaktion!
Das ist unser Symbol, die 3 Freiheitspfeile!
Jede Genossin trägt unser Abzeichen!
Jede Genossin grüßt mit unserem Freiheitsgruß!

図2：「“自由”の敬礼」広告（『前進』1932年7月10日号）

いたためである。

それほどの重要人物であり、本書でも紹介されている「ボックスハイム文書」（二一一—二一二頁）を公表したのも内務省報道官だったミーレンドルフなのだが、ミーレンドルフの名前は「私の友人であるヘッセンの著名な社会民主党代議士」（本書二一〇頁）のように、本書では意図的に匿《かく》されている。また、ミーレンドルフが執筆したナチズム論やプロパガンダ論が本書に反映されていることはまちがいないが、それについての言及もない。チャコティンがミーレンドルフの名前や論文タイトルをなぜ隠したかは明らかである。国外亡命した党首ヴェルスなどとは異なり、ミーレンドルフたちはドイツ国内の収容所に拘束されていたためである。五年間の収監後、ミーレンドルフは一九三八年一月にゲシュタポの収容所から釈放され、労働者として働きながら監視の目をかいくぐり抵抗運動を続けていた。もしも『大衆の強奪』の中に、社会民主党再建後の党首とまで嘱望されていたミーレンドルフの名前が出れば、彼に危害が及ぶことはまちがいなかった。ヒトラー暗殺計画後の「影の内閣」では副首相に予定されていたロイシュナーの下で、「フリードリッヒ博士」（ミーレンドルフのコード名）は宣伝部門の責任者に予定されていた。しかし、一九四三年十二月四日、イギリス空軍によるライプチヒ空襲で犠牲者となっている。ミーレンドルフのナチズム論については、前出の拙著『大衆宣伝の神話』をお読みいただきたい。

一方で、チャコティンは本書で党首ヴェルスをはじめとする、国外亡命した社会民主党幹部を名指しで罵倒している。彼らがシンボル闘争などの「新しい方法」に最後まで消極的だったことは否定できないが、シンボル闘争の敗北をすべて執行部の妨害と見なすべきではないだろう。一九三二年六月十四日、社会民主党執行部は、握り締めた拳での「自由」の敬礼（図2）とともに、「三本矢」を正式に反ファシスト闘争のシンボルとして承認しており、このシンボルは友党である欧州各国の社会民主主義政党に広がっていった。

一九三三年一月三十日にヒトラーが首相に就任した後、チャコティンは有害な外国人として監視対象とされた。三月十日までに警察と突撃隊がハイデルベルクの自宅と研究室を二回探索したが、チャコティンはすでに身を潜めていた。四月二十二日、カイザー・ヴィレヘム医学研究所の理事会によって解職されたチャコティンは、五月二日デンマークに亡命した。デンマークではコペンハーゲン大学総合病理学研究所で働きつつ、デンマーク社会民主党の青年組織にプロパガンダ技術を教え、本書第七章の内容を『三本矢VS鉤十字』と題した小冊子にまとめた。その序文をメキシコに亡命中のレオン・トロツキーに依頼したが、トロツキーの返信は冷ややかだった。

> 尊敬する同志チャコティン、私はいま、新しい党とインターナショナルの創設で手一杯だ。ドイツ労働者運動の敗北はシンボルの問題ではなく、労働者運動の二大政党の日和見的な政策が原因である。

チャコティンは一九三三年十二月に、知人であるアルバート・ア

図3：チャコティンが演出した、ヴェロドローム・ディヴェールのフランス社会党集会。

インシュタインに宛てた書簡の中で、ファシズムに対する正しい解毒処置が施されなければ破滅的な戦争に至るだろうと、本書の核心的な主張を訴えている。しかし、『三本矢VS鉤十字』での激烈なドイツ社会民主党指導部批判がたたり、デンマーク社会民主党からは疎まれるようになっていた。

一九三四年からパリに居を移したチャコティンは、ソルボンヌの進化研究所に籍を置きつつも、フランス社会党革命的左派に加わり、その指導者マルソー・ピヴェールに対して、三本矢を人民戦線のシンボルとして採用するよう働きかけた。チャコティンは「フラム教授」の変名で一九三六年六月七日のヴェロドローム・ディヴェールの社会党集会（図3）を演出した。その様子は第八章の「戦争危機の恐喝」で『パリ・ソワール』紙の記事の引用によって再現されている（本書二三六頁）。レオン・ブルムを人民戦線の英雄として神格化するこのキャンペーンでは、チャコティンが提唱した「民衆向け感性的プロパガンダ」が全面展開された。オーケストラが「インターナショナル」を奏でる中、青シャツをまとった青年親衛隊が「自由の敬礼」のまま、拳を振り上げて合唱した。ダニエル・ゲランは『人民戦線—革命の破産』（海原峻訳、現代思潮社・一九六八年）で「フラム教授」こと、チャコティンをこう描写している。

彼はファシズムの流派《エコル》に加わった。ヒトラー主義者は、彼によれば、直感的に人間の本性を理解したのである。群衆は辱かしめられることを熱望しているのだ。視覚的聴覚的な「毒」によって、彼らを興奮させる必要がある。ムッソリーニとヒトラーはその技巧を、否定的、反人間的な目的に利用した。社会主義はこの「有害な」兵器に対し、同様の兵器で応じ、ファシズムに対しても「強迫観念」という同じ方法を用いねばならない。マルソー・ピヴェールはこの「フラム教授」を引き入れて、ブルム神話をつくらせたのである。

かくして、三本矢シンボルはフランス社会党でも一定の支持を得たが（図４）、一九三六年末にはドイツやデンマークと同様に、新しい手法の全面的採用に踏み切れないフランス人民戦線の指導部に、チャコティンは失望することになった。

こうした状況下で本書が執筆されたことは重要である。政党政治家に幻滅したチャコティンは、以前よりもエリート主義的なテクノクラートの視点で状勢を眺めていた。実際、一九三六年以降、チャコティンは博識な技術者であるジャン・クトロと親交を深め、共産主義とファシズムの間に技術官僚制による第三の道を目指すようになった。つまり、人間性の生物学的法則を理解できない政治家よりも、冷静な科学者の方が人類の課題を正しく解決できると考えたわけである。それは無知な九割の有権者を心理的に強奪してでも、世論を正しく方向づける義務が科学者にはあるという使命感と言ってもよいだろう。すなわち、本書の第九章「行動的社会主義」に示されている思想である。もちろん、それは将来訪れる社会主義社会で全人類が正しく教育されるまでの過渡期の緊急事態にすぎない、との言い訳もある。しかし、迫り来るファシズムとの全面戦争を前に、啓蒙と進歩の側に時間は残されていない、チェコティンはそう訴え続けた。

図４：1932年６月14日、ルノー工場でのフランス共産党人民戦線デモに現れた三本矢。

一九四〇年六月、ドイツ軍はパリに

入城したが、独ソ不可侵条約のおかげで「ソ連市民」チャコティンは逮捕を免れた。しかし、独ソ戦争が始まった一九四一年六月二十二日の朝、チャコティンはゲシュタポに逮捕され、コンピエーニュ収容所に送られた。幸運なことに、行政上の混乱から反ナチ運動の活動家、『大衆の強奪』の著者とは認定されず、ドイツ人科学者の仲介によって一九四三年一月二十三日に収容所から釈放された。それ以後、スターリン没後の一九五八年にソ連帰国を果たすまでの間、チャコティンはパリで世界平和運動に力を注ぐことになった。一九七三年十二月二十四日、モスクワで九十年の波瀾の生涯を終えたが、『大衆の強奪』のロシア語版が刊行されたのは、それから四十四年後の二〇一七年である。しかし、三本矢シンボルが誕生したドイツでは、社会民主党が戦後民主主義で重要な役割を演じてきたこともあり、二〇一九年現在まで『大衆の強奪』の翻訳は存在しない。ちなみに本書で糾弾されている社会民主党首オットー・ヴェルスの評価は、今日に至るまでドイツ国内外で決して低くはない。特に一九三三年三月二十三日、ナチ党が国会に提出した全権委任法に対してヴェルスが行った英雄的な反対演説はよく知られている。

我々から自由と生命を奪いとることはできても、名誉を奪うことはできない。

この演説を大学時代にドイツ語原文で読んだ丸山眞男は、後々までこの言葉を記憶に刻みつけたという（苅部直『丸山眞男―リベラリストの肖像』岩波新書・二〇〇六年）。ヴェルスが亡命先のパリで亡くなったのは、『大衆の強奪』初版が刊行された二ヵ月後である。ヴェルスは、本書を果たして読んだだろうか。チャコティンは初版にあるヴェルス批判を、次の一文とともに、その没後も改めてはいない。

毒ガスに聖人の図像や祈祷で対抗しようとすることは、自殺の一形態にすぎない。（本書一二二頁）

三、受容のねじれ現象——戦前の鍵本訳との関連から

丸山眞男が戦前の翻訳『大衆は動く』を読んでいたかどうかはわからない。ヴェルスに心酔していたとすれば、本書によい印象を抱くことはなかったはずである。ただし、『大衆は動く』の存在は知っていただろう。刊行から三ヵ月後、岩波書店で『思想』を編集していた林達夫が「良書紹介」欄（『図書』一九四一年三月号）で同書を取りあげている。わざわざ「英訳名 The Rape of the masses」と付記している。

林達夫は一九三一年「ソヴィエート友の会」出版部長となり、翌三十二年設立の唯物論研究会では幹事をつとめた。そうした左翼運動体験を経て、一九三三年八月には日本政府の対外宣伝誌を編集する日本工房の顧問となり、一九四一年には対外宣伝組織「東方社」設立とともに理事に、さらに一九四三年三月には理事長に就任している。東方社の業務としては、陸軍の資金提供を受けた対外宣伝グラフ誌『ＦＲＯＮＴ』の企画編集がよく知られている。そうした対外宣伝の仕事は対ソ連情報参謀の陸軍大佐である実弟・林三郎からの依頼とされている。それゆえ、林がこの反ファシズム宣伝教本に注目したのは当然である。戦後、林は「反語的精神」（『新潮』一九四六年六月号）で次のように述べている。

私は識っている。骨の髄までの反戦主義者、反軍国主義者の中に、心中深く期するところのある、古代支那の刺客のように、今を時めく軍国主義者の身辺近く身を挺して、虎視眈々としてその隙を窺っていたもののあったことを。［中略］その人々にとっては、戦争の中に押しやられて、しかも戦争を克服する方法は単純に「否」を叫ぶことではなく、その戦争の頭脳を、軍国主義の神経中枢をじっと冷厳に見つめることであった。

はたして、林がこうした目的で『大衆は動く』を良書として推薦したかどうかはわからない。言うまでもなく、戦前の鍵本訳ではヒトラーやムソリーニを激しく糾弾する部分はかなり省略されているため、「反ファシズム教本」としての性格は後景に追いやられていた。むしろ逆に、版元の霞ヶ関書房は戦前日本のファッショ運動である新体制運動の「参考書」として売り込もうとしていた。『大衆は動く』巻頭の編輯者識「本書の刊行に就て」は、こう謳っている。

すべての事業に成功する秘訣は、相手の心理の支配力を獲得することにあります。欧洲制覇の大道を驀進してゐるヒットラーの武器は、七千五百万のドイツ国民の心理をしつかりと摑んでゐることにあると信じます。今、わが国で進行中の新体制、大政翼賛運動も、国民の心理や動向を把捉して実践するとき、臣道の理念は徹底するでせう。世界に冠絶する、わが国体、八紘一宇の理想は具現される筈です。

つまり、「欧州制覇の大道を驀進してゐるヒットラーの武器」を大東亜共栄圏でも活用するためのマニュアルとして、戦前訳は刊行された。この鍵本訳はどのような読者を想定していたのだろうか。「本書房の非常時重点主義出版書！」と謳う巻末広告では、次のように大書されていた。

百万の大軍を動かす将師も、大衆の協力を求める政治家も、数百の社員を率ゐる大会社の社長も、数名の同僚と机を並べる事務員も、教育家も、一二の婢僕を使ふ主婦も、正しき友を得んとする青年男女も、読め、然して新体制の勇者たれ！

一方、「訳者の言葉」で内閣情報部嘱託・鍵本博は次のように結んでいる。

> 注意深く本書を読む人は、大衆の心を摑み、これを支配する方法について、有益な教訓を多く得るであらう。これらの教訓が、内外の大衆運動に活用せられ、社会理想実現の一助となる日を待望する次第である。〔強調は引用者〕

この「社会理想実現」という言葉に注目したい。本書第九章のタイトル「行動的社会主義」を、鍵本は「政治宣伝と社会理想」と意訳している。だとすれば、鍵本にとって「社会理想実現」とは「社会主義実現」だったのではないか。また、タイトルを『大衆は動く』と改作したのが鍵本自身なのかどうかは明らかではないが、同時代人には大山郁夫の同名書『大衆は動く』（アルス・一九三〇年）が意識されたはずである。後者は大山が労働農民党の再建に際して「日常不断の闘争の過程に於て、満身に戦塵を浴びつゝ得られる限りの如何なる暇をも利用して各篇を書いた」という「陣中作」である。その執筆状況はチャコティンが『大衆の強奪』を書いた状況とよく似ており、大山の序文にはシンボル闘争を想起させる表現さえもある。

> 見よ！　わが労農党の指導下に政治的自由獲得闘争の颯爽として展開するところ、そこに大衆の旗は常に進む！

いずれにせよ、『大衆は動く』というタイトルが当時の日本社会で左翼運動のイメージも喚起したことは間違いない。「社会理想実現の一助となる日を待望する」鍵本が本書の訳業を「反語的精神」で手がけたかどうかもはっきりしないが、彼が社会主義経済学の研究者だったことは明らかである。彼は京都帝国大学を卒業した後、「近代景気循環論の父」ミハイル・トゥガン＝バラノウスキーの『英国恐慌史論』（日本評論社・一九三一年）の翻訳を手がけていた。戦時中は東亜経済研究所（京都帝国大学経済学部）の『東亜経済叢書』で「フランス領有前後の安南社會」（一九四二年一二月）、「南方社會の一考察」（一九四三年五月）を執筆し、企画院の外廓団体・東亜研究所でも『佛印の土地問題』（一九四二年）を刊行している。

実際に『大衆は動く』を読んだ同時代の読者の多くは、総力戦体制において国民精神総動員を目指した官僚たちであった可能性が高い。大来佐武郎が「敗戦時の新鮮な衝撃―セルゲイ＝チャコテイン『大衆は動く』と私」（『本の窓』一九八五年五月号）を書き残している。大来は大平正芳内閣の外務大臣なども歴任した「昭和を代表するエコノミスト」である。大来は一九一四年大連に生まれ、東京府立一中、第一高等学校を経て東京帝国大学工学部電気工学科に進んだ理系エリートだった。卒業後、一九三七年に逓信省に入る一方、昭和塾に参加して革新官僚として地歩を築いた。一九三九年には興亜院華北連絡部に移り、一九四二年に内地に戻り大東亜省総務局調査課で鉄鋼生産調査や物資動員計画に携わった。この間に大蔵省の大平正芳や農林省の伊東正義などと交流し、戦後につながる人脈を広げていった。彼は戦時下に本郷の古本屋で『大衆は動く』をたまたま入手した。かなり早い段階から敗戦を予想していたという大来は、「戦後の日本」再建について考えていた。『大衆は動く』はその時、「ひらめき」を与えてくれた一冊だという。

戦後日本の平和的経済路線はどうあるべきか。そしてその方向・路線に向かって、わが国未曾有の敗戦に打ちひしがれる大衆をどのように導くべきなのか。『大衆は動く』という一冊が目に留まったのは、私のこうした問題意識からしてごく自然のことだったのだろう。本を手にして一気に読んだ。［中略］日本の敗色が決定的となり、転機にあった私は、この本に「新鮮な衝撃」を受けた。

大来は一九四五年八月十六日に「戦後問題研究会」を開催し、戦時統制経済の経験を踏まえた日本社会の近代化を構想していた。大来がチャコティンの翻訳と出会うのは、この研究会を準備している最中だった。大来は岸信介内閣で総合計画局長として「新長期経済計画」（一九五七年）を策定し、池田勇人内閣では「所得倍増計画」（一九六〇年）を演出した。日本国民に対してシンボルへの条件反射をどのように促したのか、それについて大来は書いていないが、『大衆は動く』がいかなる書物なのかは当時から正確に読み取っていた。

民主主義、人道主義、平和主義、社会主義の側に立つ者（当時の言葉では「反ファシズム統一戦線」）は、この敵の大衆掌握のテクニックをわがものとして、逆にファシズムに対する有効な大衆運動を組織せよとする、すこぶる実践的意図をもっている。著者自身、社会主義者であり、民衆宣伝のエキスパートとして活躍したらしい。

大来は「今ではおそらくほとんどの人が知らないであろう一冊」と回想しているが、「敵の大衆掌握のテクニックをわがもの」とする大衆運動の密教書は、秘かに戦後も読み続けられていたのだろう。いずれにせよ、本書は戦時下の日本でもプロパガンダ研究文献として知られていた。だが、戦後民主主義の中ではその激烈なタイトルをふくめて、学問的にはほとんど黙殺されてきた。例外的に、高橋徹「文化の諸形態」（『講座　社会学』第三巻、東京大学出版会・一九五八年）などでわずかに言及はある。

大衆のなかに眠る前論理的な基本的欲求や願望に表現の機会を与え、それを昇華することによって、創造的なエネルギーに転化させる。しかし、この文脈において目的と手段が倒錯すると、彼らの情緒的な底流はたんに心理操作術の標的となり、「大衆はただ心理的に強姦される」（チャホーチン）だけとなる。

しかし、高橋が引用するのは戦後のフランス語増補版からの引用であり、同書の成立事情や戦時中の訳書『大衆は動く』の存在にはまったく言及がない。「大衆はただ心理的に強姦される」という言葉、それはとりもなおさず本書のタイトルなのだが、それがヒトラー『わが闘争』の次の一文を前提としていることは言うまでもない。

民衆の圧倒的多数は女性的な素質と志向を持っているので、分別ある熟慮よりもむしろ情動的な感性がその思考や行動を決定するのである。

それゆえ、本書のタイトルを見れば、「女性的な素質と志向を持っている」大衆の圧倒的多数をレイプするナチ・プロパガンダの手口がイメージされるはずである。実際、亡命ユダヤ人政治学者のコロンビア大学教授フランツ・ノイマンは、『ビヒモス―ナチズムの構造と機能』（加藤栄一ほか訳、みすず書房・一九六三年、原著一九四二年）で本書をこう批判している。

主に宣伝手段によってファシズムに挑戦する試みは、殆ど不可避的に民主主義に対する確信の放棄につながる。セルゲイ・チャコティンの最近の著作はその適例である。彼は人口を、積極的な態度をもっている一〇％の人々と怠惰な性格か疲労困憊しているか、あるいは注力をすべて日々の生活苦に奪われてしまっているために、単なる生物学的水準にまで引き下げられている九〇％の人々に分ける。もしも民主主義がこの生物学的水準に安住し、しかもその九〇％の人口が宣伝に支配される道具以上のものでないならば、強制と権力が成功の必要条件となる。チャコティンはこれを認めるのだ。

亡命前のノイマンは本書でチャコティンが糾弾した「消極的な」ドイツ社会民主党主流派に属していたので、その点を割り引いて読むべき評価かもしれない。本書をよく読めばわかることだが、議論のできる一〇%と条件反射で動員できる九〇%に住民を二分するプロパガンダ方法の採用が反民主主義的であり、ファシズムに再帰する危険性があることはチャコティンも十分に自覚していた。それゆえ、長期的には九〇%の大衆を一〇%の知識人のレベルに引き上げる「精神教育」の重要性を繰り返し主張している（本書五三、二七〇頁）。

それでも、本書の政治的な評価はむずかしい。フランツ・ノイマンの厳しい批判は右に引用したが、「ドゴール将軍ロンドン亡命中の座右の書」であった本書が戦後は植民地解放運動を抑圧するフランス軍の心理作戦に応用されたことを、ニール・マスクマスター（前掲論文）は批判している。「敵の方法から学ぶ」というチャコティンの主張は、彼の思想とは正反対のゴーリスト（フランス・ナショナリスト）によって採用されたのである。人類文明の危機を前にナチズムの粉砕に手段を選ぶべきではないという論法は、西洋文明の危機の前で人道的な法支配の停止を正当化する植民地支配にも応用できたわけである。

そもそもチャコティンの科学的枠組からすれば、それは当然の結果だとも言えるだろう。そのプロパガンダ理論、すなわち条件反射理論と四本能モデルは生物学の法則に基づくものであり、いかなる道徳的・政治的な傾向をもつ人間にも、どのような支配体制にも適用が可能だった。とはいえ、マクマスターのように本書の影響を、アルジェリア戦争やベトナム戦争など一九五〇年代のフランス心理戦に、さらに二十一世紀のアフガン戦争やイラク戦争にまで読み取るのは過大評価というべきだろう。

四、弾丸効果論の古典から学ぶこと

その理由は、なぜ一九五二年にチャコティンが増補したフランス語版が本書（一九四〇年版）ほど注目されなかったかを考えるだけで十分だろう。一九五〇年代のマス・コミュニケーション研究では、チャコティンの活躍した時代、すなわち戦間期に成立した弾丸効果パラダイムは急速に影響力を失っていた。プロパガンダにおいても大衆の思考と行動に強力な刺激を与えて直接的な反応を引き起こすと考える弾丸効果よりも、大衆の先有傾向を補強し、潜在意識を顕在化させる限定効果が重視されるようになった（拙著『現代メディア史　新版』岩波書店・二〇一八年の第一章を参照）。

そうした限定効果パラダイムの時代には、「九割の受動的な大衆」という設定そのものが揺らいでいた。大衆的な合意形成は、複雑に媒介されたプロセスとみなされ、シンボルの効果も短期的なものより長期的なものが重視されるようになったわけである。

その意味では、本書はハドリー・キャントリル『火星からの侵入』（原著一九四〇年）と並ぶ、初期マス・コミュニケーション研究における弾丸効果論の古典とみなすことができる。『火星からの侵入』は、ズデーテン問題をめぐって全世界が緊張していた一九三八年十月に「全米で大パニックを引き起こしたラジオドラマ」の調査研究として有名である。ドラマ中で「火星人襲来」を報じる臨時ニュースを「ドイツ軍侵攻」と理解した聴取者も多かったとされてきた。しかし、今日ではこの「事件」は、弾丸効果を印象づけるべく捏造された神話の一つと考えられている。台頭するニューメディアであるラジオの「ハローウィンのいたずら番組」に新聞は過剰反応したが、実際にパニックで生じたと報じられたショック死や軍隊出動の記録は確認されていない。『火星からの侵入』ではロックフェラー財団からラジオ研究の助成金を得るためにラジオの影響力が誇張され、聴取者の反応も過大に見積もられていた（拙著『メディア流言の時代』岩波新書・二〇一九年の第一章「メディア・

パニック神話」を参照)。もしも全米を揺さぶるような大事件が起こっていれば、ズデーテン問題を扱った本書の第九章でチャコティンが言及してもよさそうなものだが、そうした記述はもちろん見当たらない。『火星からの侵入』の「大パニック」が過大評価であったように、『大衆の強奪』の「ヘッセンの実験」も今日の視点でみれば大いに誇張されている。チャコティンは本書第七章で「新しい方法」の有効性を示す証拠として実験結果(本書一三二、二〇九—二一〇頁)を提示している。しかし、そのデータが「新しい方法」の効果を証明しているとはとても言えない。確かに、街頭公共性で反ナチの声をあげることが、自分たちが孤立しているのではなく、多くの仲間がいるという自覚と自信を人々に呼び起こし、「沈黙の螺旋」(ノエル・ノイマン)を打破して反ナチの世論を活性化させる可能性はあっただろう。しかし、そうした可能性と、チャコティンが示した短期的な選挙キャンペーンの効果とは、まるで位相が異なる問題である。そもそも、「勝利がプロパガンダの程度に比例している」(二〇九頁)というチャコティンの主張自体、戦間期の弾丸効果論パラダイムに特有の発想といえなくもない。

このヘッセン州議会選挙について、私は投票率の変動や選挙区ごとの政党別投票数を詳しく検討してみた(前掲『増補　大衆宣伝の神話』三七五—三八二頁)。その結果明らかになったのは、チャコティンの提示するデータでは相当にあやしい印象操作が行われていたことである。そもそもヘッセン州全体では、社会民主党が四千四百四十五票を上乗せして二議席を増したのに対して、ナチ党はその約八倍の三万七千百三十票を増やして五議席も伸ばしていた。全体的に見れば、この選挙もナチ党の圧勝である。しかも社会民主党が得た二議席は、シンボル闘争で新たに政治的無関心層から獲得した票の成果というより、共産党から取り戻した二議席であろう。チャコティンはあたかもデモ行進の効果によって政治的に無関心な見物人たちを投票所に向かわせたような記述をしているが(本書二〇八—二一〇九頁)、投票率は前回に比べて減少しており、デモ行進が従来の棄権票を掘り起こしたと主張するには無理がある。最も理想的なキャンペーンが出来たとチャコティンが自負するダルムシュタットでさえ、投票率は八六%から七九・五%へ減少している。シンボル闘争で効果があったのは、政治的無関心層ではなく、そもそも反ナチ感情を共有していた共産党支持者だったのではないか。だとすれば、シンボル闘争は左翼内部での票の奪い合いに過ぎなかったことになる。

さらに重要なことは、デモ行進で効果があったのが大衆より知識人だった可能性である。ダルムシュタットの四十五選挙区を所得水準によって高級住宅地区から最貧困地区まで五段階に分類して、各ランクで各党の得票率を比較したデータがある。驚くべきことに、三本矢シンボルを活用したこの選挙で社会民主党票の伸び率が最も大きいのは「ランク1」高級住宅地区の六・四%であり、「ランク5」最貧困地区は二・〇%に留まっている。この最貧困地区の得票率はナチ党が五一・〇%と圧倒的多数を占め、社会民主党はわずか一三・四%と完敗だった。だとすれば、チャコティンの意図とは逆に、三本矢シンボルを使った新しい方法の効果は「財産と教養のある一割」の市民層で強く、「残りの九割」の大衆には届かなかったと見るべきかもしれない。

いずれにせよ、各都市でキャンペーン実施日数を変えた「ヘッセンの実験」は、選挙に勝つためというより、社会民主党指導部に新しい方法を採用させるエビデンスを得るために実施されていた。その限りでは、シンボル闘争そのものがナチ党との大衆心性の争奪戦というより、社会民主党内部の主導権争いの道具にすぎなかった、と評価すべきだろう。その意味では、前節で引用したトロツキーの言葉が核心を衝いていた。繰り返しになるが、もう一度引用しておこう。

ドイツ労働者運動の敗北はシンボルの問題ではなく、労働者運動の二大政党の日和見的な政策が原因である。

ついでに言えば、チャコティンは本書で中央機関紙『前進』(図5)がシンボル採用や街頭デモへ否定的だったと批判しているが（本書一九九、二一六頁）、これも実物の紙面を読むかぎり、やや一方的な言いがかりに見える。そこには、選挙キャンペーンの敗因をもっぱら機関紙中心の「古い方法」に押しつけようとする思惑が読み取れる。歴史に「イフ」は禁物だが、もし社会民主党指導部が「チャコティン＝ミーレンドルフ方式」を全面的に採用していたとしても、プロパガンダでヒトラー政権を阻止できたと私は考えない。ナチ党のプロパガンダに一定の効果があったことは否定できないとしても、プロパガンダだけを絶対視するべきではない。それではプロパガンダで権力を奪取したというヒトラーの自己申告（たとえば、本書一七一頁にあるニュルンベルク党大会での発言）を鵜呑みにすることになる。もちろん、国民啓蒙宣伝大臣に就任したゲッベルスにとっても、プロパガンダの神話化は必要だった。それが第三帝国における宣伝省の地位を高めたからである。マス・コミュニケーション研究の学説史において、すでに乗り越えられた弾丸効果論が世間一般で根強く残っているのは「ナチ宣伝の神話」

Morgenausgabe
.310/319 49. Jahrgang
A 157

Sonnabend
9. Juli 1932
Groß-Berlin 10 Pf.
Auswärts 15 Pf.

Vorwärts

Berliner Volksblatt
Zentralorgan der Sozialdemokratischen Partei Deutschlands

daktion und Verlag: Berlin SW 68, Lindenstr. 3 ... Vorwärts-Verlag G. m. b. H.

Grüße an den „Vorwärts"

Zum Wiedererscheinen des „Vorwärts" der Re-
tion und den Lesern ein herzliches „Glück auf!"
Die gut unterrichtete, von der Liebe zur Mit-
eit am Staatsaufbau und von hohem Verantwor-
gsbewußtsein geleitete Presse ist die beste Gehilfin
Regierungsmänner. Ich stand über zehn Jahre
Amtsstellen des Reiches und Preußens und halte
h darum für befugt, dem „Vorwärts" zu be-
inigen, daß er die Arbeiten der Regierun-
n des Reiches und Preußens stets nach besten
äften gefördert hat. Er hat an der Arbeit
Kabinette mit deutschnationalen Männern
rkannt, was anzuerkennen war, und am Kabinett
mann Müller freimütig getadelt, was nach
er Meinung Tadel und Widerspruch verdiente.
ne Polemiken erschöpften sich nicht in unfrucht-
e Verneinung, sie zeigten zugleich andere, bessere
ge.
Wenn ein Blatt dieser Art zum Feiern ver-
teilt ist — „verurteilt" in des Wortes ver-
enster Bedeutung —, dann ist das nicht nur eine
bequemlichkeit für die Leser, sondern auch ein
rlust für den Staat. Darum gerade be-
ückwünsche ich den „Vorwärts" zur wieder-
onnenen Freiheit, die ich mit ihm beharrlich ver-
igen werde, weil ich der Meinung bin, daß die
übung sachlicher, dem Staatswohl dienender
tik nicht unterbunden werden darf, wenn anders
at und Volk nicht den größten Schaden erleiden
en.
Die parteipolitische Seite des Verbots zu würdi-
, ist nicht meines Amtes. Aber soviel möchte ich
sagen: Wir stehen in einem Wahlkampf, dessen
gang für Deutschlands künftiges Geschick von
piellofer Bedeutung sein wird. Das erzwun-
e fünftägige Schweigen des „Vorwärts"
n dieser Situation aufrüttelnder, als lange
ikel und Ausführungen sein können. Und der
ekt? Neue Leser, neue Kämpfer! Denn weder
hungen radikaler Parteien, noch Verbote von
teizeitungen können die kampfentschlossene und
kfalserprobte organisierte deutsche Arbeiterschaft
ecken. Sie wird ihre Kräfte verdoppeln, ihren
fer verstärken mit der Losung:

Bei seinem Wiedererscheinen begrüßen und beglückwünschen die Berliner Sozial-
demokraten ihren „Vorwärts".
Herr v. Gayl kann durch das Verbot unserer Zeitung nicht die Liebe und Treue der
Sozialdemokraten zu ihrem Blatt verbieten.
Diese Liebe sichert dem „Vorwärts" neuen Aufstieg und Erfolg.
„Vorwärts" jetzt und immer „Vorwärts"!
Franz Künstler.

図５：三本矢が一面を飾る『前進』1932 年７月９日発禁解除号。

が今日なお残っているためだろう。

ちなみに、戦前の翻訳『大衆は動く』の存在を私が初めて知ったのは、草森紳一『絶対の宣伝3　煽動の方法』（番町書房・一九七九年）からである。私はすぐ英語版を取り寄せ、さらにドイツ側の史料を集めて「鉤十字を貫く三本矢―ワイマール共和国のシンボル闘争」（『東京大学新聞研究所紀要』四五号・一九九二年）を書き、それに加筆した論文を博士論文『大衆宣伝の神話』（弘文堂・一九九二年）に収めた。つまり、本書は私が約三十年前に出会った文献である。

その博士論文の刊行直後に研究室に来られた編集者・山口泰生さんから本書の翻訳をすすめられたが、大衆を「レイプ被害者」とみなす、この「取扱注意」図書に当時の私は腰が引けていた。その代わりに妻・八寿子と共訳したのが、ナチズムを宣伝操作の産物ではなく、大衆の合意形成運動として分析するジョージ・L・モッセ『大衆の国民化―ナチズムに至る政治シンボルと大衆文化』（柏書房・一九九四年）であり、「敵対人《ホモ・ホスティリス》」である国民大衆の責任も追及するサム・キーン『敵の顔―憎悪と戦争の心理学』（同）であった。それが「パルマケイア叢書」の第一巻、第二巻である。そして、第三巻は本書でも繰り返し引用されているヴィリ・ミュンツェンベルク『武器としての宣伝』（星乃治彦訳、一九九五年）である。このドイツ共産党のプロパガンダ理論書と、本書はセットで訳出されるべき著作だったのだろう。しかし私の問題関心は、同叢書の第四巻となった山之内靖ほか編『総力戦と現代化』（一九九五年）の方向に進んでいった。その意味で、本書は「パルマケイア叢書」の幻の一冊なのである。

ちょうど四半世紀の後、改めて本書の完訳を思い立ったきっかけも、「パルマケイア叢書」を企画した山口さんから英語版が「ルートレッジ・リバイバル」として復刊されるとの情報を聞いたことにある。また、ポピュリズムの予兆もある現代日本で、いつまでも本書を「密教書」のままにしておく訳にはいかないと考えたからである。本書により新たに「叢書パルマコン」が誕生することで、四半世紀も抱えこんでいた宿題を出し終えたような気がしている。
なお、ピエール・チャコティンのイタリア語版解説はイタリア在住の小池明美さんに、フランス語増補版の序文は甲南大学文学部・川口茂雄准教授に翻訳をお引き受けいただいた。小池さんは京都大学文学部西洋史研究室の後輩にして、尊敬する国際人である。今回は翻訳ばかりか、本書がイタリアでどう読まれているかを含め、興味深い情報を提供していただいた。川口さんは私が京都大学に着任した最初期のゼミナリストで、シンボル闘争に協力した知識人の一人、ヘンドリック・ド・マンの『社会主義の心理学』（柏書房・二〇一〇年）の訳者でもある。ド・マンも、合理的な説得よりも感情に訴える英雄的な行動主義によって大衆を動員すべきだと考えており、チャコティンと問題意識を共有していた。『社会主義の心理学』も本書と併せて読まれるべき古典である。また、川口さんにはフランス語の人名表記などのチェックもお願いした。いずれの翻訳も最終的な責任は私にあるわけだが、お二人の友情に対しては特に記して感謝したい。

二〇一九年七月三十一日　猛暑の京都の研究室にて

佐藤卓己

21. V. I. LENIN : *Karl Marx et sa Doctrine*. Bureau d'Éditions, Paris, 1937.

22. O. KARRER : *Le Sentiment Religieux dans l'Humanité et le Christianisme*. Lethellieux, Paris, 1936.

23. *Grande Encyclopédie*, Paris, vol. xxxi.

24. L. CUÉNOT : *La Genèse des espèces animales*. Paris, 1911. Quoted by Caillois, p. 109. (See no. 25.)

25. ROGER CAILLOIS : *Le Mythe et l'Homme*. Gallimard, Paris, 1938.

26. G. DUMAS : *Nouveau Traité de Psychologie*. Alcan, Paris.

27. CAPITAINE REGUERT : *Les Forces Morales*. Charles-Lavau- zelle, Paris, 1937.

28. Grande Encyclopédie, Paris, vol. xxxi.

29. M. BRENET: *La Musique Militaire*. Laurens, Paris, 1916.

30. KURT HESSE : *Der Feldherr Psychologos*. ("A Search for the Leader of the German Future.") Mittler, Berlin, 1922.

31. A. HITLER : *Mein Kampf*. (English edition : *Mein Kampf*. Translated by James Murphy. Hurst & Blackett, 1939.)

32. W. MÜNZENBERG : *Propaganda als Waffe*. Éditions du Carre four, Paris, 1937.

33. J. DROYSEN : *Histoire d'Alexandre le Grand*. Grasset, Paris.

34. DAREMBERG and SAGLIO : *Dictionnaire des Antiquités Grecques et Romains*, vol. i. Hachette, Paris.

35. A. VASILIEV : *Histoire de l'Empire Byzantin*, vol. 1. Picard, Paris, 1932.

36. H. TAINE : *Les Origines de la France Contemporaine*. II. The Jacobin conquest. Hachette, Paris.

37. E. LAVISSE : *Histoire de France Contemporaine*, vols. 1 and 2. Hachette, Paris.

38. SIR CAMPBELL STUART : *Secrets of Crewe House. The Story of a Famous Campaign*. Hodder & Stoughton, London, 1920.

39. PAUL M. G. LÉVY : "Psycho-sociology and political pro paganda : the German experience." *Revue de l'Institut de Sociologie* (Solvay, Brussels), 1933, vol. xiii, no. 3, p. 556.

40. LOUIS ROYA : *Histoire de Mussolini*. Simon Kra, Paris.

41. GENEVIÈVE TABOUIS : *Chantage à la Guerre*. Flammarion, Paris, 1938. (English edition : *Blackmail or War*. Pen guin Books, 1939.)

42. A. FABRE-LUCE : *Histoire secrète de la Conciliation de Munich*. Grasset, Paris, 1938.

43. MAX WERNER: *The Military Strength of the Powers*. Gollancz, London, 1939.

44. GEORGES and EDOUARD GUILLAUME : *L'Économique Rationelle. De ses Fondements aux Problèmes Actuels*. (With a mathe matical annex.) Hermann, Paris, 1937.

45. H. ARTHUS : *La Genèse des Mythes*. (Psychological study.) Extract from the Entretiens du Centre d'Étude des Problèmes Humains, Pontigny, October 1938.

英語版 - 引用文献

1. *Entretiens sur les Sciences de l'Homme*. Document no. 1. Collection du Centre d'étude des problèmes humains. Hermann, Paris, 1937.

2. I. PAVLOV: *Les réflexes conditionnés*. Félix Alcan, Paris, 1932. (English edition : *Conditioned reflexes. An Investigation of the physiological activity of the cerebral cortex*. Translated and edited by G. V. Anrep. Oxford University Press, 1927.)

3. "The great variability of the internal inhibition of con ditioned reflexes." *Berliner Klinische Wochenschrift*, 1914. (Art. xxii in no. 2 above, French edition.)

4. "Objective study of the higher nervous activity of animals." Communication to the General Meeting of the Society of the Moscow Scientific Institute, March 24, 1913. (Art. xx in no. 2.)

5. "Internal inhibition as a function of the hemispheres." Article in the volume published in 1912 in honour of Charles Richet. (Art. xix in no. 2.)

6. "The conditioned reflexes of the dog after partial destruction of different points of the hemispheres." Communication to the Society of Russian Physicians of St. Petersburg. (Art. v in no. 2.)

7. "Normal activity and general constitution of the cerebral hemispheres." Communication to the Society of Finnish Physicians, Helsingfors, April 1922. (Art. xxxi in no. 2.)

8. "Hypnosis in animals." Supplement to the *Proceedings of the Russian Academy of Science*, December 9, 1921. (Art. xxx in no. 2.)

9. "The reflex of purpose." Communication to the 3rd Con gress of Experimental Pedagogy, Petrograd, January 2, 1916. (Art. xxvii in no. 2.)

10. "The reflex of freedom." Report to the Petrograd Biological Society, May 1917. (Art. xxviii in no. 2.)

11. "Latest results of research on the working of the cerebral hemispheres." *Journal de Psychologie*, 1926.

12. S. CHAKOTIN : "Reactions 'conditioned' by ultra-violet micropuncture in the behaviour of an isolated cell." (Paramecium caudatum.) *Archives de l'Institut Prophy lactique*, vol. X, 1937.

13. "Methods and problems of cellular micro-experimentation." *Revue générale des Sciences*, vol. xlvi, 1935, pp. 571, 596.

14. S. METALNIKOV : "Intracellular digestion and immunity in the unicellulars." *Annales de l'Institut Pasteur*, vol. 48, 1932, p. 681.

15. HACHET-SOUPLET : *Les animaux savants* (Psychology of training). Lemerre, Paris, 1921.

16. POLOSSIN and FADEYEVA : Essai de recherche systématique de l'activité conditionnée de l'enfant, vol. I, 1930.

17. GUSTAVE LE BON : *Psychologie des foules*. Félix Alcan, Paris, 38th edition. (English edition : *The Crowd : A Study of the popular mind*. Fisher Unwin, 1900.)

18. SIGMUND FREUD : Introduction à la Psychoanalyse. Payot, Paris, 1932. (English edition : *Introductory Lectures on Psycho analysis*. 1922.)

19. A. ADLER : *Le tempérament nerveux*. Payot, Paris, 1926.

20. CHARLES BAUDOUIN: "Obituary of Alfred Adler." *Action et Pensée*, 1937, no. 3.

ボネ　Bonnet, Georges　21
ボブリスチェフ＝プーシュキン
Bobristchev-Pushkin, Alexandr　7

【マ行】

マクドゥーガル　MacDougall, William　88
マッテオッティ　Matteotti, Giacomo　183
マラー　Marat, Jean-Paul　145,147,150
マルクス　Marx, Karl　68,73-76,80,256-258
ミュラー　Müller, Hermann　228
ミュンツェンベルク　Münzenberg, Willi　164,172,173
ミーレンドルフ　Mierendorff, Carlo　(210),287,288
ムソリーニ　Mussolini, Benito
15,21,57,85,92,93,106,107,117,123,129,137,
140,158,159,164,174,179-184,234-236,240,
244,247,251,(261),265,274,290,294
メックリン　Mecklin, John Moffatt　121

【ヤ行】

ヤーキーズ　Yerkes, Robert　30
ユスティニアヌス大帝　Justinianus the Great　140
ユスティニアヌス二世　Justinianus II　140

【ラ行】

ラヴァル　Laval, Pierre　235,260
ラヴィッス　Lavisse, Ernest　143,146,148,151
ラサール　Lassalle, Ferdinand　2,221
ラファイエット　La Fayette, Marquis de　148
ランシマン　Runciman, (Sir) Walter　242,245,247
ランズベリー　Lansbury, George　261
リープクネヒト　Liebknecht, Wilhelm　221
リール　Lisle, Rouget de　143
ルイ十三世　Louis XIII　91
ルイ十六世　Louis XVI　143
ルキアーノフ　Lukianov, Serge　7
ルゲール　Reguert, Capitaine　93,94,97,98
ルーズベルト　Roosevelt, Franklin Delano　251
ルソー　Rousseau, Jean-Jacques　151,276
ルーデンドルフ　Ludendorff, Erich　154,239
ルートヴィヒ　Ludwig, Emil　184
ルナデル　Renaudel, Pierre　236
ル・ボン　Le Bon, Gustave　56-58,100
レヴィ　Lévy, Paul　177,178
レオンティオス　Leontius　140
レーニン　Lenin, V. I.　17,76,80,163,197,227
レーベ　Löbe, Paul　196,208
ロッシ　Rossi, Cesare　183
ロベスピエール　Robespierre, Maxmilien
17,146-148,150,151
ロワイヤ　Roya, Louis　181

【ワ行】

ワグナー　Wagner, Richard　95

ダフ・クーパー　Duff Cooper, Alfred　249,250
タルド　Tarde, Gabriel　56
タロー　Tharaud, Jérôme & Jean　235
ダンテ　Dante, Alighieri　87
ダントン　Danton, Gerges　146,147
チアノ　Chiano, Galeazzo　179
チェンバレン　Chamberlain, Neville
　15,240,242,243,247-249,252
チャーチル　Churchill, Winston　252,253
テオファネス　Theophanes　140
デニーキン　Denikin, Anton　6,156
テーヌ　Taine, Hippolyte Adolphe　143,146,147,149
デムーラン　Desmoulins, Camille　147
デュマ　Dumas, Georges　89
ドゥグレル　Degrelle, Léon　272,273
ドゴール　de Gaulle, Charles　12,299
トハチェフスキー　Tukhachevsky, Mikhail　(239)
トロツキー　Trotsky, Leon　156,289,302

【ナ行】

ナポレオン　Napoléon Bonaparte　91,97,98,152
ナポレオン三世　Napoléon Ⅲ　(221)
ニコライ　Nicholai Ⅱ　5,62
ネロ　Nero　139
ノースクリフ　Northcliffe, Viscount
　130,153,155,156,171

【ハ行】

ハイルマン　Heilmann, Ernst　196
ハダモフスキー　Hadamovsky, Eugen　129
パブロフ　Pavlov, Ivan Petrovich
　6,9,18,31-40,42,45-48,50,71,95,107,118,128,162,
　255,264,275,282,284,286
パーペン　Papen, Franz von
　105,203,210,217,220,221,223-228
バレール　Barère, Bertrand　146
ヒトラー　Hitler, Adolf
　8,14,17,18,19,21,46,52,57,70,85,92,93,95,
　106-109,111,113,114,116-118,121,123,124,
　128-132,138,140,144,145,151,155,158-165,
　167-179,181,182,185-188,194,195,200,201,
　203,206,208,209,214,215,217-219,223-228,
　231-252,(261),264,265,272,274,279,281,285,
　288-290,294,298,303
ヒルファーディング　Hilferding, Rudolf　196
ヒンデンブルク　Hindenburg, Paul von
　154,185,188,195,198-200,217,220,224,226,228,231
ファーブル・リュス　Fabre-Luce, Alfred　243,246,249
フォーゲル　Vogel, Hans　196
フォッシュ　Foch, Ferdinand　100
フーゲンベルク　Hugenberg, Alfred　(171),228
フライ　Frey, Max von　84
ブライトシャイト　Breitscheid, Rudlf　196,217
ブラウン　Braun, Max　231
フランコ　Franco, Francisco　238
フランダン　Flandin, Pierre Étienne　248
フリードリヒ二世　Friedrich II　92,98
ブリューニング　Brüning, Heinrich　170,228
ブルータス　Brutus, Lucius Iunius　180
ブルータス　Brutus, Marcus Junius　149
フロイト　Freud, Sigmund　68-72,120,124
ヘクスター　Höxter, Siegfried　129
ヘーゲル　Hegel, Geroge　73
ベック　Beck, Józef　244
ヘッセ　Hesse, Kurt　100,101
ベネシュ　Beneš, Edvard　244
ベネディチェンティ　Benedicenti, Alberico　5,7,8
ベーベル　Bebel, August　153,205,221
ヘルジング　Hörsing, Otto　191,194
ヘルツ　Hertz, Paul　196
ヘンライン　Henlein, Konrad　245
ボーダン　Baudouin, Charles　53,70,72
ポテーキン　Potekhin, Yuri　7

人名索引

[凡例]
＊人名は、序文・本文から採り、図表キャプションは除外した。
＊解題は、序文・本文既出の人名のみ採った。
＊訳注から採った場合、括弧（　）内に頁数を記載した。

【ア行】
アシュ＝スプル　Hachet-Souplet, Pierre　45
アドラー　Adler, Alfred　68-73,164
アトリー　Attlee, Clement　246
アメリー　Amery, John　246
アルチュス　Arthus, H.　268
アレクサンダー　Alexander the Great　136
アンミアヌス・マルケリヌス　Ammianus Marcellinus　137
イーデン　Eden, Anthony　240
ウィルキンソン　Wilkinson, Ellen　219
ウィルソン　Wilson, (Sir) Horace　247
ウェルズ　Wells, H. G.　2,18,154,248
ヴェルス　Wels, Otto　193,196,197,217,227,287,288,292,293
ウストリアーロフ　Oustrialov, Nicolas　7
エベール　Hébert, Jacques René　144,147,150
オススキー　Osuský, Štefan　243

【カ行】
カイヨワ　Caillois, Roger　86,119-122
ガムラン　Gamelin, Maurice　243
カロポディウス　Callopodius　140
キケロ　Cicero　140
キュエノ　Cuénot, Lucien　86
キュンストラー　Künstler, Franz　196
ギヨーム　Guillaume, Georges & Eduard　259
キルヒャー　Kircher, Athanasius　35
クインティリアヌ　Quintilianus　140
クトロ　Coutrot, Jean　29,291
クリューチュニコフ　Kliutchnikov, Yuri　7
グレツェズィンスキ　Grzesinsky, Albert　220
グレーナー　Groener, Wilhelm　199,228
ゲッベルス　Goebbels,PaulJoseph　52,95,129,162,172,179,188,194,200,214,215,228,231,236,287,303
ゲード　Guesde, Jules　236
ケリリス　Kérillis, Henri de　248
ゲーリング　Göring, Hermann　15
ゴセック　Gossec, François　149
ゴルツ　Goltz, Colmar von der　97
ゴルトシャイダー　Goldsheider, Alfred　84
コンモドゥス　Commodus　139

【サ行】
ザーメンホフ　Zamenhof, Ludwig　11
シェニエ　Chénier, Marie-Joseph　150
ジェニングス　Jennings, Herbert S.　30,31,40
シーザー　Caesar　138
シートン・ワトソン　Seton-Watson, R.W.　154
シャトーブリアン　Chateaubriand, François-René de　78
ジャネ　Janet, Pierre　96
シャリエ　Chalier, Joseph　150
シュシュニック　Schuschnigg, Kurt　240, 241
シュタンプファー　Stampfer, Friedrich　196
シュトラウス　Strauss, Johann　207
シュトラッサー　Strasser, Gregor　228
シュライヒャー　Schleicher, Kurt von　228
シュレッヘン　Scherchen, Hermann　(207)
ジョリオ＝キュリー　Joliot-Curie, Frédéric　10
ジョレス　Jaurès, Jean　236
スキピオ　Scipio　138
スターリン　Stalin, Iosif Vissarionovich　76,292
スチュアート　Stuart, Campbell　153
スティード　Steed, Wickham　154
ゼーヴェリング　Severing, Carl　220,(221)
ソーンダイク　Thorndike, Edward L.　30

【タ行】
ダヴィッド　David, Jacques-Louis　150
ダーウィン　Darwin, Charles　74,75,258
タキトゥス　Tacitus　137
タブア　Tabouis, Geneviève　184,233,252

■著者略歴

セルゲイ・チャコティン　Serge Chakotin

1883年イスタンブール生まれ。父はロシア帝国外交官。1901年モスクワ大学医学部入学後、革命運動に加わり国外追放。02年ミュンヘン大学に入学、ベルリン大学に移りゲオルク・ジンメルの講義など聴講。07年ハイデルベルク大学で博士号取得。12年にパブロフの助手としてサンクトペテルブルク軍事医学アカデミーに招聘される。17年二月革命後メンシェビキに加わり、十月革命後に白衛軍情宣組織OSVAGの責任者に就任。24年レニングラードで著書『組織』刊行。30年ハイデルベルクのカイザー・ヴィルヘム医学研究所客員研究員となる。ドイツ社会民主党の運動に加わり、ミーレンドルフの推挙で共和国防衛組織・国旗団の宣伝を担当。反ファシズムの準軍事組織・鉄戦線のシンボルとして「三本矢」を考案。33年ナチ権力掌握後、デンマークに亡命。34年パリに転居、ソルボンヌの進化研究所に籍を置きつつ社会党革命的左派の運動に参加。39年『大衆の強奪』仏語版刊行、翌年には本書日本語版の原書となる改訂英語版が刊行される。41年独ソ戦開始後ゲシュタポに逮捕され43年釈放、58年のソ連帰国までパリで平和運動に従事。1973年モスクワにて没。

■翻訳者略歴

佐藤卓己　SATO Takumi

1960年広島市生まれ。1984年京都大学文学部史学科卒業。86年、同大大学院修士課程修了。87−89年ミュンヘン大学近代史研究所留学。89年京都大学大学院博士課程単位取得退学。東京大学新聞研究所助手、同志社大学文学部助教授、国際日本文化研究センター助教授などを経て、現在、京都大学大学院教育学研究科教授。メディア文化論専攻。著書に、『現代メディア史　新版』『「キング」の時代』『ファシスト的公共性』（共に、岩波書店）、『増補 大衆宣伝の神話』『増補 八月十五日の神話』（共に、ちくま学芸文庫）、『言論統制』（中央公論新社）、『輿論と世論』（新潮選書）、編著に『ヒトラーの呪縛』（中公文庫）、『近代日本のメディア議員』（創元社）などがある。

装丁・ブックデザイン　森 裕昌

〈叢書パルマコン 01〉

大《たい》衆《しゅう》の強《ごう》奪《だつ》

全体主義《ぜんたいしゅぎ》政治《せいじ》宣伝《せんでん》の心理学《しんりがく》

2019 年 11 月 20 日　第 1 版第 1 刷発行

著　者　セルゲイ・チャコティン
翻訳者　佐藤卓己
発行者　矢部敬一
発行所　株式会社創元社
https://www.sogensha.co.jp/
〔本　　社〕〒 541-0047 大阪市中央区淡路町 4-3-6
Tel. 06-6231-9010 Fax. 06-6233-3111
〔東京支店〕〒 101-0051 東京都千代田区神田神保町 1-2 田辺ビル
Tel. 03-6811-0662
印刷所　株式会社太洋社

ISBN978-4-422-20293-8 C0022